2014—2015年
中国工业和信息化发展
系列蓝皮书

2014-2015年中国集成电路产业发展蓝皮书

The Blue Book on the Development of Integrated Circuit Industry in China（2014-2015）

中国电子信息产业发展研究院　编著

主　编／罗　文

副主编／安　晖

人民出版社

责任编辑：邵永忠　刘志江

封面设计：佳艺堂

责任校对：吕　飞

图书在版编目（CIP）数据

2014 ~ 2015 年中国集成电路产业发展蓝皮书 / 罗文 主编；

中国电子信息产业发展研究院 编著 . —北京：人民出版社 , 2015. 7

ISBN 978–7–01–014982–0

Ⅰ . ① 2… Ⅱ . ①罗… ②中… Ⅲ . ①集成电路—电子工业—产业发展—白皮书—

中国— 2014 ~ 2015 Ⅳ . ① F426.63

中国版本图书馆 CIP 数据核字（2015）第 141366 号

2014–2015年中国集成电路产业发展蓝皮书

2014–2015NIAN ZHONGGUO JICHENG DIANLU CHANYE FAZHAN LANPISHU

中国电子信息产业发展研究院　编著

罗　文　主编

人民出版社 出版发行

（100706　北京市东城区隆福寺街 99 号）

北京艺辉印刷有限公司印刷　新华书店经销

2015 年 7 月第 1 版　2015 年 7 月北京第 1 次印刷

开本：710 毫米 × 1000 毫米　1/16　印张：16.25

字数：273 千字

ISBN 978–7–01–014982–0　定价：78.00 元

邮购地址　100706　北京市东城区隆福寺街 99 号

人民东方图书销售中心　电话（010）65250042　65289539

代　序

大力实施中国制造2025　加快向制造强国迈进
——写在《中国工业和信息化发展系列蓝皮书》出版之际

制造业是国民经济的主体，是立国之本、兴国之器、强国之基。打造具有国际竞争力的制造业，是我国提升综合国力、保障国家安全、建设世界强国的必由之路。新中国成立特别是改革开放以来，我国制造业发展取得了长足进步，总体规模位居世界前列，自主创新能力显著增强，结构调整取得积极进展，综合实力和国际地位大幅提升，行业发展已站到新的历史起点上。但也要看到，我国制造业与世界先进水平相比还存在明显差距，提质增效升级的任务紧迫而艰巨。

当前，全球新一轮科技革命和产业变革酝酿新突破，世界制造业发展出现新动向，我国经济发展进入新常态，制造业发展的内在动力、比较优势和外部环境都在发生深刻变化，制造业已经到了由大变强的紧要关口。今后一段时期，必须抓住和用好难得的历史机遇，主动适应经济发展新常态，加快推进制造强国建设，为实现中华民族伟大复兴的中国梦提供坚实基础和强大动力。

2015 年 3 月，国务院审议通过了《中国制造 2025》。这是党中央、国务院着眼国际国内形势变化，立足我国制造业发展实际，做出的一项重大战略部署，其核心是加快推进制造业转型升级、提质增效，实现从制造大国向制造强国转变。我们要认真学习领会，切实抓好贯彻实施工作，在推动制造强国建设的历史进程中做出应有贡献。

一是实施创新驱动，提高国家制造业创新能力。 把增强创新能力摆在制造强国建设的核心位置，提高关键环节和重点领域的创新能力，走创新驱动发展道路。加强关键核心技术研发，着力攻克一批对产业竞争力整体提升具有全局性影响、带动性强的关键共性技术。提高创新设计能力，在重点领域开展创新设计示范，推广以绿色、智能、协同为特征的先进设计技术。推进科技成果产业化，不断健全以技术交易市场为核心的技术转移和产业化服务体系，完善科技成果转化协同推进机制。完善国家制造业创新体系，加快建立以创新中心为核心载体、以公共服务平台和工程数据中心为重要支撑的制造业创新网络。

二是发展智能制造，推进数字化网络化智能化。 把智能制造作为制造强国建设的主攻方向，深化信息网络技术应用，推动制造业生产方式、发展模式的深刻变革，走智能融合的发展道路。制定智能制造发展战略，进一步明确推进智能制造的目标、任务和重点。发展智能制造装备和产品，研发高档数控机床等智能制造装备和生产线，突破新型传感器等智能核心装置。推进制造过程智能化，建设重点领域智能工厂、数字化车间，实现智能管控。推动互联网在制造业领域的深化应用，加快工业互联网建设，发展基于互联网的新型制造模式，开展物联网技术研发和应用示范。

三是实施强基工程，夯实制造业基础能力。 把强化基础作为制造强国建设的关键环节，着力解决一批重大关键技术和产品缺失问题，推动工业基础迈上新台阶。统筹推进"四基"发展，完善重点行业"四基"发展方向和实施路线图，制定工业强基专项规划和"四基"发展指导目录。加强"四基"创新能力建设，建立国家工业基础数据库，引导产业投资基金和创业投资基金投向"四基"领域重点项目。推动整机企业和"四基"企业协同发展，重点在数控机床、轨道交通装备、发电设备等领域，引导整机企业和"四基"企业、高校、科研院所产需对接，形成以市场促产业的新模式。

四是坚持以质取胜，推动质量品牌全面升级。 把质量作为制造强国建设的生命线，全面夯实产品质量基础，提升企业品牌价值和"中国制造"整体形象，走以质取胜的发展道路。实施工业产品质量提升行动计划，支持企业以加强可靠性设计、试验及验证技术开发与应用，提升产品质量。推进制造业品牌建设，引导企业增强以质量和信誉为核心的品牌意识，树立品牌消费理念，提升品牌附加值和软实力，加大中国品牌宣传推广力度，树立中国制造品牌良好形象。

五是推行绿色制造，促进制造业低碳循环发展。 把可持续发展作为制造强国建设的重要着力点，全面推行绿色发展、循环发展、低碳发展，走生态文明的发展道路。加快制造业绿色改造升级，全面推进钢铁、有色、化工等传统制造业绿色化改造，促进新材料、新能源、高端装备、生物产业绿色低碳发展。推进资源高效循环利用，提高绿色低碳能源使用比率，全面推行循环生产方式，提高大宗工业固体废弃物等的综合利用率。构建绿色制造体系，支持企业开发绿色产品，大力发展绿色工厂、绿色园区，积极打造绿色供应链，努力构建高效、清洁、低碳、循环的绿色制造体系。

六是着力结构调整，调整存量做优增量并举。 把结构调整作为制造强国建设的突出重点，走提质增效的发展道路。推动优势和战略产业快速发展，重点发展新一代信息技术产业、高档数控机床和机器人、航空航天装备、海洋工程装备及高技术船舶、先进轨道交通装备、节能与新能源汽车、电力装备、新材料、生物医药及高性能医疗器械、农业机械装备等产业。促进大中小企业协调发展，支持企业间战略合作，培育一批竞争力强的企业集团，建设一批高水平中小企业集群。优化制造业发展布局，引导产业集聚发展，促进产业有序转移，调整优化重大生产力布局。积极发展服务型制造和生产性服务业，推动制造企业商业模式创新和业态创新。

七是扩大对外开放，提高制造业国际化发展水平。 把提升开放发展水平作为制造强国建设的重要任务，积极参与和推动国际产业分工与合作，走开放发展的道路。提高利用外资和合作水平，进一步放开一般制造业，引导外资投向高端制造领域。提升跨国经营能力，支持优势企业通过全球资源利用、业务流程再造、产业链整合、资本市场运作等方式，加快提升国际竞争力。加快企业"走出去"，积极参与和推动国际产业合作与产业分工，落实丝绸之路经济带和21世纪海上丝绸之路等重大战略，鼓励高端装备、先进技术、优势产能向境外转移。

建设制造强国是一个光荣的历史使命，也是一项艰巨的战略任务，必须动员全社会力量、整合各方面资源，齐心协力，砥砺前行。同时，也要坚持有所为、有所不为，从国情出发，分步实施、重点突破、务求实效，让中国制造"十年磨一剑"，十年上一个新台阶！

工业和信息化部部长 苗 圩

2015 年 6 月

前　言

　　集成电路产业是战略性、基础性和先导性产业，具有技术密集、资本密集和人才密集等特点，是培育发展战略性新兴产业、推动信息化和工业化深度融合的核心与基础，是转变经济发展方式、调整产业结构、保障国家信息安全的重要支撑。加快集成电路产业发展，对我国培育高端产业、增强高新技术竞争力、加快转型升级发展、构建现代产业体系具有重要的引领作用。

一

　　2014 年，全球集成电路产业发展结束了过去高增长和周期性波动的不稳定局面，开始步入平稳发展阶段，产业结构调整步伐加速，IC 设计业与晶圆代工业呈现异军突起之势。近年来中国电子信息产业的全球地位快速提升，产业链日渐成熟，也为我国集成电路产业的发展提供了良好的机遇。2014 年,是中国集成电路产业承上启下、继往开来的关键之年。我国在相继发布了《进一步鼓励软件产业和集成电路产业发展的若干政策》、《集成电路产业"十二五"发展规划》后，2014 年又出台了《国家集成电路产业发展推进纲要》(简称《推进纲要》)，把集成电路产业提升到关系国家信息安全的高度，明确了我国集成电路产业发展的主要任务，通过成立国家集成电路产业发展领导小组和建立国家集成电路产业投资基金，使我国集成电路产业告别以往专项独立作业的模式，从强化产业顶层设计，完善政策体系，统筹协调整个产业发展的角度，为我国集成电路产业创造了新一轮发展空间。在移动智能终端、平板电脑、消费类电子以及汽车电子产品等市场需求的推动下，我国集成电路产业继续保持快速稳定的增长态势，市场规模首次突破万亿元大关，达到 10393 亿元，同比增长 9.2%。产业规模首次突破 3000 亿元，达到 3015.4 亿元，同比增长 20.2%，增速较 2013 年提高 4 个百分点。其中，设计业增速最快，销售额为 1047.4 亿元，同比增长 29.5%；芯片制造业销售额 712.1 亿元，同比增长 18.5%；封装测试业销售额

1255.9亿元，同比增长14.3%。

二

当前，在全球半导体产业已进入重大调整变革期的背景下，我国集成电路产业既受到国际竞争日益加剧的挑战，又面临着国内市场需求强劲增长、国家网络信息安全快速推进、新兴领域加速发展等发展机遇。概括而言，在相当一段时期内，产业将主要面临以下形势。

第一，《推进纲要》所营造的产业发展政策环境日趋向好，产业投资基金引领社会资本对集成电路产业的投资热潮。随着《国家集成电路产业发展推进纲要》细则的逐步落地，以及国家集成电路产业投资基金项目启动，国内龙头企业陆续启动收购、重组，带动了整个集成电路产业的大整合。同时也带动了集成电路市场的投资热潮，预计2015年起未来五年将成为基金密集投资期，同时撬动万亿规模社会资金进入到集成电路领域，从而带动行业资本活跃流动。

第二，国内产业规模持续增大，中国市场将引领全球半导体产业增长。在全球半导体市场持续增长与中国内需市场继续保持旺盛的双重拉动下，以及国家信息安全战略的实施以及产业扶持政策不断完善的带动下，国内集成电路产业将继续保持较快的增持速度，为我国集成电路产业迎接"十三五"发展构建坚实的基础。预计2015年国内集成电路产业销售规模将达3650亿元，增速为21%，远高于全球增速，继续成为引领全球集成电路市场增长的火车头。

第三，我国集成电路产业链各环节齐头并进，产业结构进一步趋于合理。随着紫光集团对展讯及锐迪科业务的整合逐步完成，将成为全球第三大手机芯片供应商，我国IC设计业实力将得到进一步提升。随着中芯国际深圳、上海华力微电子以及中芯国际北京等几条12英寸芯片生产线的达产、投产与扩产，2015年国内芯片制造业规模将继续快速扩大。封装测试领域，在国内本土企业继续扩大产能，以及对国外资本并购步伐提速的带动下，产业也将呈现稳定增长的趋势。

第四，国内技术水平持续提升，与国际先进差距逐步缩小。未来几年我国集成电路技术继续沿着摩尔定律，超摩尔定律和引用新材料、新器件等3个方向推进。设计企业除提供集成电路产品外，还向客户提供完整的应用解决方案，移动智能终端的基带芯片和应用处理器仍然保持世界前列水平。芯片制造业工艺特征尺寸推进到20nm并实现产业化，16/14nm新工艺实现重大突破。封装测试业以TSV技术为基础的 3D/2.5D 封装大量推广，我国与世界领先水平的差距进一步缩小。

第五，国内企业实力不断提升，国际合作日益紧密。海思作为中国最大的设计企业，建立了成熟稳固的 IC 设计、制造、封装及测试国际合作渠道，2015 年有望跻身全球 Fabless 前十。此外，在 2014 年，紫光集团获得英特尔入股，其旗下展讯通信将与英特尔联合开发基于 x86 架构的 SOC 产品。长电科技收购星科金朋，进一步拓展了海外业务客户群。中芯国际实现 28nm 制程技术量产，并且与美国高通达成 28nm 工艺以及晶圆制造服务合作。综合来看，在国内整机市场增长的带动下，2015 年中国集成电路企业实力将持续提升，逐步进入全球第一梯队，国际合作进一步增强。

三

加快推动我国集成电路产业跨越式发展，是"十三五"乃至较长一段时期内重大而艰巨的任务。为完成这一任务，我们应当密切结合产业面临形势、深入把握产业发展规律，着力推进以下几项工作。

一是借力产业投资基金机遇，做大做强半导体制造业。加大对集成电路制造龙头企业的投资扶持力度，支持先进芯片生产线建设。鼓励芯片制造与设计厂商结盟，积极探索上下游环节虚拟一体化模式，共同推进存储器等产品的设计服务、光罩制作、芯片生产、测试、封装以及故障、问题分析等工作，缩短产品研发上市周期。依托公共技术和服务平台，开展联合技术创新和品牌推广，实现上下游良性互动。鼓励芯片制造企业兼并重组，扩大规模，通过资产联营、兼并、收购、参股、控股等手段增加企业融资渠道，优化产业资源配置，实现优势企业的强强联合。

二是加强芯片核心技术研发，实现自主知识产权体系。加强自主芯片技术的专利布局，组织芯片知识产权核开发，建设国家级知识产权核库，提高知识产权产品的可复用性。准确把握芯片技术的知识产权壁垒及自由操作领域，布局海外专利市场。探索建立知识产权投资基金，丰富国内 IP 专利储备。建立科学完善的知识产权核心技术标准体系，为国内企业知识产权和产品的质量和信誉提供证明。完善芯片知识产权交易体系和保护体系，对芯片技术成果采用专利权、商业秘密以及集成电路布图设计进行多角度保护。建立知识产权联盟，加强企业在知识产权方面的合作，交互授权，从而快速增强国内芯片的知识产权实力。

三是以市场需求为导向，推动产品差异化发展。拓展国产 IC 产业生态链，将 IC

产业融入到IT大产业中。从系统需求出发，将芯片设计开发的定位确立在应用终端系统公司，对进入产品推广阶段的自主设计芯片产品，依据销售额5%-10%的比例，采用"后补助"方式从用户端予以补贴，以鼓励整机企业使用国产芯片产品。倡导我国芯片厂商、操作系统厂商、应用软件厂商等各产业主体之间的互动协助，促进差异化的软硬件结合的生态体系建设。先进工艺和特色工艺协同发展，为我国集成电路产业在"后摩尔时代"实现弯道超车，提供有效路径。

四是进一步完善融资体系，创新资源利用方式。进一步落实《国家集成电路产业发展推进纲要》各项细则的实施，加强产业界与金融界的互动合作，继续引导和鼓励各类社会资源和资金进入集成电路产业发投资基金，扩大基金规模，以应对集成电路产业日益增长的投资门槛。结合我国体制优势和市场优势，创新投融资体系，避免"一窝蜂"式投资，确保基金投资效率高、自身造血能力强的项目。协调处理好短期效益与长期战略的关系，坚持国家战略与市场化运作相结合的原则。在投资盈利性较好的项目，保证基金短期收益的同时，也要兼顾对产业核心竞争力的关键领域、保障国家安全的核心瓶颈上的投入。在存储器等确需突破、目前尚处空白的领域加紧布局。

五是创新国内人才培养机制，加大海外人才引智力度。进一步深化教育体制改革，加强微电子基础学科建设，弥补其当前在资源配置、师资力量、招生计划等方面的不足。加快落实《进一步鼓励软件产业和集成电路产业发展若干政策》（国发〔2011〕4号）中关于设立示范性微电子学院的相关政策。建立校企结合的人才综合培训和实践基地，紧密结合产业发展需求及时调整课程设置、教学计划和教学方式，努力培养国际化、复合型、实用性人才。研究出台针对优秀企业家和团队的优先引进策略。完善鼓励创新创造的分配激励机制，落实科技人员科研成果转化的股权、期权激励和奖励等收益分配政策。

四

基于对上述思考，赛迪智库研究编撰了《2014-2015年中国集成电路产业发展蓝皮书》。本书从推动产业发展的角度出发，系统剖析了世界和我国集成电路产业发展的情况与特点，并根据当年产业发展情况，对产业运行、行业特征、重点区域、企业近况、政策形势和热点事件进行了全面阐述与展望。全书分为综合篇、行业篇、区域篇、企业篇、政策篇、热点篇和展望篇共7个部分。

综合篇，从 2014 年世界和我国集成电路产业基本发展情况、固定资产投资、技术发展与产品情况等角度展开分析，并总结论述了 2014 年全球及我国集成电路产业的发展特点。

行业篇，按照集成电路设计业、制造业、封测业、设备业、材料业进行专题分析，对各环节 2014 年的规模、区域分布、技术发展、企业状况及排名等进行了分析总结。

区域篇，根据我国集成电路产业发展态势，选取环渤海、长三角、珠三角、中西部地区等国内重点发展区域和新兴增长区域，对各区域的整体发展情况、产业发展特点和重点省市发展情况展开分析。

企业篇，在设计、制造、封测等环节选取 2014 年在经营规模、技术水平、核心竞争力居于前列或富有特色的企业展开研究，主要分析企业的总体发展情况、产品及技术水平和重大发展战略。

政策篇，对 2014 年我国集成电路产业的政策环境进行分析，并针对《国家集成电路产业发展推进纲要》、地方集成电路产业政策等 2014 年出台的重点政策进行解析。

热点篇，主要从事件背景、事件结果及影响启示方面，针对 2014 年发生的对国际和国内集成电路产业形势产生重大影响的事件进行详细分析。

展望篇，结合世界主要研究机构的产业预测以及我国集成电路产业发展面临的发展现状与趋势，对全球及我国集成电路产业 2015 年运行情况做了分析，并同时对产业、技术产品、企业发展等进行了展望。

目前，我国集成电路产业已进入跨越式发展的关键阶段，由大变强、缩小国内外技术差距的任务显得尤为迫切。面对世情、国情的深刻变化，面对全球产业分工和竞争格局剧烈变革带来的机遇和挑战，我们既要肯定过往实践中取得的发展成果和经验，更要正视积累形成的结构性矛盾和深层次问题，坚持贯彻落实科学发展观，为实现"中国芯"做出更大的努力。

工业和信息化部电子信息司司长

目　录

区 域 篇

企 业 篇

政　策　篇

热　点　篇

展望篇

综 合 篇

第一章　2014年世界集成电路产业发展状况

第一节　产业规模基本情况

一、产业规模创新高

根据全球半导体贸易统计协会（WSTS）统计，2014年全球半导体市场规模达到3331亿美元，同比增长9%，为近几年增速之最。各细分市场均实现不同程度增长。增速最快的是存储器芯片，2014年同比增长17.3%，达到786亿美元。分立器件同比增速达到12.3%，达到204亿美元。模拟芯片增速为10.3%，达到442亿美元。

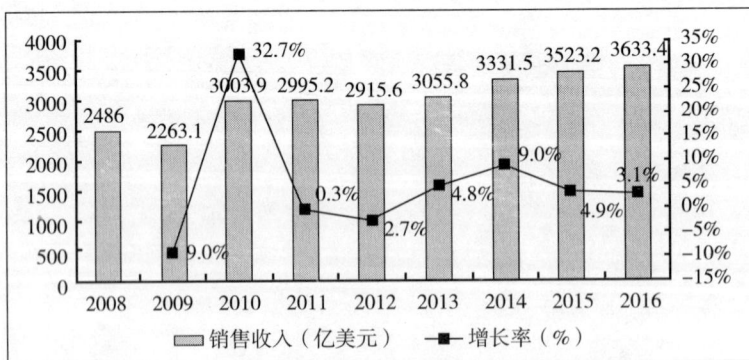

图1-1　2008—2016年全球半导体市场规模及增长率

数据来源：WSTS，2014年12月。

根据IHS iSuppli发布的统计数据，2014年全球半导体销售额将比2013年增长9.4%，达到3532亿美元，实现自2010年以来的最高增长率，并且2014年的市场是最近几年里最为健全的。2013 年的市场虽然也增长了 6.4%，但主要归功于存储器领域的增长，而在 2014 年则是各个领域具有不同程度增长，DRAM 和闪存增速尤为突出，市场将扩大约 20%，而其他半导体产品也实现 6.7% 的增长。

根据 Gartner 发布的统计数据，2014 年全球半导体营收 3398 亿美元，与 2013 年的 3150 亿美元相比增长了 7.9%。与 2013 年相比，2014 年所有业务板块增速均有不同程度增长，DRAM 增速尤甚，增速达到 16.9%，而其他业务板块的增长率约为 5.4%。

表 1-1　2013—2015 年全球半导体营收情况

机构	2013年		2014年		2015年	
	销售额	增速	销售额	增速	销售额	增速
WSTS	3048	4.4%	3331	9%	3523	4.9%
IHS	3181	6.4%	3532	9.4%		
Gartner	3150	5.2%	3398	7.9%	3580	5.4%

数据来源：WSTS、HIS、Gartner，2014 年 12 月。

展望 2015 年，Gartner 认为全球半导体营收预计达 3580 亿美元，增长 5.4%，市场增长主要受益于智能手机中的特定应用标准产品（ASSP）及 Ultramobile，以及固态硬盘所需的的 DRAM 记忆体与 NAND 闪存存储器的强大需求。WSTS 认为 2015 年半导体产值将增长 4.9% 至 3523.2 亿美元，2016 年续增 3.1%，至 3663.4 亿美元。

随着全球半导体产业同时迈入"后摩尔时代"与"延伸摩尔世代"，产业规模由快速增长并伴随大幅波动，转为低速平稳增长。行业集中度越来越高，行业发展也逐步结束过去高增长和周期性波动的发展局面，开始步入平稳发展阶段。2011 至 2014 年 4 年间，产业规模保持持续增长势头，产值达到 3331.51 亿美元，年均增速约为 2.8%。根据 WSTS 的预测数据，2015 年全球半导体产业增速预计为 4.9%，若如此，则 2011 年至 2015 年 5 年间产业年均增速仅为 2.9%。预计 2016 年至 2020 年，全球半导体产业的年均增速将徘徊在 3% 左右。

二、产业结构

从产业链分布看，制造业、IC 设计业、封装和测试业分别占全球半导体产业整体营业收入的 50%、27%、和 23%，2014 年全球 IC 设计企业的营业收入规模为 860 亿美元，比 2013 年增长 6.8%。

从地区分布看，美国居首，占全球 IC 设计市场的 70% 以上。中国台湾地区位居第二，约占 20%。中国大陆位居第三，约占 10%。

从占全球晶圆代工份额来看，70% 客户来自 IC 设计业，而 30% 来自 IDM。

从具体产品看，集成电路芯片增速居首。半导体市场主要由分立半导体器件、光电器件、传感器和集成电路四大类产品构成，2014 年其市场份额分别为 204.4 亿美元、294.9 亿美元、86.2 亿美元和 2745.8 亿美元，分别占全球半导体市场的 6.1%、8.8%、2.5% 和 82.4%。各环节同比均有不同程度增长，分别达到 12.3%、6.9%、7.3% 和 9%。

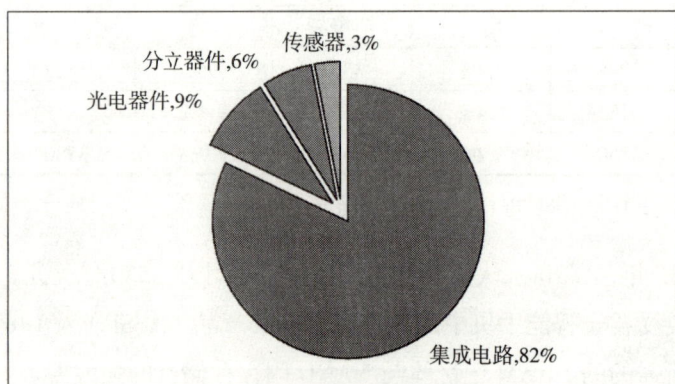

图1-2　2014年全球半导体市场结构

数据来源：WSTS，2014 年 12 月。

集成电路产品又分为模拟芯片、处理器芯片、逻辑芯片和存储芯片四种，2014 年其市场份额分别为 442.1 亿美元、622.1 亿美元、859.3 亿美元和 786.1 亿美元，分别占集成电路市场份额的 16.1%、22.6%、32.6% 和 28.6%。与 2013 年相比，增速最大的为存储器，同比增速达到 17.2%，其次为模拟芯片，增速达到 10%，而逻辑芯片和处理器芯片增速仅为 6% 和 4%。

先进工艺占比愈发增大。据统计，代工收入已经达到 421 亿美元，这其中 28nm 以下工艺占比已经达到 28%，65nm 以下工艺收入占比则达到 59%。并且工艺仍在继续遵循摩尔定律向前发展。2014 年 Intel（英特尔）的 14nm 工艺已经实现量产，三星、台积电也在继续发展 16nm/14nm 工艺，预计 2015 年将实现量产。

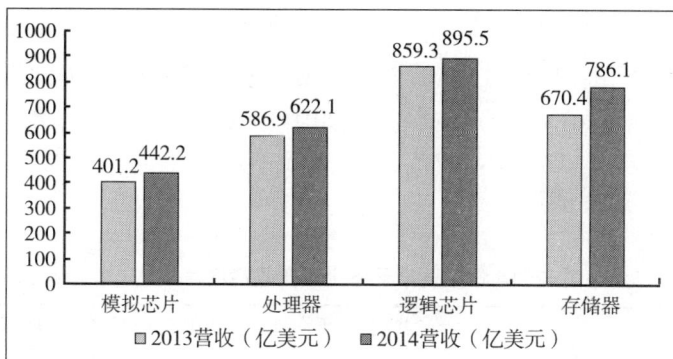

图1-3 2013—2014年全球集成电路产品营收情况

数据来源：WSTS，2014 年 12 月。

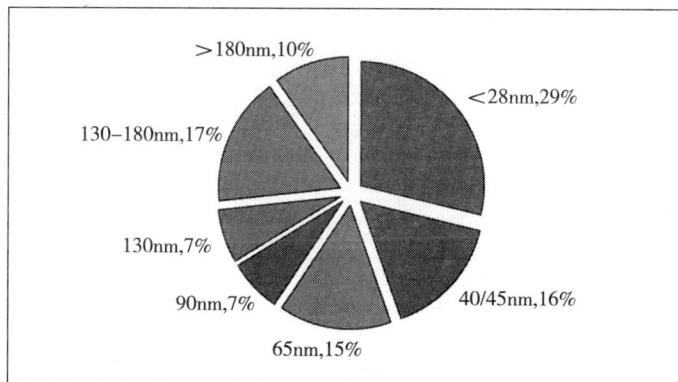

图1-4 2014年全球代工制程占比

数据来源：IC Insights，2015 年 1 月。

三、区域分布

区域半导体市场继续呈现两极分化。在半导体市场分布方面，2014 年亚太地区（日本除外）是全球最大的市场，达到 1942 亿美元，同比增长 11.4%，预计 2015 年该地区市场份额将达到 2086 亿美元，同比增长 3.8%；北美地区则是全球第二大市场，达到 657 亿美元，同比增幅达到 6.9%，预计 2015 年其市场份额将达到 692 亿美元。而根据 Gartner 的统计，亚太地区、美洲地区、欧洲、中东、非洲（EMEA）地区的销售额都在不断扩大，只有日本市场出现缩小。业绩最出色的是亚太地区，预计增长率为 12.5%。

而在半导体产业方面（按企业总部所在地统计），美国则是全球最大的半导体产品供应商，产值占比超过50%，而韩国则以18%的市场占有率位居全球第二，日本则以14%的市场份额位居第三，欧洲则以8%的市场占有率排名第四。

四、企业发展情况

表1—2　2014年主要半导体企业营收情况　　　　　（单元：百万美元）

2014	2013	企业	所在地	2013年营收	2014年营收	增幅
1	1	Intel（英特尔）	美国	48321	51368	6%
2	2	Samsung（三星）	韩国	34378	37259	8%
3	3	TSMC（台积电）	中国台湾	19935	25088	26%
4	4	Qualcomm（高通）	美国	17211	19100	11%
5	5	Micro（美光）	美国	14294	16614	16%
6	6	SK Hynix（海力士）	韩国	12970	15838	22%
7	7	TI（德州仪器）	美国	11474	12179	6%
8	8	Toshiba（东芝）	日本	11958	11216	−6%
9	9	Broadcom（博通）	美国	8219	8360	2%
10	10	ST（意法半导体）	欧洲	8014	7374	−8%
11	11	Renesas（瑞萨）	日本	7975	7372	−8%
12	12	MTK+Mstar（联发科）	中国台湾	5723	7142	25%
13	14	Infineon（英飞凌）	欧洲	5260	6151	17%
14	16	NXP（恩智浦）	欧洲	4815	5625	17%
15	13	AMD（超微）	美国	5299	5512	4%
16	17	Sony（索尼）	日本	4739	5192	10%
17	15	Avago+LSI（安华高）	美国	4979	5087	2%
18	19	Freescal（飞思卡尔）	美国	3977	4548	14%
19	20	UMC（联电）	中国台湾	3940	4300	9%
20	21	Nvidia（英伟达）	美国	3898	4237	9%
前20家				237379	259562	9%

数据来源：ICInsights，2014年12月。

根据IC Insights发布的数据，2014年全球前20家半导体企业总营收达到2595.62亿美元，同比增长9%。如若不计代工企业台积电和联电，则全球前18大半导体厂总营收约2301.74亿美元，年增8%，与2014年全球半导体市场增速一致。从表1—2也看到，2014年全球前20大半导体企业营业收入都已超过42

亿美元，如果按企业总部所在地进行统计，有 8 家企业位于美国，3 家位于日本，欧洲和中国台湾地区各有 3 家，韩国有 2 家，新加坡有 1 家。

在企业排名方面，2014 年，全球排名前 6 的企业位序保持不变，英特尔（Intel）2014 年营收达到 513.68 亿美元，稳居全球首位；三星（Samsung）营业收入达到 372.59 亿美元，位居次序；台积电营收则达到 250.88 亿美元，位居第三。第 7 至第 20 名的 14 家企业中，有多达 10 家企业的排名有变动。其中，格罗方德（GlobalFoundries）被英伟达（nVidia）取代，退出全球前 20 大半导体厂之列，而恩智浦（NXP）则由去年的第 16 名跃升至第 14 名。同时，有 2 家集成电路代工企业进入全球前 20，有 6 家 Fabless 公司进入前 20。

在企业成长率方面，代工企业的增速最快，台积电营收增速达到 26%，另外则是 Fabless 公司的增速也较快，如联发科营收将成长 25%，是全球前 20 大半导体厂中业绩成长第 2 的大厂，存储器厂商增速也较快，海力士（Hynix）2014 年营收成长 22%，居第 3 位。

根据 Gartner 的统计，2014 年前 25 大半导体厂商的合计营收增幅达 11.7%，高于整个行业的增速。前 25 大半导体厂商的营收占整个行业的 72.1%，2013 年这一比例为 69.7%。

2014 年，各大厂商之间的并购比前一年明显更为热烈，其中最令人瞩目的当属 Avago 科技并购 LSI，该公司因而首次登上前 20 大半导体厂商排行榜。此外，晨星半导体在经历了漫长的过程之后终于和联发科技合并，另外还有 ON 半导体并购 Aptina Imaging。同期，Infineon 并购 International Rectifier 仍在进行中。通过并购的调整之后，前 25 大厂商的增长率为 10.0%。

第二节　产业投资及资本支出情况

一、2014年全球半导体资本支出及设备支出情况

Gartner 数据显示，全球半导体资本支出金额从 2013 年的 578.4 亿美元提升至 2014 年的 652.9 亿美元，同比增加 12.9%；由于存储器平均售价上涨以及消费产品需求增加，全年资本设备支出增长 16.0%。2015 年，受保守的投资策略影响，预计资本支出增长仅为 0.8%，设备支出增长为 5.6%，较此前的预测出现大幅度下调。就长期而言，2018 年以前整体支出均有望维持增长态势，只在 2016 年略

显停滞。

表1—3　2013—2018年全球半导体制造设备支出预估值（单位：亿美元）

年份	2013	2014	2015	2016	2017	2018
半导体资本支出	578.4	652.9	657.9	655.4	701.8	753.1
增长率	−1.5%	12.9%	0.8%	−0.4%	7.1%	7.3%
资本设备	334.5	389.3	411.1	401.8	446.2	474.1
增长率	−11.6%	16.4%	5.6%	−4.2%	11.2%	6.3%
晶圆设备	272.8	316.3	337.5	336.4	369.4	391.3
增长率	−8.0%	16.0%	6.7%	−2.7%	10.1%	5.9%
晶圆级制造设备	287.6	334.0	356.7	355.4	392.8	417.9
增长率	−8.5%	16.1%	6.8%	−2.6%	10.8%	6.4%
晶圆级封装设备	14.8	17.7	19.2	19.0	23.4	26.6
增长率	−17.8%	19.4%	8.9%	−1.2%	23.0%	13.9%
晶粒级封装设备	28.7	32.6	31.4	26.3	29.5	31.1
增长率	−25.8%	13.8%	−3.9%	−16.2%	12.4%	5.4%
自动化测试设备	18.3	22.6	23.0	20.2	23.8	25.1
增长率	−27.6%	24.0%	1.7%	−12.4%	18.1%	5.2%

数据来源：Gartner，2015年1月。

　　2014年资本支出与设备支出均出现大幅增长，且设备支出增长幅度明显大于资本支出。受三星电子大幅提升资本支出影响，产业整体资本支出增长了12.9%。同时，由于半导体制造商纷纷减少新建厂房转而着手提升新产能，使得设备支出大涨16.0%。此外，2014年存储器市场的火爆也导致了资本支出持续走高。价格环境改善惠及存储器制造商，使得支出出现新一波增长。两大韩国存储器厂商三星、海力士均增加了DRAM扩产计划，三星将新建的S3晶圆厂中一整层用于DRAM生产，海力士SK也投资17亿美元在韩国立川市厂区新建晶圆厂与无尘室。2015年，DRAM供不应求的现象将持续，但随着晶圆厂新产能纷纷投产，预计供给过剩将在2016年出现，从而导致资本与设备支出放缓。

　　同时Gartner的报告中还指出，2014年晶圆代工厂的支出仍将超越逻辑IC整合元件制造商（IDM）。其中，晶圆代工厂支出可望年增4.5%，相较之下，逻辑IDM厂商的整体支出则将减少0.3%。不过，晶圆代工业整体支出的长期表现预计将会持平，主要是因为移动终端市场逐渐饱和将抑制对晶圆代工业新产能的需求，在此环境下，预期厂商将以现有产能进行升级以符合最先进制程。

二、2014年资本支出金额前十大半导体公司

IC Insights 数据显示，2014 年全球半导体产业资本支出规模前十大厂商排名基本未变，且资本支出主要集中在少数几家公司。三星与英特尔稳居龙头，两大厂商的年度资本支出都超过 110 亿美元，排名第三的半导体厂商是台积电，年度资本支出略低于 100 亿美元，前三大半导体厂商的资本支出总和占据 2014 年产业整体资本支出规模的 51.8%。前五大半导体厂商的资本支出总额则占据年度产业整体资本支出规模的 66.6%，前十大厂商所占比例近 80%。

存储器成为 2014 年资本支出增幅最大的领域。其中闪迪和美光表现尤为突出，2014 年资本支出均大幅增长。2014 年，闪迪为扩充 3D Flash 存储器产能，资本支出大幅增加了 86.3%。美光 2014 年度资本支出估计增加了 10 亿美元以上，增长幅度达 57.6%。

在 2014 年，年度资本支出排名中前九家厂商都超过 10 亿美元，而排在第十位的中芯国际也正在不断增加资本支出，力争跨过 10 亿美元台阶。2014 年中芯国际的资本支出增长率为 35.2%，比 2013 年多了 5.2 个百分点。从 IC Insights 的排行榜中还可以看出，前十名以外的厂商资本支出增长为 3.1%，远低于全球半导体资本支出 8.4% 的总体增长率，其主要是由当前大多数半导体厂商正在逐渐向轻晶圆（fablite）或无晶圆（Fabless）模式发展造成的。

表 1-4　2014 年资本支出金额前十大半导体厂商

排名	公司	2013年资本支出（亿美元）	2014年资本支出预测（亿美元）	同比增长
1	三星	115.6	115.0	-0.5%
2	英特尔	106.1	110.0	3.7%
3	台积电	97.1	97.5	0.4%
4	格罗方德	45.0	55.0	22.2%
5	SK海力士	31.5	37.0	17.6%
6	美光	19.4	30.5	57.6%
7	东芝	16.3	19.5	19.6%
8	闪迪	8.6	16.0	86.3%
9	联华电子	11.0	12.0	9.3%

（续表）

排名	公司	2013年资本支出（亿美元）	2014年资本支出预测（亿美元）	同比增长
10	中芯国际	6.5	8.8	35.2%
前十合计		457.0	501.3	9.7%
其他		117.3	121.0	3.1%
总资本支出		574.3	622.3	8.4%

数据来源：IC Insights，2014年4月。

三、2014年全球半导体企业研发投入情况

半导体产业有着典型的技术密集和资金密集型的特点，半导体厂商竞争力的维持必须依赖高额且持续不断的研发投入。

IC Insights的数据显示，2014年全球半导体研发总费用达到560亿美元，研发投入排名前十的厂家依序为英特尔、高通、三星、博通、台积电、东芝、意法、美光、联发科及晨星、英伟达。其中有五家总部位于美国，三家位于亚太，日本和欧洲各有一家。同时，其中有五家IDM型公司，四家Fabless型公司和一家Foundry公司。

表1—5　2014年半导体厂商研发费用排名

排名	公司	半导体销售额（亿美元）	研发投入（亿美元）	研发/销售	研发同比增长
1	英特尔	514.0	115.4	22.4%	8.7%
2	高通	192.9	55.0	28.5%	62.0%
3	三星	378.1	29.7	7.8%	5.1%
4	博通	84.3	23.7	28.2%	−4.5%
5	台积电	249.8	18.7	7.5%	15.5%
6	东芝	110.4	18.2	16.5%	75.0%
7	意法	73.8	15.2	20.6%	−16.3%
8	美光	168.1	14.3	8.5%	−3.8%
9	联发科+晨星	70.3	14.3	20.3%	28.8%
10	英伟达	43.5	13.6	31.3%	2.9%
	合计	1885.2	318.1	16.9%	10.8%

数据来源：IC Insights，2015年2月。

2014年英特尔研发投入115.4亿美元，排名第一，占前十家研发费用总和的36%，全球研发费用总和的21%。高通公司研发投入55亿美元，排名第二，2014年高通研发投入年增长率高达62%，是前十名中增长幅度最大的。第三名是三星，研发投入29.65亿美元。三星自从2011年开始，在研发投入上增长较慢，其研发占销售额的比率小于10%。一方面原因是三星参加了IBM的通用平台联合开发同盟从而降低了部分研发投入，另一个原因是三星的主要业务是制造和销售DRAM和flash存储设备，与英特尔和台积电制造的高性能逻辑产品不同，它们更需要将大量资金用于扩大产能。

研发投入占销售比重前三的分别是英伟达、高通和博通，其研发销售比分别为31.3%、28.5%、28.2%。博通自2003年以来第一次年研发投入同比下降，英伟达的研发投入年增长也仅有3%，不过两家公司过去7年一直保持了研发销售比在30%左右。

东芝和意法半导体的研发投入同比下降均超过10%，而台积电2014年研发投入增长15%，这使得台积电超越东芝和意法半导体，进入了前五名。随着越来越多的IC制造商走向轻晶圆路线甚至完全成为无晶圆设计公司，台积电自2010年以来便作为唯一一家代工厂进入了半导体研发投入前十的位置。

联发科合并晨星以后，研发费用总额达14.3亿美元，年成长率高达29%，成长幅度仅次于同为Fabless厂的高通，2014年首度进入前十名。

此外还有五家公司2014年研发投入超过10亿美元，但是没有进入前十名的名单。它们是：德州仪器，13.6亿美元；海力士，13.3亿美元；Marvell，11.8亿美元；AMD，10.6亿美元；Avago，10亿美元。

值得注意的是，半导体企业投入前十名中的5家美国公司2014年研发总投入加起来达到了222.03亿美元，占到了前十名投入总和的69.8%，占到了全世界半导体研发总投入的39.6%。而整个业太地区研发投入总额仅有62.69亿美元，只占全球投入的11.2%。由此可见，虽然近些年来国际半导体产业发展中心逐步向亚太地区转移，但美国凭借其强大的技术创新能力，仍然占据着国际半导体产业链高端环节。

四、2014年全球半导体产业投融资情况

（一）国外投融资情况

2014年，国外集成电路企业间的并购活动极其频繁，且以获得知识产权和提升自主创新能力为目的的横向并购占据最大比例。

表1-6　2014年国外集成电路相关企业并购事件汇总

时间	事件	影响
2月9日	Cadence宣布收购高阶综合与算法供应商Forte Design Systems	通过对高阶综合算法知识产权的掌控，使Cadence能够为设计验证提供更好的标准流程。
2月11日	Microchip宣布以3.94亿美元收购Supertex公司	Supertex是高压模拟和混合信号芯片生产企业，Microchip通过收购可以加强其在医疗和电信领域的专利掌控权。
2月14日	纳米图案成形系统与解决方案厂商Molecular Imprints Inc.（MII）宣布已签约将半导体压印光刻设备业务出售给佳能	佳能目前生产并销售 KrF 准分子光刻平台。为打入尖端高分辨率图案成形光刻设备市场，佳能2004年开始研究纳米压印技术。自2009年以来，佳能一直与 MII 携手采用 MII 的 Jet and Flash 压印光刻（J-FIL）技术来进行开发。预计本次收购将促使J-FIL技术在两年内用于高端闪存的生产，进而推动佳能公司在显示器、硬盘驱动器和其他新兴信息领域的技术主导权。
4月30日	Cirrus Logic以2.91亿英镑收购音频芯片生产商欧胜微电子（Wolfson）	欧胜微电子是全球最大的MEMS麦克风生产厂商，并在音频处理技术领域具有很强的知识产权积累。此次收购将Cirrus Logic的业务向MEMS麦克风领域扩展，增强了Cirrus Logic公司作为音频信号处理元件领导者的地位。
5月23日	Microchip以3亿美元收购台湾蓝牙芯片厂商创杰科技	Microchip收购创杰的动机是看中其低功耗蓝牙产品，可添加到其现有的产品组合中，为将来进军物联网市场打下基础。
5月30日	希捷宣布以4.5亿美元从Avago收购LSI闪存部门。提升其SSD产品性能并且获得其他相关技术	本次收购主要针对LSI闪存部门中的ASD（加速解决方案）和FCD（闪存组件）两业务组，其中ASD部门有着丰富的PCI-E闪存存储方面的产品线与专利。预计本轮收购会给希捷的闪存部门带来强劲的"新生力量"，因为希捷目前还是一个传统的HDD厂商，虽然有推出各种SSD，但是市场表现并不太理想，LSI这两个部门的加入不但使希捷在SSD的研发能力大大增强，同时还带来新的市场。
7月3日	高通并购射频芯片厂商Black Sand，藉以强化其在射频领域竞争力	2013年，高通公司推出RF360射频前端产品系列方案，2014年出手购并CMOS功率放大器（PA）供应商Black Sand，预计将以此强化RF360方案竞争力，以增加其COMS功率放大器优势与支援频段范围，并加大与其他厂商的竞争优势。

（续表）

时间	事件	影响
8月22日	英飞凌以每股40美元价格收购国际整流器公司（IR），用以弥补其在功率半导体和功率切换技术方面的不足	收购完成后，英飞凌的产品组合将更趋于丰富，业务版图也得以扩张。由于IR公司在美国和亚洲具有较大的市场占有率，因此通过本轮收购，将有益于英飞凌进一步巩固其在美国和亚洲的市场地位。此外，此番并购将为英飞凌带来更多电源管理系统的专利技术，进一步加强其在功率半导体方面的专长，并整合化合物半导体（即氮化镓）领域的先进知识产权。并购还将极大地推动英飞凌在生产上实现规模经济，增强竞争力。
12月4日	塞普拉斯半导体（Cypress）宣布，以160亿美元收购快速闪存生产厂商Spansion	就目前全球NOR flash市场来看，第一大厂为Micron（市占率约30%）、其次为Spansion（市占率为25%—30%）、第三为旺宏（市占率约15%—20%）。塞普拉斯半导体通过收购Spansion，加大了其在NOR flash市场的竞争力。

数据来源：赛迪智库整理，2015年1月。

（二）国内投融资情况

2014年，随着国家不断加大对集成电路产业政策扶持，国内集成电路行业正迎来一轮国资并购高峰。

表1-7　2014年国内集成电路相关企业资本重组事件汇总

时间	事件	影响
2月21日	中芯国际与长电科技共同投资建立国内首条12英寸5万片的凸块加工合资公司	凸块加工技术是未来3D晶圆级封装技术的基础。通过本轮投资合作，将推动中芯国际形成国内首条完整的12英寸本土半导体制造产业链。
4月7日	敦泰科技收购旭曜科技	敦泰科技的是业内知名的触控芯片生产厂商，旭曜科技在驱动IC领域具有优势积累。敦泰并购旭曜后更加奠定了在触控和驱动芯片上的领先地位，有利于敦泰科技快速形成市场市场优势。
4月10日	矽力杰3亿元收购塞拓克	赛拓克主要生产静电防护元件产品，可广泛应用于高解析度电视、液晶显示器、数据机、路由器、桌上型电脑及笔记型电脑等电子产品。通过本轮收购，矽力杰可以拓展其在静电防护元件领域的业务范围。
7月25日	上海韦尔半导体6000万元收购泰合志恒	泰合志恒在数字电视接收芯片的设计领域拥有较强的研发和量产能力。上海韦尔半导体具有较强的市场营销能力，通过本次收购，有助于双方整合产品与渠道资源，拓宽市场领域，提升经营效益，实现共赢。
8月8日	同方国芯收购成都国微科技有限公司100%股权	成都国微科技主营业务目前尚未开展，但公司正在筹备研发中心建设项目。通过本次收购，同方国芯将形成集研发、测试、生产于一体的研发平台，有利于进一步增强公司研发实力、科技创新能力。

13

（续表）

时间	事件	影响
9月	清华紫光完成对锐迪科微电子的收购	标志着锐迪科与另一家集成电路设计领军企业展讯通信的关系由竞争变成协同效应（展讯通讯于2013年11月被紫光集团收购），此轮并购对提升我国移动芯片产业的国际竞争力产生重大影响。
10月21日	欧比特收购广东铂亚信息技术股份有限公司100%股份	铂亚公司是国内知名的图像处理识别技术和产品的供应商，掌握着大量的关键技术和核心算法。通过此次并购，将有助于丰富欧比特现有的产品和服务内容，同时双方将共享技术和客户资源，协同效应凸显。
11月3日	上海浦东科技技术投资公司和中国电子投资公司共同完成对澜起科技的收购	澜起科技在内存接口芯片产品领域在全球占据绝对市场优势，且已进入思科、IBM、惠普等IT巨头的采购体系。因此，完成对澜起科技的收购，对构建我国自主可控的信息安全体系具有积极的推动作用。
11月11日	上海贝岭出售上海虹日国际电子有限公司25.50%股权	根据上海贝岭发展战略，对相关非主业投资进行清理。本次股权转让后公司将进一步集中资源，发展主业。此次转让该股权的投资收益为458万元。
11月15日	天水华天科技有限公司收购美国Flip Chip International（简称FCI）100%的股权	FCI在嵌入式芯片封装和3D系统级封装解决方案方面拥有多项专利技术。本次收购有利于天水华天进一步提高在晶圆级集成电路封装领域的技术水平，改善公司客户结构，提高公司在国际市场的竞争能力。
12月31日	长电科技以2.6亿美元收购全球第四大封测厂商星科金朋	星科金朋主营先进封装业务，且其客户以美国为主，正好可以与长电科技进行互补。本次并购将使长电科技有望成为仅次于日月光和Amkor的全球第三大封测厂；未来长电将形成国内长电先进和中芯长电，国外星科金朋的完整布局、协同发展格局。

数据来源：赛迪智库整理，2015年1月。

第三节　技术发展情况

一、14/16nm FinFET工艺进入量产

全球半导体业技术发展通常每两年前进一个工艺节点，减少制造成本约50%的规律，到了28nm以下明显开始减缓。按照以往规律2013年工艺将达到14nm，2015年可以达到10nm，但实际上全球工艺领军者英特尔也延长了其工艺研发进度，一直推迟到2014年第四季度才实现14nm量产，比正常情况延长了至少两个季度。

14nm工艺节点被业界普遍视为集成电路制造的工艺拐点，因为图形曝光技

术虽然可以实现 22—20nm 工艺，但突破 14nm 有较大风险。在实现 14nm 工艺的技术进程中，目前主要包括两条技术路线。一种是由英特尔公司在 22nm 制程中就开始采用的 FinFET 结构三栅晶体管技术。另一种是由 IBM 和意法半导体等公司在 22nm 制程节点中采用的 FD-SOI 全耗尽技术。

当前，基于 FinFET 结构的制造工艺具有明显的市场优势。2014 年 12 月，英特尔公司宣布推出 Broadwell-U 系列的 14nm 处理器，成为全球第一家推出 14nm 工艺芯片的企业，标志着集成电路制造工艺演进正式进入"后摩尔"阶段。韩国三星公司也在 2014 年 11 月宣布其首款 14nm FinFET 芯片（预计为 Exynos 系列新款芯片）已经量产，并计划在 2015 年推向市场。三星还与格罗方德达成了深度合作，将利用两家的工厂共同生产 14nm 工艺芯片，此举可以有效扩充产能。据 Cartner 数据显示，Intel 和三星两家公司的 14nm FinFET 工艺芯片相比于台积电的 20nm 工艺芯片，性能均提高 20% 左右，功耗则降低了 35%。台积电计划于 2015 年推出其 16nm FinFET 工艺芯片以抗衡 Intel 及三星在 14nm 工艺制程方面的现有优势，但台积电在第一代 16nm FinFET 工艺方面还不完善，因此，预计将在性能方面落后于 Intel 和三星两家公司产品。

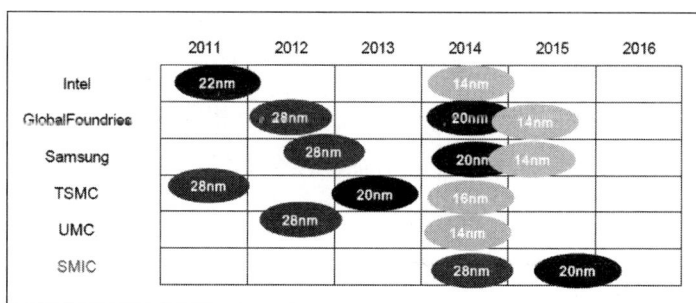

图1-5 全球晶圆代工厂制程规划

数据来源：IC insights，2014 年 11 月。

就下一代技术而言，目前英特尔、三星及台积电等全球工艺领导者都还未突破 10nm 工艺制程，更不要说达到量产水平。如果研发顺利，最乐观估计也要到 2016 年才能实现 10nm 制程量产。此外，10nm 制程之后技术将向何处发展目前并不明朗，与此同时工艺设备研发也遭遇了瓶颈，以 EUV 光刻设备研发为例，目前正面临 10nm 时 193nm 光刻工艺的成本偏高、栅极材料替代品的工艺尚未成熟等问题。

二、3D-NAND存储技术逐步走向商用

2014年10月，三星公司宣布开始量产用于固态硬盘（SSD）的3bit MLC 3D V-NAND闪存。表明3D-NAND存储技术已经有所突破。

随着工艺进步，晶体管越来越小造成了NAND的可靠性及性能越来越低，特别是当NAND cell单元越来越小、靠得越来越近的情况下，会影响到电容耦合的控制栅极，使测量存储单元中极微小的电荷变化越来越困难。20nm工艺之后，cell单元之间的干扰现象更加严重，平面（即2D）NAND技术逐渐达到技术瓶颈。目前2D NAND在尺寸10nm时已经达到天花板，在此情况下出现了在每块芯片中以垂直方式对存储单元组加以堆叠的3D NAND技术，其基础架构延续了平面存储单元组，只是采用垂直方向堆叠多层的芯片来增加密度。

3D NAND面临许多挑战，从技术上要使成本更具竞争优势，至少可能要48层。实际上，目前的3D NAND仍采用成熟设计的规则，所以更大的挑战不是光刻，而是沉积与刻蚀。制造商要在衬底上用CVD方法来交替地沉积许多薄层。显然，对于这么多薄层来说，均匀性非常重要，可重复性及低缺陷密度等成为关键。3D NAND存储单元的工艺生产中需求：堆叠沉积、垂直通道蚀刻和钨字元线沉积三大关键技术步骤。

堆叠沉积：3D NAND存储架构包含许多堆迭的薄膜对，对工艺精度要求非常高。为了使成品器件中的每一个存储单元都具有相同的性能，必须在每一个关键步骤中最大限度地减小水平和垂直方向的工艺误差。否则，一个步骤中的误差会被转移到后续步骤中，并在后续步骤中成倍放大，误差的累积会导致器件性能变差，成品率低。由于薄膜堆迭中要有40对以上的薄膜，所以仔细控制轻微误差至关重要。

垂直通道蚀刻与通常的高长宽比腐蚀不同，在典型的平面NAND制造工艺中为12:1或者15:1，而在3D NAND中典型为40:1或者60:1。

钨字元线沉积：在沟道形成之后，需要形成互联接触，通常用填充金属沉积来形成。金属沉积是在氮化硅层的表面用湿法腐蚀之后，再进行填充金属的过程，通常填充物用钨。这样的沉积十分微妙，因为它不是一个呈线性的沉积过程，在表面上有许多凹处及沟。由于在电镀过程中有前驱物效应，所以不免要在孔的金属沉积中产生孔隙。

除此以外，3D结构中的测量也是要面临的技术挑战之一，它是指在多层的

3D NAND 堆叠芯片中找出缺陷，并找出它的位置。面对 32 层或者 48 层结构，要找出多层堆叠芯片中的问题是十分困难的，当前最大问题是缺少计量工具。从技术上来看，虽然 3D NAND 的特征指标要求尚不完全到位，但是它进步很快，已初步进入商用阶段。

2013 年和 2014 年全球仅有三星研发 3D NAND 闪存，2014 年全球大部分供应商均加入研发行列。

按照三星公司的设想，3D V-NAND 技术的优势在于不仅可以提升芯片的存储密度和写入速度，还可以降低芯片功耗；与传统平面型（2D）NAND 相比，具有更高的耐久性。2014 年 11 月，英特尔公司也宣布将于 2015 年下半年推出与美光半导体公司联合研制的 3D-NAND 存储器。据英特尔公司描述，3D-NAND 技术的突出特色是有望催生 10TB 级别的固态硬盘（SSD）产品，甚至封装厚度只有 2mm 的 1TB 存储（适合应用于移动智能终端），并可以大幅度降低生产成本，截至 2014 年 12 月，全球已经有四家存储器生产企业推出自己的 3D-NAND 发展路线图。2015 年三星继续量产 3D NAND；美光与英特尔也加入研发行列，预计 2015 年下半年量产；海力士也计划 2015 年进入试产阶段；Sandisk/Toshiba 可能要到 2016 年量产；Spansion 与中国武汉的新芯也宣布合作进军 3D NAND，计划 2017 年量产。总体来看，该技术有望在 2016 年全面走向市场，并替代传统NAND 闪存。

三、无线充电技术走向成熟

无线充电技术又称作感应充电或非接触式感应充电技术，主要用于无线电力输送。无线充电就是利用电感的近场感应耦合，将能量由供电设备（充电器）传送至用电设备，该用电设备在利用接收到的能量的同时还可以将多余电量存储于电池。由于充电器与用电装置之间无需电线，便捷性优于有线充电，受到市场广泛关注，但充电效率问题一直是近年来的研发重点。根据 iSuppli 报告指出，2015 年全球无线充电市场产值可望达 140 亿美元，大大提升了芯片设计与制造厂商对于发展无线充电技术的积极性。2015 年，三星 Galaxy S6/S6 Edge 特别整合无线充电技术、苹果 Apple Watch 导入感应式充电，都表明无线充电技术正在走向成熟。

表 1-8　当前无线充电技术两大规格

联盟简称	A4WP及PMA	WPC
联盟全名	Alliance for Wireless Power；Power Matters Alliance	Wireless Power Consortium
最新标准	Rezence BSS v1.2/1.3	Qi v1.2
工作频率	6.78MHz	200kHz
单一发送功率	v1.2达22W；v1.3达50W	15W，最高理论值达2000W
充电距离Z-height	10cm	3-4.5cm
采用技术	磁感应、磁共振	磁感应、磁共振
联盟成员	高通、三星、Powermat、AT&T、谷歌、联发科等	高通、三星、微软、LG、索尼、德州仪器、联发科等

数据来源：赛迪智库整理，2015年3月。

移动智能终端用户（尤其是可穿戴设备产品的用户）对于电池续航能力的要求不断提升，促使芯片设计企业开始布局新的电源供应技术，其中无线充电技术已经成为业界"抢攻"的重点。截至2014年底，已有包括博通、艾迪特（IDT）、德州仪器（TI）、联发科、安森美等在内的多家芯片厂商都积极瞄准穿戴式设备市场推出无线充电解决方案，并针对周边的电源管理平台发展策略做出相应变革。

例如：联发科在2014年CES展上推出了多模无线充电芯片，同时还展示了新的主板和线圈设计，新技术可以同时实现对多部终端进行充电。在2014年的CES展中，博通公司通过BCM59350接收机芯片实现了对照明电路控制系统的无线充电。该充电芯片可以同时兼容PMA（300 kHz）、A4WP（6.78 MHz）和WPC（200 kHz）三种无线充电标准。此外，高通在2014年推出了针对车辆系统的无线充电技术，该系统使用充电箱来驱动地面上的无线充电装置，当对准汽车上的接收端时，就可以对车辆进行远距离充电。

第四节　主要特点

一、产业结构调整加速，IC设计业异军突起

受投资门槛和市场需求等多方面影响，产业结构调整步伐加速，IC设计业与晶圆代工业呈现异军突起之势。自2001年以来，全球IC设计业年均增速保持在20%左右，几乎是集成电路整体增速的10倍，其在半导体产业中的地位也越

来越重要。2001年时，全球前20大半导体企业中没有一家IC设计企业入围，而到2014年，IC设计企业已经占据全球前20大半导体企业中的6席。其中，高通自2001年至今保持了年均22.3%的超高速增长，其销售额规模在这13年间由2001年的13.9亿美元扩大了13倍，增加至2014年的191亿美元，高通也随之迅速成为全球第四大半导体企业。

二、产业整合进程加快，寡头垄断特征日益显著

增速趋缓与波动减小意味着全球半导体产业已步入成熟期。在这一大背景下，半导体企业间的整合重组正日益频繁。2014年，欧洲英飞凌（Infineon）以30亿美元收购国际整流器（IR），创下该公司有史以来最高收购金额，此举使得英飞凌在功率器件方面拥有更强竞争力，进一步提升其在功率器件方面的竞争力。美国格罗方德公司也整合了IBM的半导体制造业务，继续壮大其半导体代工业。在2014年完成的并购案还包括三星（Samsung）收购SmartThings、Facebook收购虚拟实境技术供应商Oculus，以及英特尔（Intel）收购智慧手表新创公司Basis Science。

三、技术更新换代加速，落后产能加速退出市场

以生产线为例，晶圆厂向大尺寸发展，小尺寸厂关闭速度加速。由于大尺寸硅片更具成本优势，很多8英寸以下的产能逐步进行缩减。根据IC Insights统计，2009年至2013年以来所关闭的72座晶圆厂中，高达25%的比例为8寸晶圆厂，40%的比例为6寸晶圆厂，11%的比例为12寸晶圆厂。关闭的12英寸生产线主要是存储器生产线，如2009年内存制造厂奇梦达破产关闭其12寸晶圆厂，中国台湾地区DRAM厂商茂德与力晶也关闭12寸晶圆厂。其中日本地区关闭的生产线最多，从2009年以来，日本一共关闭28座晶圆厂，其次是北美与欧洲地区，分别有23座与15座晶圆厂进入关停状态。而2014年，包括英特尔位于美国Hudson的8寸晶圆厂Fab 17，International Rectifier位于南韦尔斯的6寸晶圆厂Fab 10，以及瑞萨半导体的两座6寸与一座5寸晶圆厂，以及恩智浦的一座5寸与一座4寸晶圆厂，用以生产光学组件的一座3寸GaAs晶圆厂等共有9座晶圆厂进入关停之列。

第五节　主要产品情况

一、存储器

存储器（Memory）是现代信息技术中用于保存信息的记忆设备。计算机中全部信息，包括输入的原始数据、计算机程序、中间运行结果和最终运行结果都保存在存储器中。存储器又分为挥发性存储器（RAM）和非挥发性存储器（ROM），挥发性存储器在断电后数据就会丢失，如电脑中DRAM内存，而非挥发性存储器则在断电后数据依然得以存储，如U盘等，具体的产品分类以及各种产品的市场份额分别如1-6图所示。

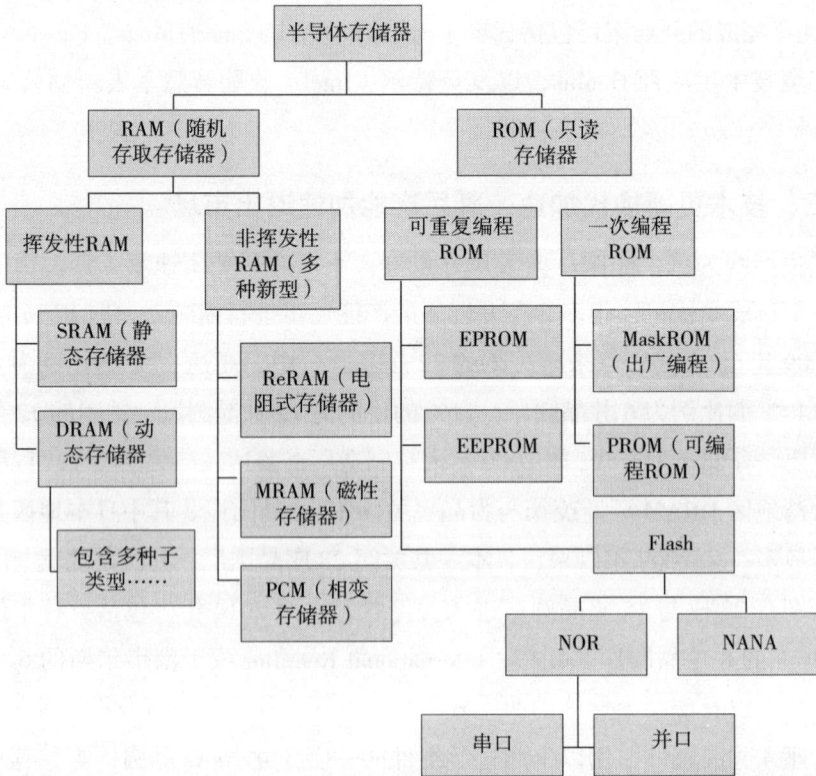

图1-6　存储器产品分类

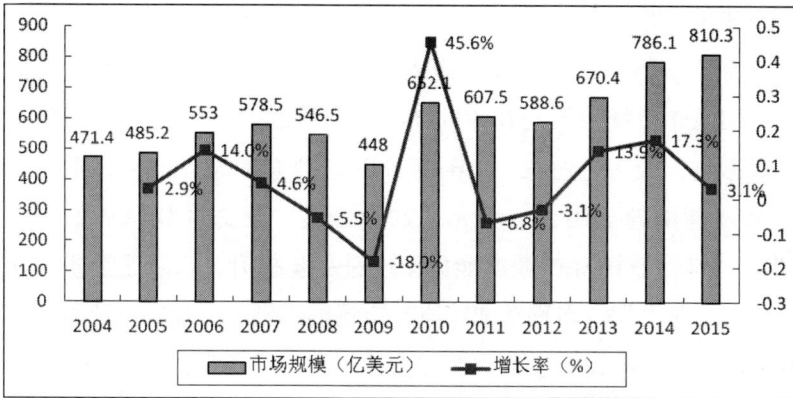

图1-7 2004—2015年全球存储器市场情况

数据来源．WSTS，2015年1月。

2004—2015年全球存储器市场份额如图1-7所示，从图1-7中可以看出，存储器市场总体保持平稳发展态势，2008—2009年受美国次贷危机影响，产值略有下滑，但在2010年经济恢复后，存储器市场需求也大幅提升。2011年以来，市场每年保持增长势头，2014年存储器增速达到17%，为近5年之最，这主要得益于移动智能终端的发展带来的强劲市场需求。移动智能终端的发展使得闪存需求大增，尤其是NAND Flash，这几年市场增速较快，根据台湾工研院的统计数据，NAND Flash市场已经不断逼近DRAM市场，预计很快就实现超越。各种存储器市场份额如表1-9所示。

表1-9 2010—2015全球内存市场预估（百万美元）

类别	2010年	2011年	2012年	2013年	2014年	2015年	CAGR 2010—2015
DRAM	39462	28980	32125	34520	28820	35355	−2.2%
NAND Flash	20605	24849	28527	32484	32605	35359	11.4%
NOR Flash	4259	4067	3880	3783	3700	3626	−3.2%
SRAM	1056	1014	978	1015	1036	1067	0.2%
EEPROM	939	967	977	1026	1067	1115	3.5%
PSRAM	350	315	282	265	254	241	−7.2%
Mask ROM	285	262	275	284	281	267	−1.3%
EPROM	117	108	100	96	93	93	−4.5%
Others	569	614	657	675	712	787	6.7%
Total	67642	61176	67801	74148	68569	77909	2.9%

数据来源：Gartner工研院IEK，2011年9月。

（一）DRAM 存储器

在 DRAM 市场方面，市场逐渐进入平稳发展阶段，根据 HIS iSuppli 发布的统计数据，DRAM 市场规模约在 400 亿美元，受过去几年 DRAM 产能大增所带来的价格战影响，很多企业关停 DRAM 工厂、兼并或将产能转移至 Foundry 等，使得 DRAM 产能增速放缓，如美光并购尔必达，茂德将 DRAM 生产线改造为 Foundry 生产线等，DARM 产业产能集中度进一步提升，市场主要由三星、海力士和美光三家企业占据，在移动智能终端市场的带动下，DRAM 市场需求也水涨船高，价格也略微回暖，企业营收情况大为改善，市场从去年开始进入全面获利的状况。

在市场竞争格局方面，通过收购尔必达，美光最直接的收益是在全球存储芯片市场的份额将增长超过一倍达到 28% 左右；其中，它在移动内存芯片市场的份额也将从 5% 增至 19.7%，并一举超越海力士 18.9% 的市场份额，成为全球第二大厂商，但仍落后于三星的 35.5%。

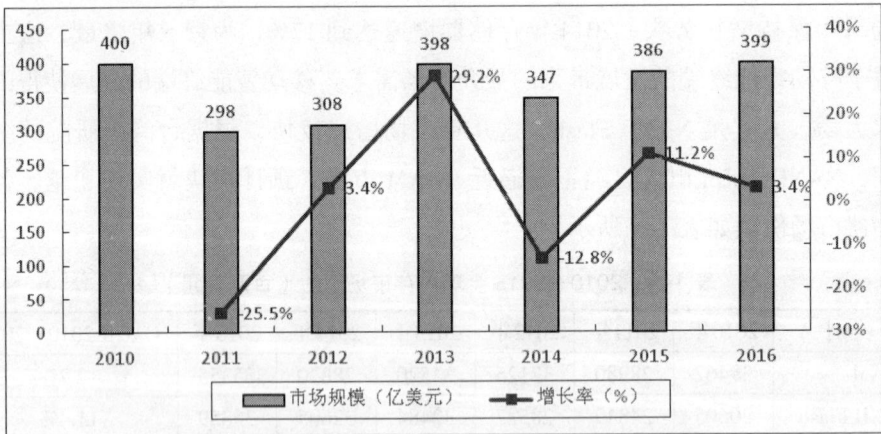

图1-8　2010—2016年全球DRAM芯片市场规模情况

数据来源：IHS iSuppli, 2012 年 7 月。

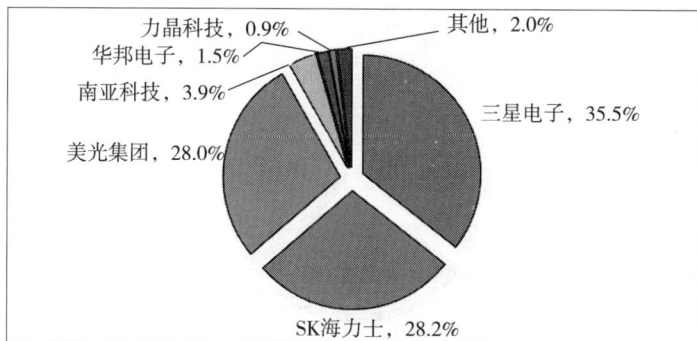

图1-10　2014全球DRAM厂商市场份额情况

数据来源：集邦科技 DRAMeXchange，2012 年 12 月。

（二）闪存（Flash）存储器

根据调查显示，2013 年全球 NAND Flash 市场将达到 300 亿美元的规模，较 2012 年 268 美元的市场规模成长 12%。而 2014 年全球闪存市场则达到 350 亿美元，较 2013 年增长 20% 以上，其中，智能手机预计将占整体 NAND Flash 市场的 26%。由于智能手机出货量将在 2013 年达到 9.75 亿部，占全年整体手机出货量 17.45 亿部的 56%，并较 2012 年 7.5 亿部智能型手机出货量或占 42% 的整体手机出货量更大幅成长，从而推动闪存更迅速成长。此外，固态硬盘（SSD）预计也将在 2013 年的 NAND Flash 销售占到 13%。除了笔记型电脑以外，由于 SSD 具备更快读写速度以及降低功耗的优势，因而也开始出现在服务器电脑、汽车导航、工业设备以及数位录影机（DVR）等应用领域。

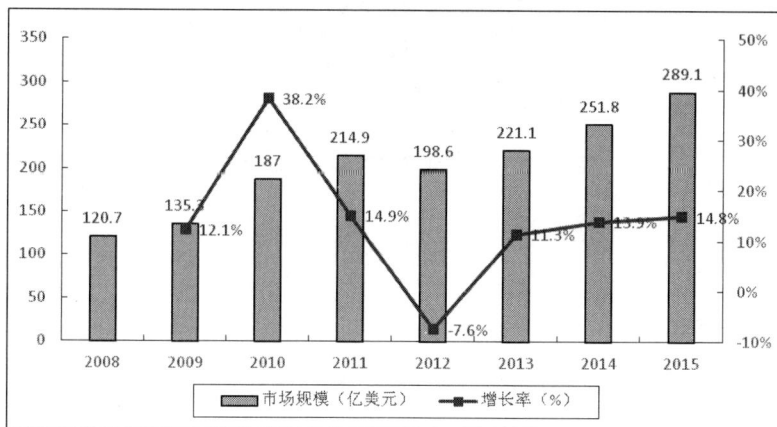

图1-11　2008—2015年全球NAND Flash芯片市场规情况

数据来源：IHS iSuppli，2012 年 7 月。

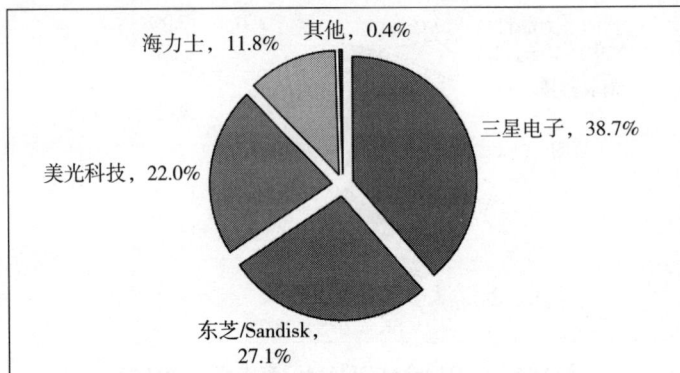

图1-12 2012年NAND Flash芯片全球市场竞争格局

数据来源：企业财报，2013年5月。

最后还有平板电脑的迅速成长也带动对于闪存的需求，特别是由于平板电脑一般入门级经常以配备16GB NAND Flash为起点。根据研究机构表示，苹果iPad的销售量几乎成长了一倍以上，出货量从2011年的6500万台成长至2012年的1.17亿台。该机构表示，2013年平板电脑出货量达到1.67亿台。

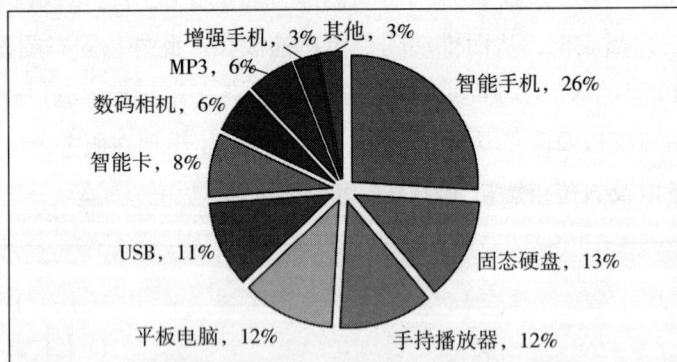

图1-13 2013年全球NAND Flash市场

数据来源：IC Insights，2014年3月。

二、通信芯片

移动芯片是移动智能终端的关键器件。移动芯片包含了应用处理器、基带芯片、射频芯片、电源管理芯片和存储芯片。其中最重要的芯片是基带芯片（BP）和应用处理器（AP），二者结合在一起成为移动智能终端的CPU。

下图展示了基带芯片和应用处理器在 CPU 中的分工模式。其中，基带芯片负责通信协议 / 射频信号处理，是移动终端的基础通信模块。应用处理器负责运行操作系统和应用软件。这两类芯片也是当今移动终端芯片平台中最重要的部分。以下提及的移动芯片厂商指的是主要从事基带芯片和应用处理器设计、生产的企业。

从技术体系来讲，移动芯片主要分为 ARM 架构和 X86 架构。ARM 架构是由 ARM 设计的 32 位或 64 位精简指令集处理器架构。X86 架构是 Intel 公司设计的复杂指令集处理器架构。

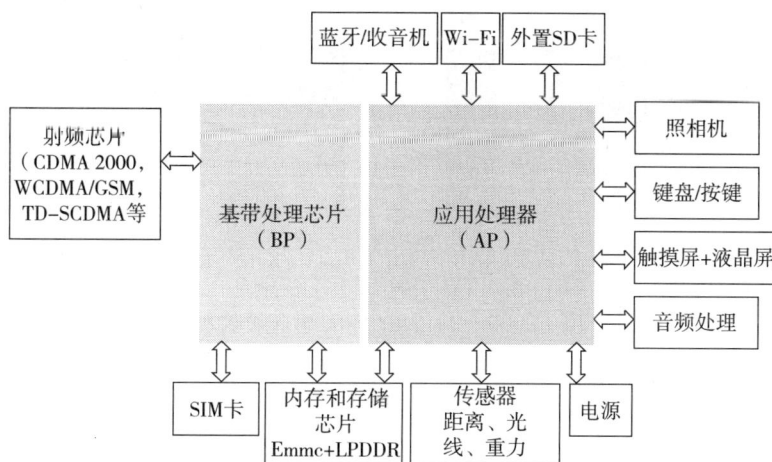

图1-14　通信芯片构成情况

2012 年，全球主要移动芯片厂商在手机芯片的市场份额如下图所示：

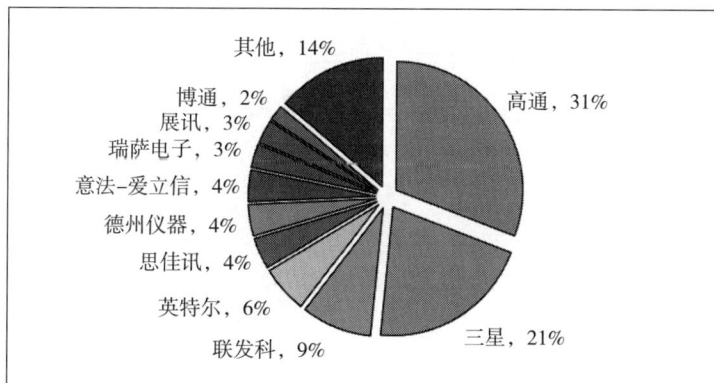

图1-15　2012年手机芯片市场格局情况

数据来源：企业财报，2013 年 5 月。

（一）基带芯片

在基带芯片方面，受移动智能终端需求影响，基带芯片也水涨船高，市场份额在逐年扩大，根据 Gartner 的市场分析报告，2012 年全球基带芯片市场份额达到 154 亿美元，在全球 4G 布局逐步扩大的带动下，基带芯片市场仍将保持快速增长势头，但值得关注的是，随着集成电路工艺水平的提高和成本下降压力增大，基带芯片也在朝着集成化发展，逐步整合到一块 SOC 芯片中。

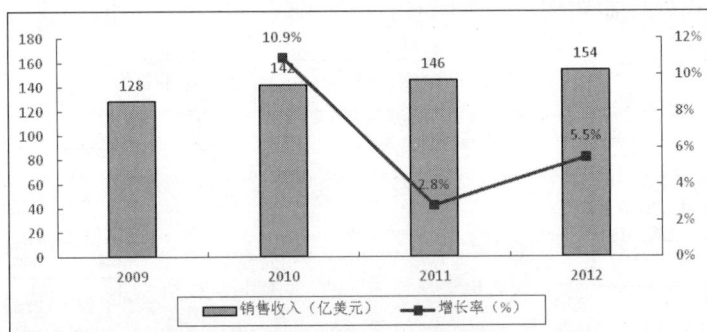

图1-16　2009—2012年全球基带芯片收入情况

数据来源：Gartner，2013 年 5 月。

在市场格局方面，高通凭借其在移动通信方面的专利布局，牢牢把控着市场的垄断地位，一方面其通过专利授权获取高额收入，另一方面自己研制研发生产芯片，凭借其技术方面的优势，其芯片产品在高端市场具有绝对性竞争优势，目

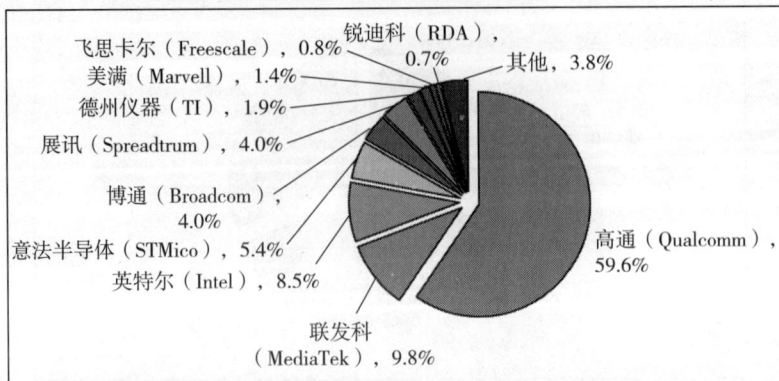

图1-17　2012年全球重点企业基带芯片市场份额

数据来源：Strategy Analytics，2013 年 3 月。

前也在往中低端市场方向扩展。而排第二名联发科在中低端市场具有明显的竞争优势。我国的展讯和锐迪科凭借其在 2G 上的技术积淀，也占有一定市场份额。

（二）射频芯片

射频芯片作为重要的数据收发端口，对移动智能终端很重要，这几年射频芯片市场也呈现持续增长势头，2014 年市场份额已达到近 60 亿美元，在市场份额方面，美国的 Skyworks、高通、RF 等企业处于前列。

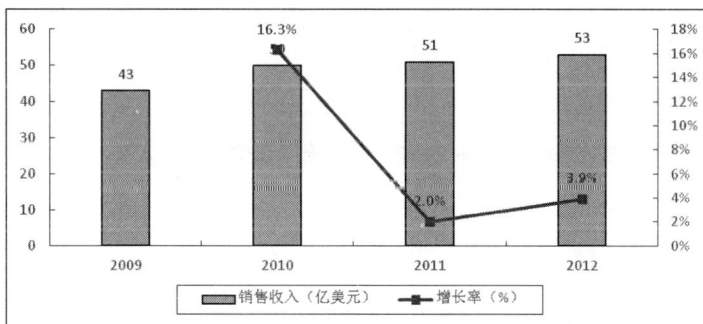

图1-18　2009—2012年全球射频芯片收入情况

数据来源：Gartner，2013 年 5 月。

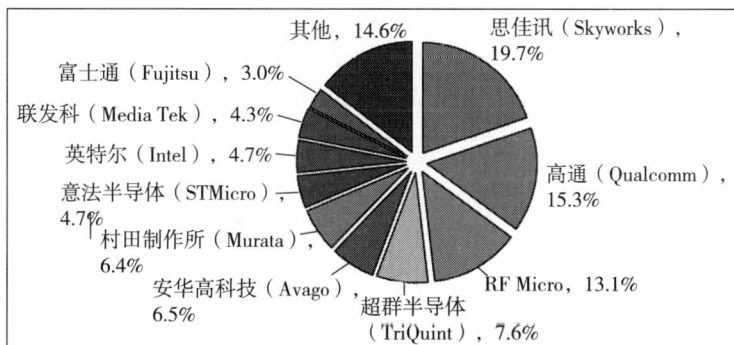

图1-19　2012年全球重点企业射频芯片市场份额

数据来源：Strategy Analytics，2013 年 3 月。

（三）无线通信芯片

而在无线通信芯片方面，市场份额这几年几乎保持稳定，全球市场规模大约在 25 亿美元左右，在具体企业方面，则是博通一家独秀，牢牢占据着市场第一的位置。

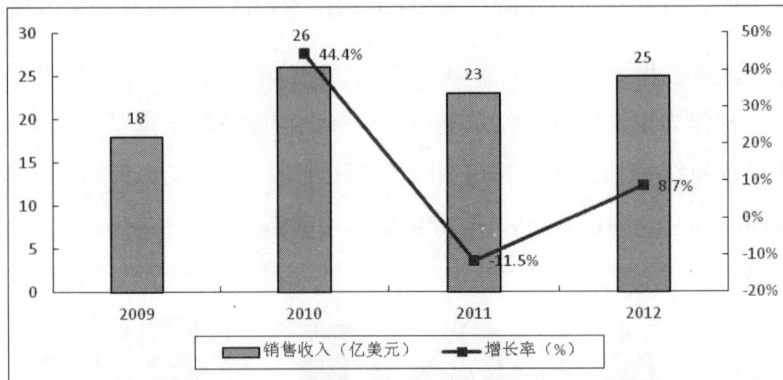

图1-20　2009—2012年全球无线通信芯片收入情况

数据来源：Gartner，2013年5月。

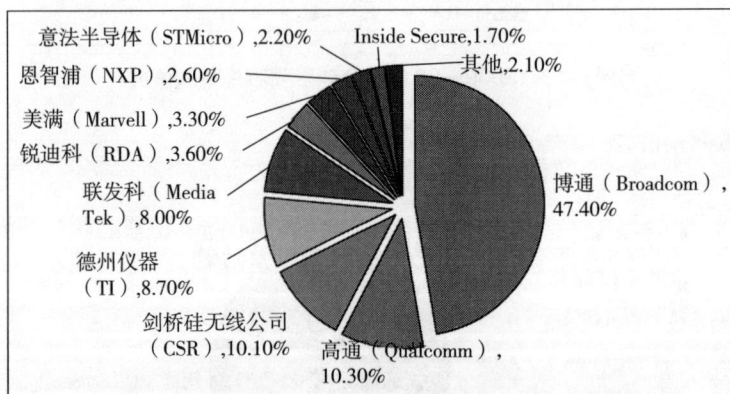

图1-21　2012年全球重点企业无线通信芯片市场份额

数据来源：Strategy Analytics，2013年3月。

三、处理器芯片

处理器（Center Processing Unit，简称CPU）是计算机的核心部件，负责指令的执行，它主要由控制器和运算器组成，它的性能决定了整台电脑的性能。

处理器市场规模与存储器类似，2004—2008年保持增长势头，但在2009年受美国次贷危机影响，略有下滑，但在2010年又恢复增长，至2014年，市场规模已经达到622亿美元，预计2015年仍将保持小幅增长。

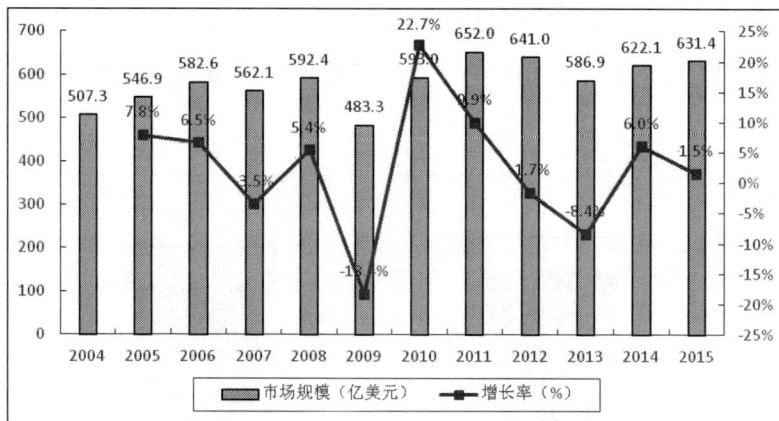

图1-22　2004—2015年全球处理器市场情况

数据来源：WSTS，2014年12月。

（一）CPU芯片

1.市场规模

根据应用模式的不同，CPU芯片可以分为通用CPU芯片和嵌入式CPU芯片两类。其中，通用CPU芯片的功能性较强，能运行复杂的操作系统和大型应用软件，一般应用于应用与服务器和桌面计算机（PC机）领域。目前，在PC领域，X86系列芯片（由英特尔公司主推）和MIPS系列芯片（由龙芯公司主推）占据市场的主流。在服务器领域，市场上有Sparc系列芯片（核心专利属于Sun公司，但后来被甲骨文公司收购）、Alpha系列芯片（核心专利属于DEC公司）以及Itanium系列芯片（惠普和英特尔公司联合持有其核心专利）等。而嵌入式CPU在功能和性能上有很大的变化范围。随着电子信息系统的集成度越加提高，尤其在嵌入式系统中，人们倾向于把CPU芯片、存储器和一些外围电路（如数模转换模块、输入/输出模块等）集成到一块芯片上，构成所谓的系统芯片（简称为SoC），而把SoC上的处理器内核称为CPU内核。其应用范围极其广阔，发展历程从最初的4位处理器，目前仍在大规模应用的8位单片机，到最新受到广泛青睐的32位、64位嵌入式CPU。嵌入式CPU又可分为嵌入式DSP处理器、片上系统（SoC）和GPU三类，其中嵌入式DSP处理器是专门用于信号处理方面的处理器，并在数字滤波、频谱分析等各种数字处理系统上得到主要应用。GPU又名图形处理芯片，英伟达公司在1999年发布GeForce256图形处理芯片时首先提出

GPU 的概念。是计算机显卡的"心脏",也是 2D 显示卡和 3D 显示卡的区别依据。根据赛迪顾问发布的数据,2012 年 CPU、GPU 和其他潜入式处理器市场份额如图 1-23 所示。

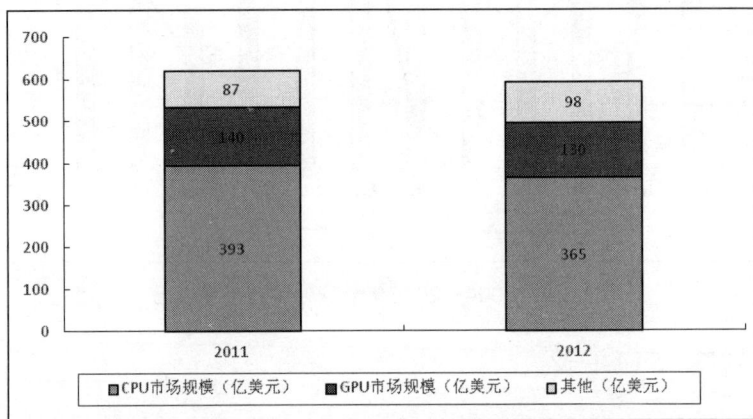

图1-23　2011—2012年全球处理器市场规模

数据来源：赛迪顾问，2013 年 5 月。

2. 市场格局

在全球通用 CPU 市场,由英特尔和 AMD 两家公司主导的 X86 处理器和 IBM 公司主导的 Power 架构处理器占据了主要的市场份额,其应用领域主要针对 PC 机和服务器。其中,英特尔公司的 X86 架构 CPU 芯片占据了服务器市场超过 60% 的市场份额,高端高可靠服务器主要由 IBM 占据。英特尔和 AMD 两家占领了 PC 机市场 99% 的市场份额。其中,英特尔更是凭借着与微软公司组成的 Wintel 联盟和在软件及周边服务业所形成的生态系统独霸市场优势。Power 处理器的市场份额有限,目前只在网络、服务器和工业控制领域尚有一席之地。在移动终端所需的处理器方面,市场则呈现多家争霸局面,Sumsung、高通、MTK 等企业依赖于 ARM 的开源架构也占有一定市场份额。

表 1-10　2013 年全球处理器前 10 大供应厂商　　　　（单位：百万美元）

2013排名	厂　商	2012销售额	2013销售额	2013/2012增长率	2013年市场份额	主要产品线
1	Intel	36892	36325	−2%	59.5%	X86PC，服务器，MPU
2	Qualcomm	5322	6884	29%	11.3%	ARM移动APU

2013排名	厂 商	2012销售额	2013销售额	2013/2012增长率	2013年市场份额	主要产品线
3	Samsung	4294	4850	14%	7.9%	ARM移动APU
4	AMD	3605	2831	−21%	4.6%	X86PC，服务器，MPU
5	Freescale	1070	1247	17%	2.0%	ARM，嵌入式MPU
6	TI	565	485	−14%	0.8%	ARM，嵌入式MPU
7	Media Tek	325	415	28%	0.7%	ARM移动APU
8	Nvidia	754	398	−48%	0.7%	ARM移动APU
9	Spreadtrum	265	375	42%	0.6%	ARM移动APU
10	Broadcom	345	356	3%	0.6%	ARM移动APU
	其 他	3088	6852	122%	11.3%	
	合 计	56480	61018	8.0%	100%	

数据来源：Gartner，2013 年 5 月。

（二）MCU 芯片

1. 市场规模

MCU 芯片受到近几年工业控制等方面需求影响，市场份额在逐年增大，2013 年 MCU 芯片市场份额已经达到近 170 亿美元，比 2012 年增长 9.2%。

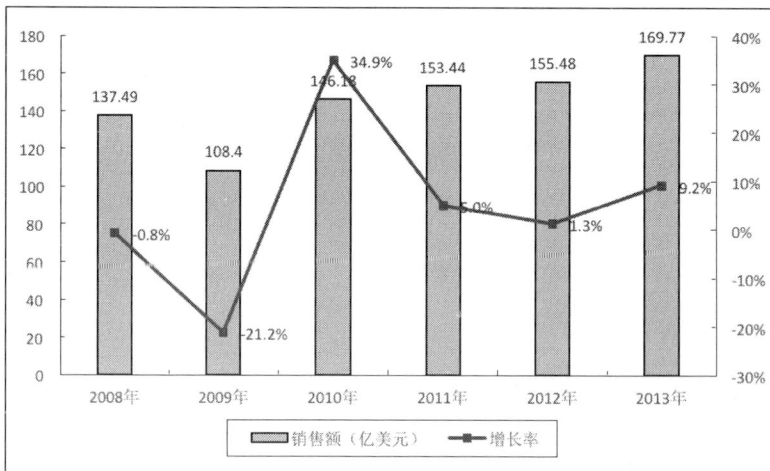

图1-24 2008—2013年全球MCU市场规模及增长情况

数据来源：Gartner，2014 年 3 月。

31

2. 市场格局

MCU市场格局大致保持平稳，老牌半导体厂商稳稳占据大部分市场份额，尤其是日本和欧洲的厂商，从图1-25也可以看出，欧洲意法半导体、英飞凌和恩智浦，日本瑞萨和东芝等企业分列全球MCU市场供应前十名。

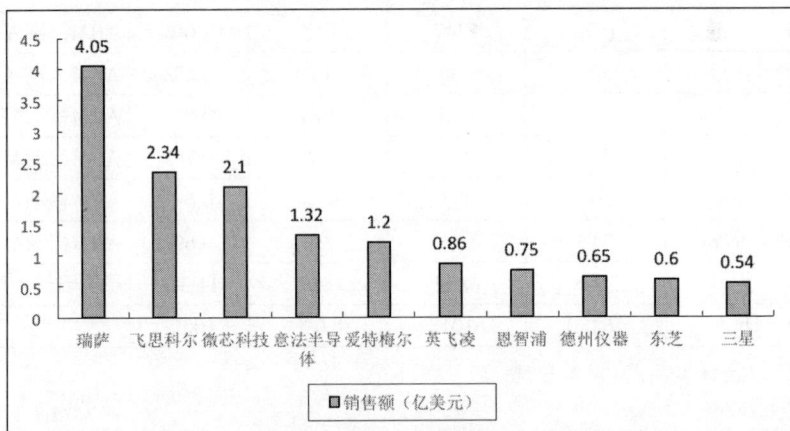

图1-25　2012年全球主要MCU供应商销售情况

数据来源：企业财报，2013年5月。

第二章　2014年中国集成电路产业发展状况

第一节　发展情况

一、产业规模

　　根据中国半导体行业协会统计，2014年我国集成电路产业实现销售收入3015.4亿元，同比增长20.2%。整个产业呈现"前缓后高"的发展态势。图2-1所示为我国集成电路产业季度销售情况。2014年第一季度产业增速由2013年第四季度的-11.8%提升至13.4%，扭转了季度下滑局面，销售额为587.5亿元。在之后的第二季度和第三季度中，产业增速呈现缓慢增加的态势，维持平均每月递增3.2个百分点水平，销售额分别为751.1亿元和787.3亿元。受《国家集成电路产业发展推进纲要》的出台以及首轮千亿级产业投资基金成立的影响，2014年第四季度产业发展增速迅速抬升至28%，较第三季度提升了8.3个百分点，销售额达到889.5亿元。2014年全年，全行业实现销售收入3015.4亿元，同比增长20.2%。

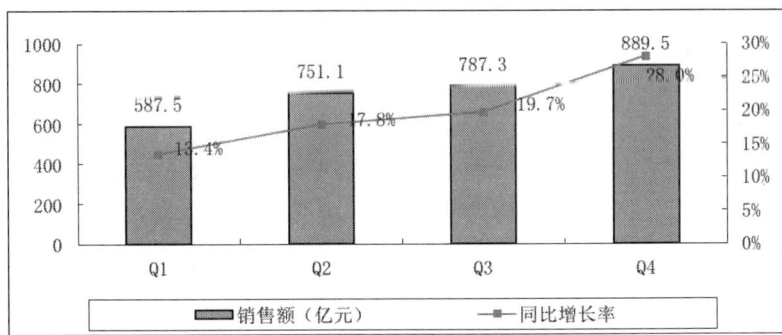

图2-1　2014年我国集成电路产业分季度销售情况

数据来源：中国半导体行业协会（CSIA），2015年3月。

图 2-2 所示为 2008—2014 年我国集成电路产业的销售收入及增长率。从图中可以看到，受世界金融危机和全球半导体市场低迷影响，2008 至 2009 年期间，我国集成电路产业销售收入连续两年负增长。2010 年在世界消费能力释放和全球半导体市场短暂复苏的形势下，我国集成电路产业有力实施"创新驱动、转型发展"的产业发展策略，集成电路产业销售收入大幅回升。在"十一五"的 5 年中，我国集成电路产业的销售收入平均复合增长率为 17.2%，集成电路产量的年均复合增长率为 22.0%。进入"十二五"后，尽管 2011—2012 年欧债危机持续，世界经济增长乏力，全球半导体市场徘徊不前且小幅衰减，但我国政府继续大力支持集成电路产业发展，政策力度不断加强，政策效应逐步显现，企业不断调整产业结构和产品结构，积极开拓国内市场，努力提升企业生产规模和技术水平推动集成电路产业平稳发展。2012 年我国集成电路产业销售规模保持了 11.6% 的增长，为实现我国集成电路产业发展"十二五"规划目标打下良好的基础。进入 2013 年后，在移动智能终端等市场需求推动下，全球半导体市场恢复稳定增长趋势，在国内外半导体市场显著回暖的带动下，中国集成电路产业发展有所提速，产业增速达 16.2%，远高于全球同期水平。进入 2014 年后，在国家和各级地方政府支持下，产业政策效应凸显。《国家集成电路产业发展推进纲要》的出台进一步完善了我国集成电路产业发展的政策环境。国家集成电路产业发展投资基金的设立，更是为我国集成电路产业长期所面临的投资瓶颈提供了有效的解决方案。我国集成电路产业迎来了崭新的发展阶段。

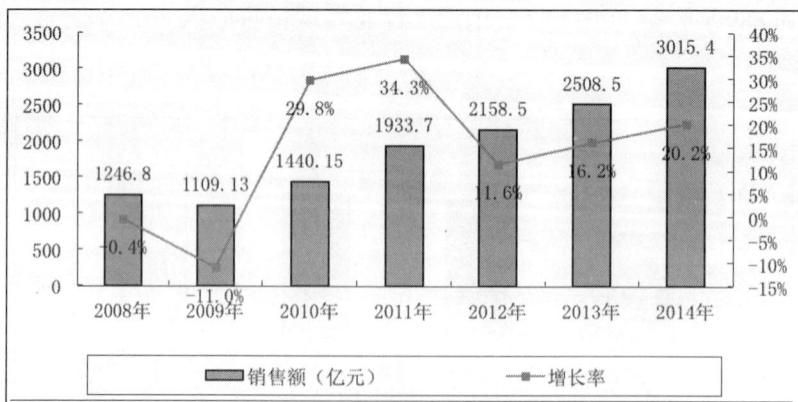

图2-2　2008—2014年我国集成电路产业销售规模及增长率

数据来源：中国半导体行业协会（CSIA），2014 年 11 月。

二、产业结构

（一）产业链结构

2013—2014 年，我国集成电路设计业、芯片制造业和封装测试业的销售规模及增长率如图 2-3 所示。设计业增速最快，销售额为 1047.4 亿元，同比增长 29.5%；芯片制造业销售收入 712.1 亿元，同比增长 18.5%；封装测试业销售额 1255.9 亿元，同比增长 14.3%。

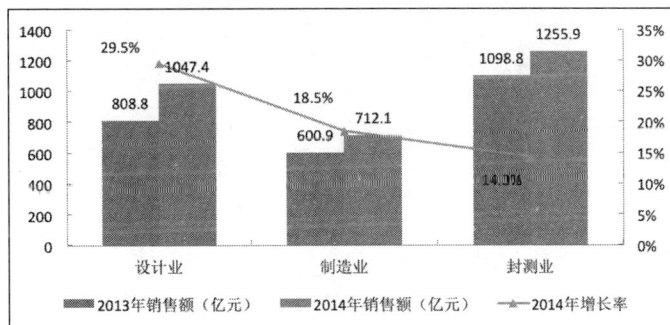

图2-3　2013—2014年我国集成电路产业结构

数据来源：中国半导体行业协会，2014 年 12 月。

表 2-1 所示为我国集成电路产业链各环节季度销售情况。整体来看，2014 年期间，芯片设计业相较于其他两业，始终保持较快的增长速度。设计业的快速增长，为下游的芯片制造和封测环节带来更多订单，有效降低芯片制造与封测对外依存度过高带来的产业发展风险。

表 2-1　我国集成电路产业链各环节季度销售情况

季度		Q1	Q2	Q3	Q4
设计业	销售额（亿元）	179.2	249	318.3	300.9
	增长率	28.1%	29.8%	31.3%	28.3%
芯片制造业	销售额（亿元）	153.7	172.5	159.9	225.9
	增长率	4.5%	9.0%	10.3%	50.1%
封装测试业	销售额（亿元）	254.6	329.6	309.1	362.6
	增长率	10.1%	14.6%	14.3%	17.1%
合计销售额（亿元）		587.5	751	787.4	889.4

数据来源：中国半导体行业协会（CSIA），2015 年 3 月。

2009—2014年我国集成电路三个行业的销售收入和增长率发展情况如表2-2所示。图2-4所展示的是2014年设计业、芯片制造业和封装测试业在集成电路产业整体的占比情况。自2009年以来，设计业占产业链的比重稳步增加，从占比24.3%增加到2014年的34.7%。封装测试业所占比重有所下降，但基本稳定于40%左右。总体上来看，我国集成电路产业链结构正在向技术含量较高的方向发展，结构更加趋于优化。

表2-2　2009—2014年我国集成电路三业销售收入及产业链占比

年　份		2009	2010	2011	2012	2013	2014
设计业	销售额（亿元）	269.9	363.9	526.9	621.7	808.8	1047.4
	产业链占比	24.3%	25.3%	27.2%	28.8%	32.2%	34.7%
制造业	销售额（亿元）	341.1	447.1	535.6	590.2	600.9	712.1
	产业链占比	30.8%	31.1%	27.7%	27.3%	24.0%	23.6%
封测业	销售额（亿元）	498.2	629.2	871.7	946.5	1098.8	1255.9
	产业链占比	44.9%	43.6%	45.1%	43.9%	43.8%	41.7%
合计销售额（亿元）		1109.0	1440.0	1933.0	2158.5	2508.5	3015.4

数据来源：CSIA，赛迪智库整理，2015年3月。

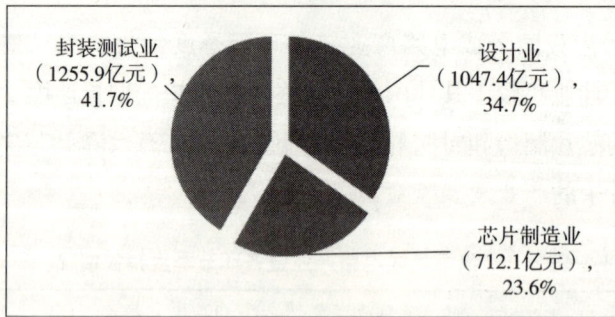

图2-4　2014年我国集成电路产业链结构

数据来源：中国半导体行业协会（CSIA），2015年3月。

（二）产业区域分布

中国大陆集成电路产业主要集中在长三角、京津环渤海湾、珠三角三大地区，其销售收入占我国大陆地区产业销售额的90%以上。近年来，中西部地区西安、成都、重庆、武汉等中心城市地区，依托市场、技术、人才等优势，在国家及地方优惠政策和资金的支持下，也逐渐形成了各自的产业集群。

几大地区中，集成电路产业最为集中的是长三角地区。该区域包括了我国大陆集成电路产业最大的两个设计制造重镇：江苏省和上海市。2014年长三角地区合计产业销售规模为1251.4亿元，占我国大陆集成电路产业总销售收入的41.5%。其次珠三角地区，主要是深圳市，2014年合计销售额为811.1亿元，占全国大陆产业的26.9%。再次是京津环渤海湾地区。该区域主要包括北京市和天津市，2014年合计销售收入为750.8亿元，占大陆产业总销售收入的24.9%。最后是以西安、成都、重庆和武汉等4个中心城市地区为主的中西部地区，2014年合计销售额为202亿元，占我国大陆产业的6.7%。总体来看，我国集成电路产业的地区分布正在向着比较均衡的方向发展。

表2-3　全国重要产业聚集区2014年销售情况

地区	销售规模（亿元）	占全国产业比重
长三角	1251.4	41.5%
珠三角	811.1	26.9%
京津环渤海湾	750.8	24.9%
中西部	202.0	6.7%

数据来源：中国半导体行业协会（CSIA），赛迪智库整理，2015年3月。

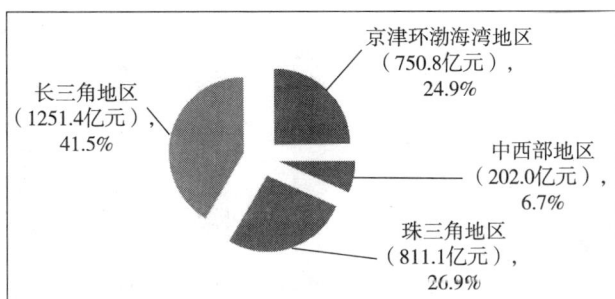

图2-5　2014年我国集成电路产业区域分布

数据来源：中国半导体行业协会（CSIA），赛迪智库整理，2015年3月。

三、进出口情况

（一）半导体产品进出口情况

1. 进口情况

从进口额来看，2008 年到 2014 年我国半导体产品进口额呈现出波动性增长。2008 年到 2009 年，半导体进口额从 1466.9 亿美元下降到 1349.9 亿美元，表现为 8% 的负增长。这主要是 2009 年全球金融危机波及到我国，导致国内经济疲软，消费者购买力减弱，体现为中国半导体进口额的下降。从 2010 年开始，金融危机的影响逐渐消退，2010 年半导体进口额为 1730.7 亿美元，比 2009 年增长了 31.9%。随后五年均呈现出稳步增长的态势，2010 年到 2014 年半导体进口额平均年复合增长率为 13.9%。2012 年，我国半导体产品进口额突破两千亿美元大关，达到了 2138.7 亿美元，与 2011 年相比增长率为 16.4%。2013 年受移动终端和消费电子的需求拉动，我国半导体进口额再创新高，达到 2557.2 亿美元，较 2012 年扩大了 418.5 亿美元。2014 年，国家对半导体产业发展高度重视，从资金和政策上加以扶持，并鼓励企业加快芯片国产化进程，因此半导体产品进口额比 2013 年有小幅度下降，但依然高达 2298.9 亿美元，比 2013 年下降 10.1%。

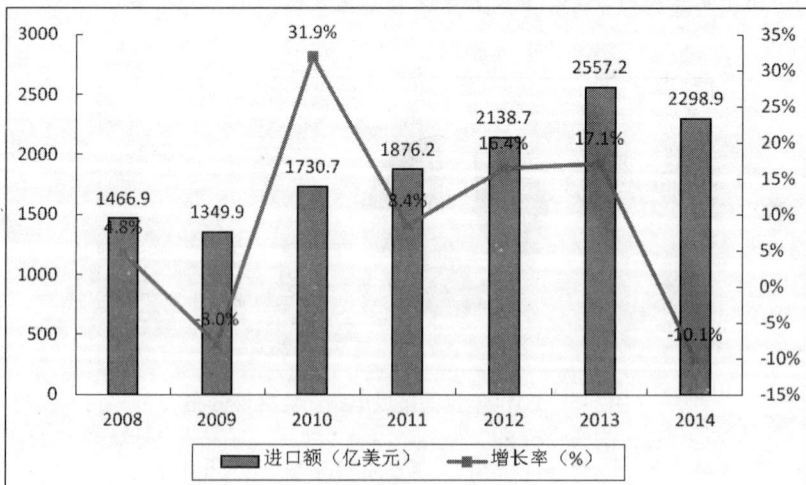

图2-6 2008—2014年中国半导体产品进口额情况

数据来源：中国海关，2015 年 1 月。

从区域分布来看，2014 年中国半导体产品进口区域主要集中在亚洲，进口额为 1984 亿美元，占进口总额的 86.3%。北美洲排名第二，半导体产品进口额为 131 亿美元，占 5.7% 的市场份额。随后进口较多的地区为欧洲，占全球市场份额为 3.4%。拉丁美洲和非洲有少量进口，大洋洲几乎没有半导体产品进口。亚洲的进口份额最大，这主要是因为中国台湾地区、日本、韩国等亚洲国家和地区半导体产业发达，韩国是存储器的最大供应国，三星和海力士占全球市场份额近 80%，日本的逻辑芯片和专用芯片位居世界前列，中国的高端半导体芯片产品基本都需要从这些亚洲国家或地区进口。美国的处理器芯片和欧洲的功率芯片业都很发达，因此分列中国半导体芯片进口区域的二三名。同时，由于我国半导体芯片的核心技术落后，使得对国内市场的自给率较低，也造成了目前大量进口的局面。

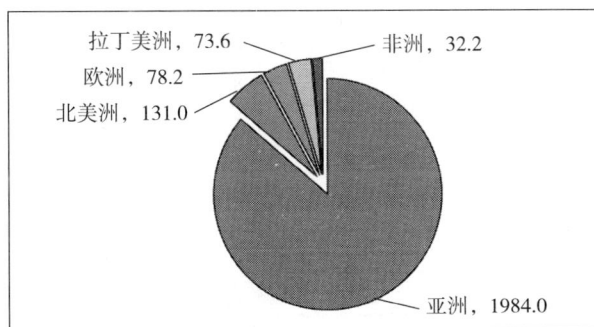

图2-7　2014年中国半导体产品进口区域分布情况

数据来源：中国海关，2015 年 1 月。

从产品结构来看，由于计算机和移动终端的发展，处理器和控制器一直都是我国半导体进口额最大的产品。2014 年处理器和控制器进口额高达 1124.2 亿美元，占进口额总量近 50%。存储器产品应用由于具有量大面广的特性，进口额位列第二，2014 年进口额达到 443.7 亿美元，进口占比为 19.3%。从进口数量来看，2014 年全年半导体产品进口数量为 5780.2 亿块，其中基础元器件二极管进口达 1369.9 亿块，以 23.7% 的进口占比，位于进口器件第一的位置。晶体管使用范围很广，从普通消费级产品到工业级产品，均由基本的电子元器件构成，因此进口数量也超过 1000 亿块，进口份额近 20%。

表 2-4　2014 年中国半导体产品进口结构

产品分类	进口量		进口额	
	数量（亿片或块）	份额	金额（亿美元）	份额
二极管（光敏二极管或发光二极管除外）	1369.9	23.7%	36.8	1.6%
耗散功率小于1瓦的晶体管	711.0	12.3%	32.2	1.4%
耗散功率1瓦及以上的晶体管	294.8	5.1%	41.4	1.8%
半导体开关元件等	28.9	0.5%	4.6	0.2%
发光二极管	711.0	12.3%	57.5	2.5%
太阳能电池	11.6	0.2%	20.7	0.9%
其他光敏半导体器件（太阳能电池除外）	69.4	1.2%	13.8	0.6%
其他半导体器件	161.8	2.8%	4.6	0.2%
已装配的压电晶体	242.8	4.2%	27.6	1.2%
处理器及控制器	930.6	16.1%	1124.2	48.9%
存储器	306.4	5.3%	443.7	19.3%
放大器	167.6	2.9%	121.8	5.3%
其他集成电路	774.5	13.4%	370.1	16.1%
总计	5780.2	100.0%	2298.9	100.0%

数据来源：中国海关，2015 年 1 月。

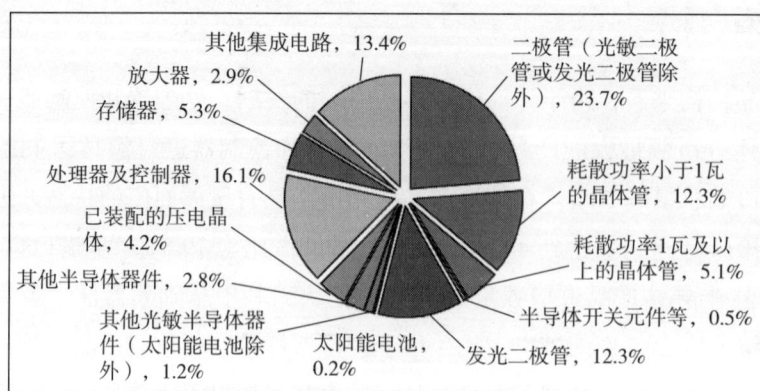

图2-8　2014年中国半导体产品进口量结构

数据来源：中国海关，2015 年 1 月。

2. 出口情况

从出口额来看，2008年到2014年半导体出口额增长速度较快，但在2008年到2009年也呈现出波动现象。2008年半导体出口额为413.7亿美元，比2007年同期增长了29.2%。但是到2009年，由于全球金融危机的影响，使得国外经济萧条，购买力下降，国内出口额也下降为383.4亿美元，表现为7.3%的负增长。但是2010年起，金融危机的影响逐渐消退，随后的连续几年半导体出口额稳步增长，2009年到2014年的出口额评价年复合增长率高达18.4%。其中2012年到2013年半导体出口额增长速度较快，从807.7亿美元增长到1142亿美元，首次突破1000亿美元，创历史新高，呈现出41.4%的增长率。2014年，我国半导体出口额小幅下降为891.9亿美元，呈现21.9%的负增长。半导体领域的贸易逆差为1407亿美元，和2013年相比下降了1个百分点，贸易逆差的增速有所放缓。

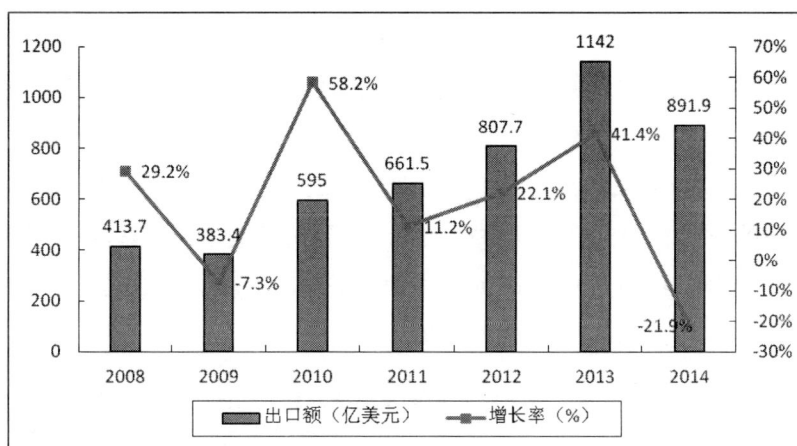

图2-9 2008—2014年中国半导体出口情况

数据来源：中国海关，2015年1月。

从出口区域结构来看，和进口区域分布相似，2014年中国半导体出口区域也主要集中在亚洲，出口金额为630.6亿美元，占出口总额的70.7%。其次是欧洲，中国半导体出口到欧洲的金额为163.2亿美元，占出口总额的18.3%。北美洲位列第三，出口金额占比为6.8%。另外三个洲的出口额度较小，均占总出口额的5%左右。亚洲的主要出口国家和地区为中国香港、中国台湾、韩国、日本等，香港是我国半导体分立器件的最大出口市场，中国台湾、日本、韩国为我国最大的集成电路出口市场。

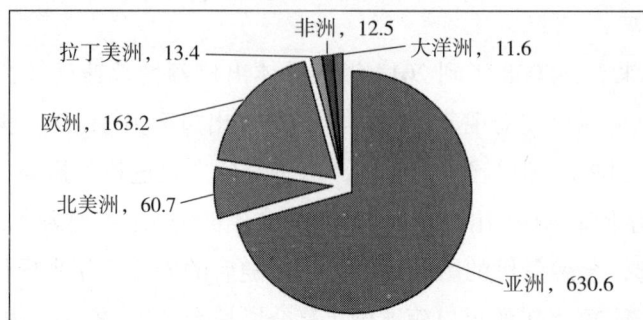

图2-10 2014年中国半导体产品出口区域结构（单位：亿美元）

数据来源：中国海关，2015年1月。

从出口产品结构来看，2014年处理器及控制器、存储器产品依然是我国半导体产品出口额最大的两宗产品，出口占比超过50%。其中，处理器及控制器2014年出口额为316.6亿美元，占出口总额的35.5%；存储器出口额为158.8亿美元，占出口总额的17.8%。这主要是由于这两类产品的通用型，市场需求量大，很多跨国公司在国内整机组装，返销国外，这种进口转出口的方式增加了我国的出口额。从出口数量来看，半导体分立器件中的二极管出口量达到1814.9亿块，占整个出口量的23.5%。分立器件被广泛应用到消费电子、计算机及外设、网络通信、汽车电子、LED显示屏等领域，因此占据出口量第一的位置。半导体元器件晶体管的出口量总出口份额占比为30%左右。

表2-5 2014年中国半导体产品出口结构

产品分类	出口量		出口额	
	数量（亿片或块）	份额	金额（亿美元）	份额
其他半导体器件	108.1	1.4%	10.7	0.8%
半导体开关元件等	69.5	0.9%	4.5	0.3%
处理器及控制器	872.7	11.3%	316.6	34.3%
存储器	262.6	3.4%	158.8	18.2%
二极管，但光敏二极管或发光二极管除外	1814.9	23.5%	27.6	2.4%
发光二极管	1011.7	13.1%	24.1	3.2%
放大器	177.6	2.3%	43.7	5.7%
耗散功率<1瓦的晶体管	1938.5	25.1%	28.5	2.0%
耗散功率≥1瓦的晶体管	401.6	5.2%	36.6	3.2%

（续表）

产品分类	出口量		出口额	
	数量（亿片或块）	份额	金额（亿美元）	份额
其他光敏半导体器件（太阳能电池除外）	177.6	2.3%	22.3	2.8%
其他集成电路	756.9	9.8%	73.1	9.5%
太阳能电池	23.2	0.3%	132.9	16.2%
已装配的压电晶体	108.1	1.4%	12.5	1.4%
总计	7723.1	100.0%	891.9	100.0%

数据来源：中国海关，2015年3月。

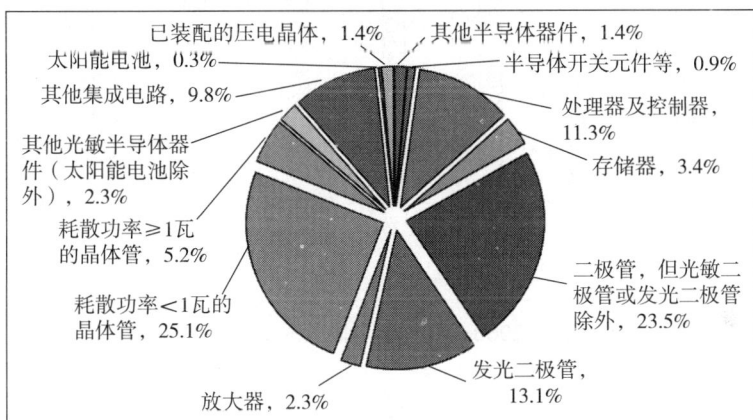

图2-11 2014年中国半导体产品出口量结构

数据来源：中国海关，2015年3月。

（二）集成电路产品进出口情况

1. 进口情况

从进口数量和金额来看，和中国半导体产品进口情况相似，2008年到2014年中国集成电路产品进口数量和金额也呈现出波动性增长。2008年到2009年由于全球金融危机，集成电路进口有所下降。2010年开始，我国集成电路进口数量和金额稳步提升，进口数量连续五年的平均年复合增长率为7.3%，进口金额连续五年的平均年复合增长率为6.8%。我国已经成为全球最大的电子信息制造业的生产国和使用国，拥有很大的市场，但是国内自给率严重不足，其中80%左右的集成电路产品依然需要进口。2013年，中国集成电路进口额高达2313亿美元，首次超过原油成为我国第一大进口商品，同比增长高达 20.5%。2014 年我国集成电路进口继续大幅增长，全年进口数量和进口金额分别达到 2857 亿块和 2184 亿美元，同比分别增长 7.3% 和 −5.6%。中国集成电路进口数量和金额都继续扩大，一方面是由于智能硬件、物联网、云计算等应用集中爆发，带来了巨大的市场需求；另一方面由于制造成本、人力成本等原因，国际公司加大在中国投资电子信息制造业并扩大生产规模。

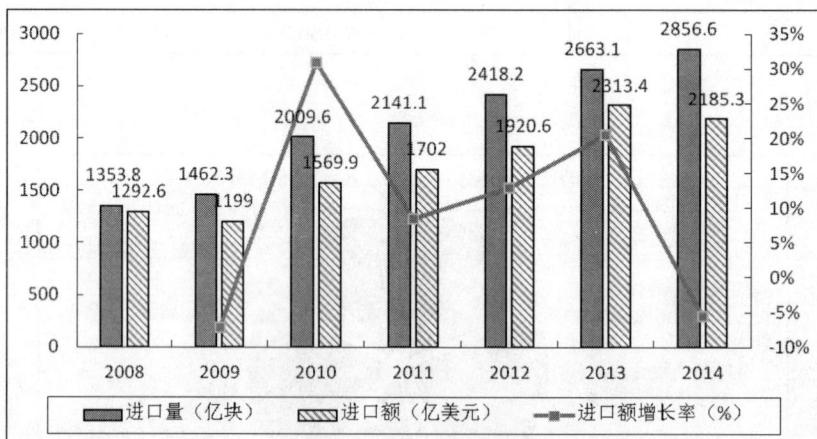

图2-12　2008—2014年中国集成电路进口情况

数据来源：中国海关，2015 年 1 月。

　　从区域结构来看，中国集成电路产品进口区域也主要集中在亚洲，2014 年进口自亚洲的集成电路金额为 1992.7 亿美元，约占总进口额的 91.2%。亚洲进口区域中排名前四的国家和地区分别为中国台湾、韩国、马来西亚和日本，从菲律宾、新加坡、泰国等地也有少量进口。一方面是由于我国尚未掌握高端芯片的核心技术，主要从中国台湾、韩国、日本等集成电路产业发达的地区进口芯片；另一方面是由于欧美等发达国家将集成电路设计、制造、封测等产业链各环节逐渐转移至亚洲国家，如马来西亚、菲律宾、新加坡和泰国等，这在降低成本的同时，可以更贴近亚洲市场，进一步拓展企业业务范围，这也增大了我国自亚洲的进口额。北美为排名第二的进口区域，2014 年中国进口额为 123.3 亿美元，占总进口额比例的 5.6%。随后为拉丁美洲和欧洲，均占据约 1.5% 左右的市场份额。

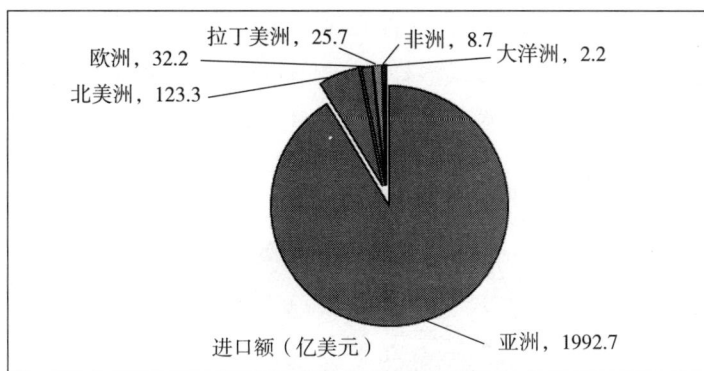

图2-13　2014年中国集成电路市场进口区域结构

数据来源：中国海关，2015 年 1 月。

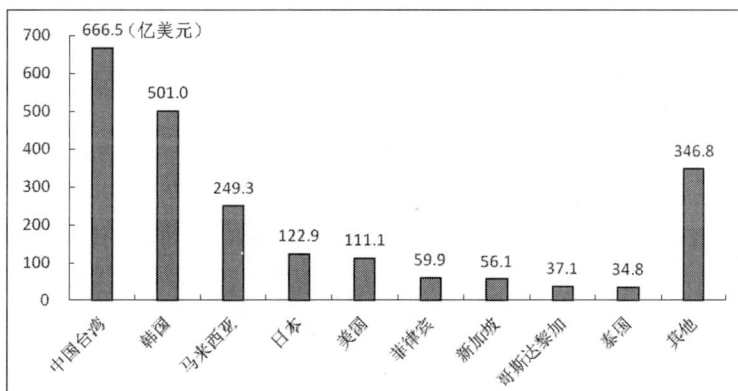

图2-14　2014年中国集成电路市场进口国家/地区结构

数据来源：中国海关，2015 年 2 月。

　　从进口产品类型来看，2014 年处理器及控制器的进口金额最大，达 1052.2 亿美元，占总进口额的 48.1%。分列二三位的产品为存储器和放大器，进口金额分别为 542.8 亿美元和 90.0 亿美元，占据进口总额的 24.8% 和 4.1%。处理器及控制器、存储器由于国内市场需求量很大，使用面很广，在计算机、移动终端、嵌入式等领域发挥重要作用，因此占据我国芯片进口 70% 以上的市场份额。放大器包括晶体管、电源变压器和其他电器元件等部分，应用领域包括通讯、广播、雷达、电视、自动控制等，高端和特定功能的放大器仍需要大量进口。从进口数量来看，2014 年处理器及控制器、存储器占据进口量的近一半市场，分别为 30.0% 和 10.3%。其他集成电路产品包括逻辑芯片、标准模拟芯片和特殊应用模拟芯片等，由于产品种类形式多样及单价较低，在数量上占据优势，2014 年进口数量为 1482.9 亿片，占整个集成电路芯片进口数量的 51.9%。

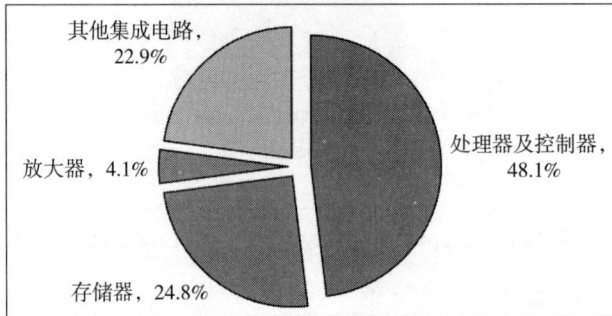

图2-15　2014年中国集成电路市场进口额结构

数据来源：中国海关，2015 年 1 月。

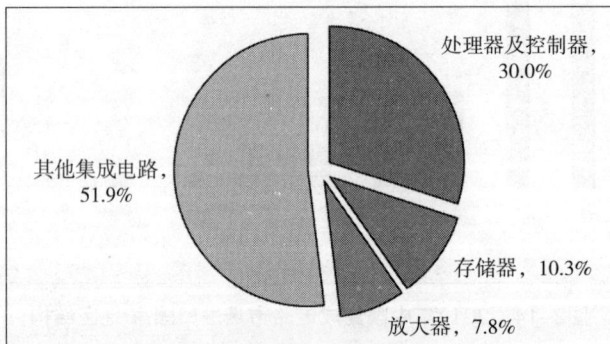

图2-16　2014年中国集成电路市场进口量结构

数据来源：中国海关，2015 年 1 月。

2. 出口情况

从出口量和出口额情况来看，2008 年到 2014 年我国集成电路呈现稳定增长的态势。2012 年集成电路产品出口额迅速增长，全年集成电路出口金额高达 534.3 亿美元，增长率为 64.1%；出口量达 1182.1 亿块，实现同比增长 30.7%。2013 年出口额仍保持 2012 年高速增长的态势，出口金额高达 877 亿美元，同比 2012 年增长 64%。一方面是由于中国芯片设计能力近几年有所提高，在国际市场中占有一定份额；另一方面是全球集成电路巨头在中国设立后端制造工厂，加大在中国的投资并扩大生产规模，带来了一定的出口数量和金额的增加；同时，由于中国集成电路封装水平的提高，全球国际大厂到中国进行封装加工制造，提升了中国在中高端封装产品出口的份额。2014 年，中国集成电路出口额增长速度放缓，出现了 30.3% 的负增长，出口金额下降到 611.3 亿美元，出口数量同比增长 7.6%，达到 1535.4 亿块。随着国家对集成电路产业的重视程度提高，芯片国产化提升至国家安全层面，国内出台相关政策扶持集成电路产业发展，将会进一步增加国产芯片的出口规模。

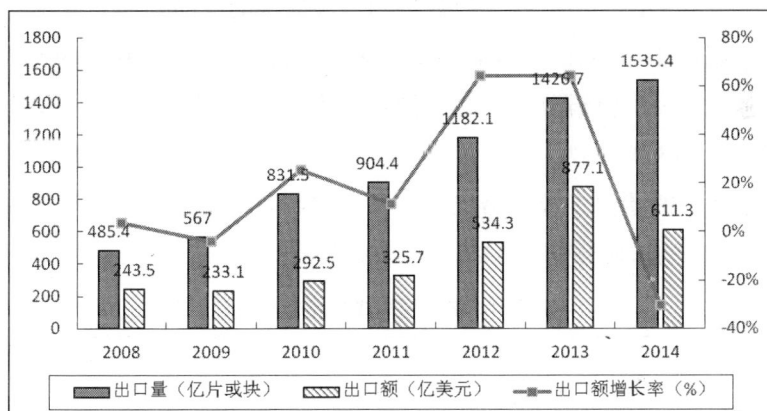

图2-17　2008—2014年中国集成电路出口情况

数据来源：中国海关，2015 年 1 月。

从出口区域来看，和半导体出口情况类似，2014 年中国集成电路出口区域主要集中在亚洲，出口金额为 566.3 亿美元，约占出口总额的 93%。北美洲位列

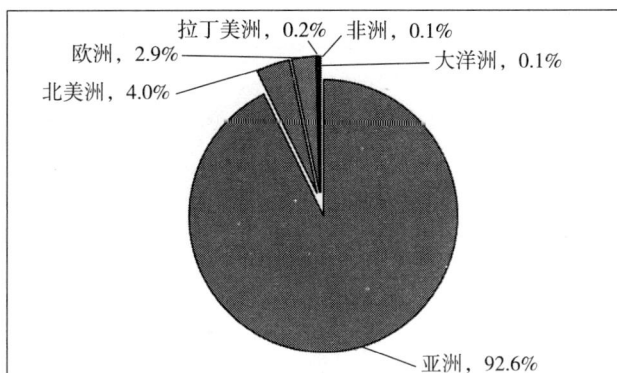

图2-18　2014年中国集成电路市场出口区域结构

数据来源：中国海关，2015 年 1 月。

第二，出口金额为24.7亿美元，占出口总额的4%。随后为欧洲和拉丁美洲，分别占出口总额的3%和0.2%。中国在亚洲的主要出口区域为中国香港、中国台湾、韩国和新加坡，分别占据亚洲地区总出口额的51.0%、15.8%、8.3%和6.9%。2014年国产移动芯片和通信芯片崛起，在全球范围内发展迅速。拉丁美洲的墨西哥、巴西等国作为新兴的集成电路市场，已经成为我国芯片的重要出口国。虽然国内产业发展较快，出口增幅明显，但是出口产品仍较低端，进出口贸易额差仍高达1574亿美元。

从产品结构来看，2014年出口数量和金额最多的产品均为处理器及控制器。处理器及控制器出口占比为44%，高达269.2亿美元，出口数量为576.8亿块，市场份额为37.6%。存储器出口额位列第二，比2013年增长12%，达到175.7亿美元，占集成电路产品出口总额的28.7%，在国内集成电路产品出口中所占比重也呈现逐年增长的趋势。放大器出口金额和出口数量分别为23.7亿美元和39.2亿块，占总出口的份额分别为3.9%和2.6%。

表2-6　2014年中国集成电路市场出口结构

产品分类	出口量		出口额	
	数量（亿片或块）	份额	金额（亿美元）	份额
处理器及控制器	576.8	37.6%	269.2	44.0%
存储器	149.4	9.7%	175.7	28.7%
放大器	39.2	2.6%	23.7	3.9%
其他集成电路	770.0	50.1%	142.7	23.3%
总计	1535.4	100.0%	611.3	100.0%

数据来源：中国海关，2015年1月。

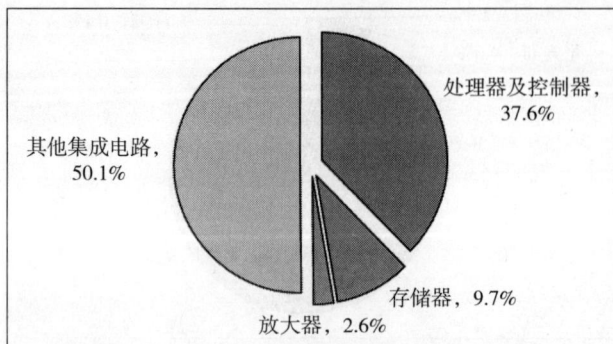

图2-19　2014年中国集成电路市场出口量结构

数据来源：中国海关，2015年1月。

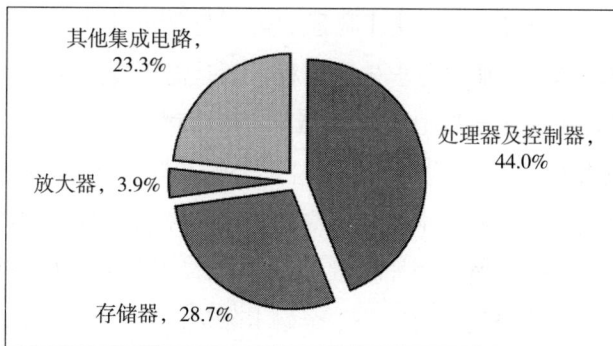

图2-20　2014年中国集成电路市场出口额结构

数据来源：中国海关，2015年1月。

四、技术发展情况

2014年，我国在集成电路技术方面正在努力缩小与世界先进水平的差距，在集成电路设计、制造、封测、装备、材料等方面取得了一系列新的进展。

（一）设计业技术发展情况

2014年是集成电路设计公司高速发展的一年，很多设计公司年营收超过上亿美元。设计公司主要经营业务涉及移动终端领域（包括应用处理器、基频、射频、触控、摄像）的企业约占40%，与智能卡、RFID相关的企业占比为25%左右，其他应用领域包括电视、平板、机顶盒、电源等。企业的研发人员中IC设计工程师的比例也在逐渐增加，占公司总人数半数以上。

随着SoC设计技术和纳米加工技术的发展，集成电路设计能力进一步提升，设计线宽逐步缩小，出现了一些新的设计技术。如软硬件协同设计，超大规模、超高性能、超低功耗设计技术，SiP设计技术，设计IP核复用，可测性/可调试设计，可靠性技术，芯片综合/时序分析和总线架构设计，可制造性设计和成品率驱动设计等技术。特别是采用IP核复用技术已经在中国集成电路设计企业中得到广泛应用，缩短企业设计时间和设计成本，进一步缩小我国和世界先进水平的差距。在模拟IC所采用的设计制程上，国内采用0.18微米的设计比例明显上升，从2013年的14%增长到2014年的28%，采用0.13微米的设计比例小幅下降，比2013年下降7%；在逻辑IC采用的设计制程上，国内目前发展迅速，45nm和28nm及以下设计公司大幅度增加，2014年占比为22%和29%；在混合IC设计

49

采用的制程上，采用 0.13 微米设计制程的公司比例变化不大，占比约为 29%。模拟 IC 不需要像逻辑 IC 那样追求先进制程，而是需要成熟的工艺做到更好的品质控制，因此设计制程主要集中在 0.18 微米—0.13 微米。

从应用领域来看，我国自主设计的芯片已经涉及计算机、移动终端、网络通信、消费电子、工业控制、行业电子等多种应用市场，在国产芯片的设计、研发和产业化方面取得了巨大的进展。例如在量大面广的移动终端领域，华为海思、展讯、锐迪科的基带射频芯片得到广泛应用；金融卡领域芯片已经基本实现国产化，中电华大、大唐微电子等公司的芯片已经通过建设银行、农业银行等银行的测试；工业控制领域，中国南车的 IGBT 功率器件已经进入量产阶段；市场爆发的智能硬件领域，上海澜起科技的数字电视芯片、华为海思的机顶盒和主控芯片等产品均占据了一定的市场份额。

（二）制造业技术发展情况

2014 年我国集成电路制造业的发展坚持"先进工艺与特色工艺两条腿走路"的战略，一方面紧跟世界集成电路制程发展趋势，遵循摩尔定律加大研发力度，进一步缩小工艺线宽，向 20nm 技术节点迈进；另一方面推动特色工艺平台的建设，加大在功率器件、图像传感器、电源管理、嵌入式存储器等多种应用领域的代工技术研发，不断满足国内设计企业的代工需求。

在制程节点方面，国内制程已经覆盖从 0.35 微米到 28 纳米的不同技术节点。2014 年 0.35 微米制程市场占有率进一步下降，从 2013 年的 6% 下降为 4%；0.18 微米制程技术仍占据最大的市场份额，比 2013 年呈现小幅度增长，从 38% 增长到 40%；0.13 微米制程技术小幅下降，同比 2013 年下降 3 个百分点；90 纳米为过渡技术，市场份额被小间距制程迅速抢占，从 9% 下降到 5%；65/55 纳米制程占据主要位置，但随着小尺度制程的发展，市场份额下降至 28%；40/45 纳米技术发展迅速，从 2013 年的仅占 1% 市场份额急速扩大到 12%，并有进一步增大的趋势。2014 年 12 月，中芯国际实现 28nm 工艺量产，主要提供高性能应用处理器、移动基带及无线互联芯片的代工。

在晶圆尺寸方面，12 寸晶圆以其高性价比成为目前国内集成电路代工主流技术。2014 年，我国 12 寸晶圆产能占全球总产能的 2% 左右。国内晶圆生产线共 68 条，12 寸生产线 8 条，8 寸生产线 17 条，6 寸生产线 20 条，5 寸生产线 9 条，4 寸生产线 14 条。12 寸生产线主要分布在北京、上海、武汉等地。12 寸晶圆由于更小的制程工艺和性价比的提升，市场需求逐步扩大，国内企业结合现有的产能基础，正在进一步扩大产线产能。

在工艺技术方面，我国已经实现大尺寸晶圆、纳米级加工技术，拥有多种工艺模块工艺技术，如射频、数模混合、BCD 和嵌入式等的工艺模块。随着我国集成电路工艺技术的不断提升，许多新的工艺技术在制造过程中得以应用，例如高 K 绝缘层加金属栅工艺（HKMG）技术、硅氧化物绝缘层栅工艺（SiON）技术、铜互连和低 K 介质互联（Low-K）技术、EUV 光刻技术等。许多新材料也提高了器件性能，SOI 硅片、GaN 材料等也逐步实现产业化。

（三）封测业技术发展情况

随着芯片设计和制造工艺的进步，集成电路产品逐渐朝着微型化、多功能化、智能化的方面发展。伴随着集成电路产品的发展，封测技术也经历了三个阶段的变化。第一阶段即通孔插装（THD）时代，但是受封装密度及引脚数难以提高的限制，逐渐被淘汰；第二阶段即表面贴装（SMT）时代，该封装技术具有轻、薄、小的特点，同时由于性价比的优势成为市场使用的主流封装技术；随着集成电路产品的进一步微型化和集成化，封装技术进入了第三阶段的高密度封装时代，代表技术为 3D 堆叠、TSV（硅穿孔）等。三个阶段的封装管脚尺寸、引线间距、管脚结构、连线方式有很大差异，对于不同的应用需求可以选择不同的封装技术。2014 年，中国的集成电路产品市场呈现多元化发展的趋势，不同封装形式也呈现出并存发展的格局。我国目前集成电路封装市场中，小外形封装（SOP）、方形扁平式封装（QFP）、方形扁平无引脚封装（QFN/DFN）等传统封装仍占据我国市场的主体，约占 70% 以上的封装市场份额；球栅阵列封装（BGA）、芯片级封装（CSP）、晶圆级封装（WLCSP）、倒装芯片（FC）、硅通孔技术（TSV）、3D 堆叠等先进封装技术只占到总产量的约 20%。

表 2-7　不同应用产品的封装形式

应用类型	产品名称	采用的封装形式
计算机类	手提电脑、平板电脑、显示屏、硬盘等	SOP、SOT、QFP、BGA、CSP、TSV
通信类	手机、网卡、路由器等	SOP、SOT、QFP、TSSOP、BGA、CSP、TSV
消费电子类	电冰箱、数码相机、机顶盒、电吹风、微波炉、吸尘器等	DIP、BGA、SOP、QFP、TSSOP

（续表）

应用类型	产品名称	采用的封装形式
汽车电子类	汽车整流器、汽车音响、空调、ABS控制器、气囊和导航系统等	SOT、TSSOP、QFP
工业控制类	工业整流器、变频器、机器人等	SSOP、QFP、TSSOP
照明电路	调光灯、节能灯	SSOP、QFP、TSSOP
电源电器类	不间断电源、计算机电源、充电器等	DIP、SOT、SOP、QFN、BGA

数据来源：中国半导体行业协会，2014年12月。

2014年，国内已经实现FBGA封装技术的量产，并在移动基带和平板电脑应用处理器芯片中得到大量应用；铜线、合金线使用率达95%以上；12寸40纳米Low-k芯片BGA封装已经实现规模化量产；用于高像素影像传感器的封装技术实现规模化量产；MIS细线、超细线和多层板研发取得重大进展，单层板已经成功批量生产；圆片级先进封装从技术到产能已经具有较强的国际竞争力，CSP/WLP/TSV等技术继续扩产；12寸铜柱凸块试产成功，进入量产阶段，并形成了12英寸铜柱凸块和FC封装测试一站式服务能力。

（四）装备业技术发展情况

我国是全球集成电路市场大国，但集成电路装备业一直依赖进口。从2012年开始，国家设立重大科技专项"极大规模集成电路制造装备及成套工艺（02专项）"支持集成电路设备的发展。在国家重大科技专项的支持下，一部分集成电路关键装备通过项目验收并在晶圆生产线上得以应用。"十二五"期间重点实施的内容和目标分别是：重点进行45—22纳米关键制造装备攻关，开发32—22纳米互补金属氧化物半导体（CMOS）工艺，90—65纳米特色工艺，开展22—14纳米前瞻性研究，形成65—45纳米装备、材料、工艺配套能力及集成电路制造产业链，进一步缩小与世界先进水平差距，装备和材料占国内市场的份额分别达到10%和20%，开拓国际市场。02专项2008—2013年共安排集成电路装备研制项目29项，其中45纳米单片清洗设备、快速退火炉、关键封测设备、高密度等离子刻蚀系统、45—28纳米去耦合反应等离子体刻蚀机、先进封装投影光刻机、65—45纳米介质刻蚀机、65—45纳米PVD设备机等12个项目2013年年底已通过验收，在12英寸集成电路晶圆生产线上得以使用。

国产集成电路先进封装生产线上的关键设备也逐步得到产业化。国产集成电路先进封装生产线关键设备得到了集成电路生产厂商的信任和认可，陆续投产使用。例如集成电路先进封装用3微米步进式投影光刻机、匀胶机、用于三维芯片封装的硅通孔刻蚀机、TSV 硅通孔物理气相沉积设备（PVD）、高密度深硅等离子刻蚀机等关键装备等技术通过验收，实现设备的国产化，并有力地推进了我国集成电路先进封装产业的发展。同时，部分集成电路产业链上使用的装备和国际水平还存在一定差距，并未实现国产化，包括高精度光刻机、硅片生产设备等。2014 年大硅片生产设备尚处于研发阶段，在 02 专项的支持下，12 英寸集成电路硅片生产设备（硅单晶生长炉、多线切割机、磨片机、抛光机）的 γ 机目前已经通过工艺认证，即将实现产业化并进入生产线使用。

2014 年，上海微电子装备有限公司已经实现 IC 前道制造、IC 后道、MEMS制造、AMOLED 显示屏、LED 制造等投影光刻机平台系统，能够提供覆盖前道IC 制造 90 纳米节点以上大规模生产所需不同分辨率节点要求的 ArF、KrF 及 i-line步进扫描投影光刻机，并可以兼容 8 英寸和 12 英寸硅片使用。中微半导体公司自主研发了 300 毫米甚高频去耦合反应离子刻蚀设备，可以用于加工 64/45/28 纳米二氧化硅（SiO2），氮化硅（SiN）及低介电系数（low K）膜层等不同电介质材料，随后又实现了用于流程前端（FEOL）及后端（BEOL）关键刻蚀应用的第二代电介质刻蚀设备，主要用于 22 纳米及以下的芯片刻蚀加工。北方微电子自主研发了等离子刻蚀技术，可以用于集成电路、半导体照明、MEMS、先进封装等领域的刻蚀工艺，并实现了用于磁控溅射技术的 PVD 设备和满足外延生长的PECVD、MOCVD 和 APCVD 设备开发。

（五）材料业技术发展情况

我国 IC 材料业起步较晚，发展基础比较薄弱，但是经过近几年的发展，中国集成电路材料业保持了较快的发展，基本补全了产业链中的每个环节。前端半导体材料方面，硅片、SOI 片、掩膜版、光刻胶、靶材、离子源、高纯化学试剂、电子气体、CMP 研磨垫和抛光液等材料已经实现重大突破；后端半导体材料方面，封装过程中使用的引线框架、键合丝、封装基板、陶瓷基板、塑料基板、粘片胶等材料产量规模不断增加，基板上可以实现自给。

2014 年，我国单晶硅（包括铸锭直拉）总产量持续上升，实现 8 英寸抛光片和外延片的批量生产和销售，广泛应用于集成电路、分立器件等领域，不仅满足国内晶圆制造厂商的使用，更远销美国、欧洲、新加坡、日本、韩国和中国台湾等国家与地区的晶圆厂商。在国家02专项的支持下，江苏金瑞泓、北京有研半导体材料公司正在积极开展12英寸硅片关键技术的研究。有研半导体已经在硅单晶、抛光片、外延片等方面实现量产，包括8寸—18寸年产80吨的硅单晶生产线、年产60吨8寸以下硅单晶生产线、年产60吨8寸以下重掺硅单晶生产线、年产50吨区熔硅单晶生产线、年产240万片4—5英寸硅片生产线、年产120万片6—8英寸硅片生产线，在12英寸硅片方面，我国已经拥有中试生产线，包括一条年产12万片直径12英寸的硅单晶抛光片中试生产线和一条年产6万片直径12英寸的硅外延片中试生产线。

光刻胶是集成电路生产中使用的关键材料，一直以来都被列为禁运产品。我国一直十分重视国产光刻胶的研发，通过国家重大科技项目、国家高新技术计划予以扶持，近几年来发展迅速，取得了一定的成果。光刻胶专用化学品化学结构特殊、保密性强、用量少、纯度要求高、生产工艺复杂、品质要求苛刻，生产、检测、评价设备投资大，技术需要长期积累。苏州瑞红公司已经研发成功了适用于制造1M、4M集成电路的高性能g线stepper、可以用于接触式曝光的正性光刻胶，以及主要应用于GPP、TSV工艺，生产制造功率管、晶闸管、光敏电阻、半导体激光器等器件中使用的负性光刻胶。

表2-7　不用应用领域使用的光刻胶类型

应用领域	使用的光刻胶类型
印刷电路板	干膜光刻胶、湿膜光刻胶、光成像阻焊油墨等
液晶显示器	TFT–LCD光刻胶、彩色滤光片用彩色光刻胶及黑色光刻胶、LCD衬垫料光刻胶等
半导体集成电路	g线光刻胶、i线光刻胶、KrF光刻胶、ArF光刻胶、聚酰亚胺光刻胶、掩膜版光刻胶等
其他用途	CCD摄像头彩色滤光片的彩色光刻胶、触摸屏透明光刻胶、MEMS光刻胶、生物芯片光刻胶等

数据来源：中国半导体行业协会，2014年12月。

五、市场情况

2008年到2009年，在全球金融危机的冲击下，我国集成电路市场也表现疲软，呈现 -5.0% 的增长率。2010年随着市场复苏，互联网的全球化，带动芯片产业有了29.5%的增长率，国内集成电路市场规模达到7349.5亿元。2011年以来，市场发展平稳，集成电路市场增长率稳定在平均 8.0% 的增长率。2013 年，我国半导体市场继续快速发展，其规模首次突破 1 万亿，达到 10566 亿元，同比增长 7.5%，在全球的市场份额达到 55.8%。其中集成电路市场也增长迅速，达到 9166.3 亿元，比 2012 年增长 7.1%。2014 年，随着移动互联网的爆发式增长，带来了我国集成电路市场的新高峰，集成电路市场需求突破 1 万亿，达到 10013.2 亿元，比 2013 年增长 9.2%，这充分显示出中国半导体市场强健的抗风险能力和旺盛的市场需求。

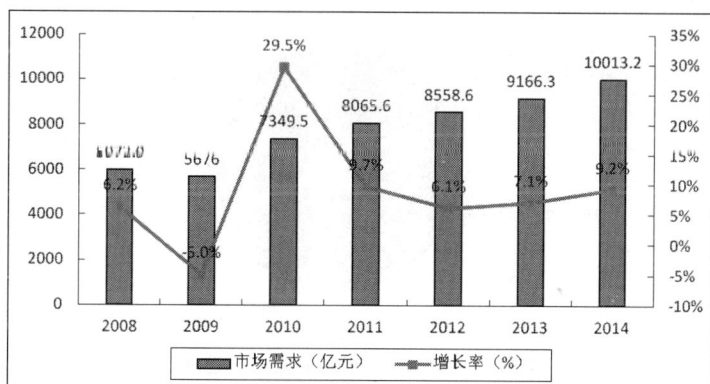

图2-21　2008—2014年中国集成电路市场需求情况

数据来源：中国半导体行业协会，2015 年 1 月。

在应用结构方面，计算机、通信和消费电子仍然是我国集成电路市场最主要的应用市场，三者销售额合计共占整体市场的 83.3%。从发展速度来看，全球计算机需求放缓、产销量的下滑直接导致国内计算机领域集成电路市场的增速放缓，2014 年计算机类集成电路市场份额进一步下滑至 31.2%，市场增长率为 -12.8%。得益于汽车的智能化和电子化发展，在汽车中传感器、MEMS 等应用需求量增加，汽车电子成为 2014 年增长速度最快的应用领域。网络通信领域随着 4G 的使用深入，成为 2014 年引领中国集成电路市场增长的重要细分市场，同比增长 22.9%。

表 2-8　2014 年中国集成电路市场应用结构

应用领域	销售额（亿元）	市场份额（%）	增长率（%）
计算机	3124.1	31.2%	-12.8%
网络通信	2873.8	28.7%	22.9%
消费电子	2343.1	23.4%	16.8%

（续表）

应用领域	销售额（亿元）	市场份额（%）	增长率（%）
工业控制	841.1	8.4%	14.7%
汽车电子	520.7	5.2%	160.6%
其他	310.4	3.1%	0.8%
总计	10013.2	100.0%	9.2%

数据来源：赛迪智库整理，2015年2月。

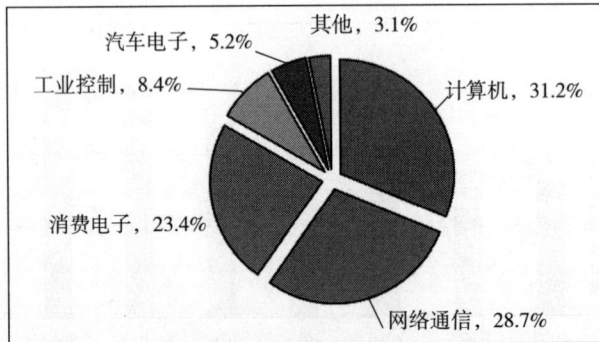

图2-22　2014年中国集成电路市场应用结构

数据来源：赛迪智库整理，2015年2月。

（一）移动终端芯片

从2009年到2011年，我国手机销量平稳增长，带来手机芯片销量的同步增长，在2011年手机芯片销量达到218.9亿块。但到2012年，手机芯片增长幅度放缓，同比增长率为1.9%。这主要是由于从2011年起，随着智能手机的逐步普及，功能机市场受到严重挤压，功能机的出货量大幅减少，而国内智能机研发刚刚起步，导致中国手机芯片市场增长放缓。随着国内智能手机市场的崛起，2014年我国手机芯片市场销售量为320.3亿块，同比增长15.2%，销售额为2160.8亿元，同比增长11.6%。2009—2014年中国手机芯片市场规模及增长率情况如表2-9所示。

2014年我国智能手机芯片市场呈现一些明显的特点，一是智能手机增长速度放缓，手机芯片增长率比上年降低，但依然是集成电路芯片市场的主要拉动力；二是手机芯片集成度不断提升，芯片功能性增强；三是国内芯片企业保持强势增长，在国际竞争中占据一席之地。

表 2-9　2009—2014 年中国手机芯片市场规模及增长率

年份	2009	2010	2011	2012	2013	2014F
销量（亿块）	167.2	194.9	218.9	223.1	278.0	320.3
增长率（%）	17.9	16.6	12.3	1.9	24.6	15.2
销售额（亿元）	1214.0	1362.8	1506.5	1582.2	1936.2	2160.8
增长率（%）	15.4	12.3	10.5	5.0	22.4	11.6

数据来源：赛迪智库整理，2015 年 1 月。

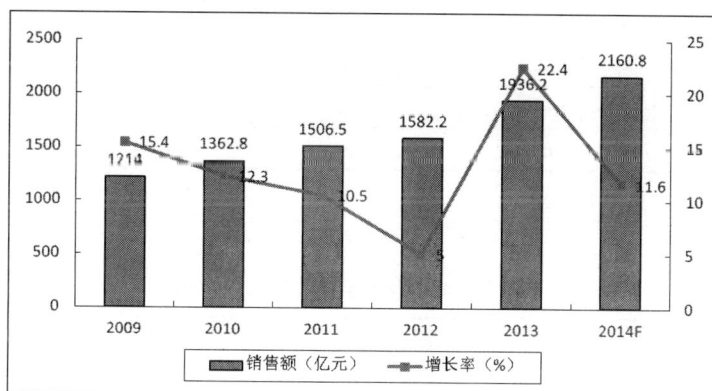

图2-23　2009—2014年中国手机芯片市场规模及增长率

数据来源：赛迪智库整理，2015 年 1 月。

手机芯片的产品结构包括模拟电路、专用标准电路、逻辑电路、存储器和嵌入式处理器。从销量来看，模拟电路所占比重超过 60%。模拟电路的种类较多，主要包括射频接收和发射、功率放大器（PA）、电源管理电路、电压驱动电路、调频电路（FM）、音频放大器等。专用标准电路（ASSP）占据了销售额的主要地位，专用标准电路主要包括模拟基带、数字基带、音频解码、视频处理、图像信号处理、蓝牙、GPS、手机电视等芯片。逻辑电路和存储器销量分别为 33.3 亿块和 33.0 亿块，在手机芯片产品中所占比重大概为 10% 左右。嵌入式处理器销量为 9.3 亿块，销售额为 430.0 亿元，所占比重为 19.9%。

手机芯片的市场结构包括应用处理器、基带芯片、射频芯片、存储器、无线芯片、多媒体应用等。从销量来看，电源管理芯片销量最高，占比达 30%。这是因为电源管理芯片不仅包括电源管理、直流 / 直流转换器和低压电源转换芯片，还包括了一些电压驱动芯片。手机用的存储器包括 SRAM、DRAM、NAND Flash、

NOR Flash 和 MCP 存储器模块等，从销售额来看，存储器在手机芯片市场中占据了很大的份额。手机中的应用处理器（AP）也在 ASSP 的分类中，应用处理器和基带芯片是手机中的核心芯片，价格较高，两者合计占据了 30.9% 的销售额。

表 2-10　2014 年中国手机芯片的产品结构

产品结构	销量（亿块）	所占比重（%）	销售额（亿元）	所占比重（%）
模拟电路	202.1	63.1	529.4	24.5
专用标准电路	42.6	13.3	620.1	28.7
逻辑电路	33.3	10.4	67.0	3.1
存储器	33.0	10.3	514.3	23.8
嵌入式处理器	9.3	2.9	430.0	19.9
合计	320.3	100	2160.8	100.0

数据来源：赛迪智库整理，2015 年 2 月。

表 2-11　2014 年中国手机芯片市场应用结构

应用	销量（亿块）	所占比重（%）	销售额（亿元）	所占比重（%）
电源管理	96.4	30.1%	201.0	9.3%
射频芯片	46.1	14.4%	218.2	10.1%
多媒体应用	31.4	9.8%	224.7	10.4%
存储器	33.0	10.3%	551.0	25.5%
无线芯片	21.1	6.6%	231.2	10.7%
基带芯片	10.9	3.4%	237.7	11.0%
应用处理器	14.1	4.4%	430.0	19.9%
其他	67.3	21.0%	67.0	3.1%
合计	320.3	100.0%	2160.8	100.0%

数据来源：赛迪智库整理，2015 年 2 月。

（二）网络通信芯片

中国通信 IC 芯片近年来发展也很快，2011 年，在 TD-LTE-Advanced 技术标准正式被列入 4G 国际候选标准的鼓舞下，全球范围内掀起了 TD-LTE 网络建设的热潮。受此需求拉动，以无线接入设备为代表的用户终端设备成为 TD-LTE 终端芯片的主要应用产品类型。2010 年，在上海世博会和广州亚运会分别建成 TD-LTE 演示网络，并提供高速移动宽带业务。因此，到 2010 年末，中国 TD-

LTE 终端市场尚未形成，绝大多数 TD-LTE 终端产品仅用来进行网络技术测试或业务展示，产品形态单一且距离真正商用仍有一段距离。中国 TD-LTE 终端芯片也主要处于技术测试和试用阶段。中国 TD-LTE 终端芯片主要由产业链各环节厂商为测试设备需要而内部消耗。

2010 年到 2013 年中国 TD-LTE 终端芯片市场规模增长幅度剧烈，从 2010 年的销量为 1288 颗迅速增长到 2013 年的 502.66 万颗，2013 年的增长率更是达到了 4600%。2014 年，芯片仍然成倍增长，达到 1201 万颗，比 2013 年增长 139%。

表 2-12　2010—2014 年中国 TD-LTE 终端芯片市场规模及增长率情况

年份	2010	2011	2012	2013	2014
销量（万颗）	0.129	0.533	10.7	502.7	1201.2
增长率（%）	—	314.0	1905.0	4600.7	139.0

数据来源：赛迪智库整理，2015 年 1 月。

六、固定资产投资

集成电路产业是资金高度密集型的产业，2009 年到 2014 年这六年的时间，我国集成电路行业固定资产投资总量在 2678 亿元左右，呈现出波动性增长的态势。2013 年集成电路固定资产投资增长迅速，投资额从 2012 年的 344 亿元增长到 578 亿元，同比增长 68.2%，增速比电子信息制造业整体增速高出 55.3 个百分点，成为电子信息制造业中投资增长最快的领域，2011 年下滑 37.2% 的局面得以改善。2014 年，我国集成电路产业完成固定资产投资额 644 亿元，同比增长 11.4%，增速比 2013 年下降 56.6 个百分点。集成电路产业全年新增固定资产 554 亿元，同比增长 103.4%，高于电子信息全行业 84.7 个百分点；新开工项目数 144 个，同比增长 0.7%，占全行业新开工项目数的 1.8%。其中一些先进生产线的投资建设，极大提升了我国集成电路产业的整体制造水平，推动中国代工水平的升级换代，例如中芯国际北京"二期"生产线投资额达 72 亿美元，其中第一阶段投资 35.9 亿美元，新增一条月产能为 3.5 万片、工艺技术节点为 40nm—28nm 的 12 寸集成电路生产线，2013 年年底已经建设完成，2014 年下半年开始引入设备。另外中芯国际在深圳投资建立华南首条 8 寸生产线，2014 年底开始投产，年底前达到每月 1 万片的装机产能，在 2015 年底产能达到每月 2 万片。

表 2-13 2009—2014 年中国集成电路产业投资情况

年份	2009	2010	2011	2012	2013	2014
固定资产投资（亿元）	358	488	306	344	578	644
增长率（%）	−21.7	36.1	−37.2	12.2	68.2	11.4

数据来源：工业和信息化部，2015 年 1 月。

第二节 发展特点

一、产业规模快速增长，季度增速前缓后高

中国集成电路产业发展增速自 2006 年达到 43.3% 的历史高点后开始逐步放缓，受金融危机的影响，2008 年和 2009 年产业分别出现 0.4% 和 11% 的负增长。2010—2013 年，在国际半导体市场环境的逐步回暖下，以及国家拉动内需政策的迅速制定与深入实施带动下，我国集成电路产业扭转下滑局面并恢复快速增长。2014 年国际半导体市场继续保持了快速回暖的态势，国内集成电路产业受此影响发展增速持续提升。2014 年第一季度产业增速由 2013 年第四季度的 −11.8% 提升至 13.4%，扭转了季度下滑局面。在之后的第二季度和第三季度中，产业增速呈现缓慢增加的态势，维持平均每月递增 3.2 个百分点水平。受《国家集成电路产业发展推进纲要》的出台以及首轮千亿级产业投资基金成立的影响，2014 年第四季度产业发展增速迅速抬升至 28%，较第三季度提升了 8.3 个百分点。2014 年全年，全行业实现销售收入 3015.4 亿元，同比增长 20.2%。

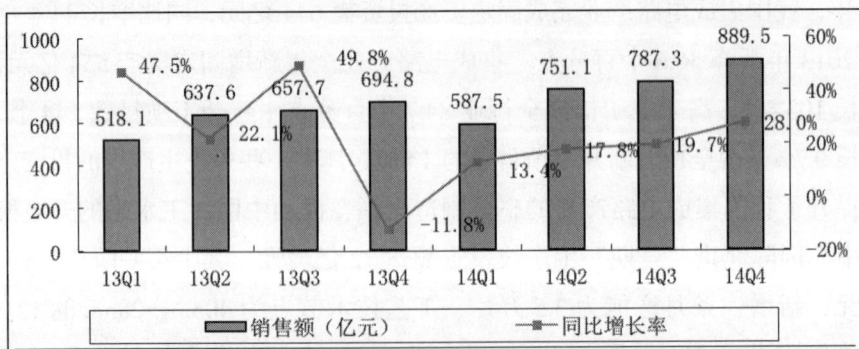

图2-24 2011Q1—2014Q4年中国集成电路产业季度规模及增长

数据来源：中国半导体行业协会，2015 年 2 月。

二、产业结构不断调整优化，热点领域竞争力明显增强

近年来，我国集成电路产业发展逐步形成了设计、制造和封装测试三业并举、协调发展的格局。其中，芯片设计业 2014 年销售规模达 1047.4 亿元，同比增长 29.5%，远远超过国内其他产业乃至全球产业发展增速，为产业链下游的集成电路制造和封装测试环节提供了更多订单，有效降低芯片制造与封测对外依存度过高带来的产业发展风险。海思、展讯、锐迪等企业在移动处理器芯片领域获得技术和市场的双突破，产业影响力极大提升，使我国在移动智能终端芯片市场的被动地位得以改善。

三、上游技术取得突破，下游产能略显吃紧

2014 年我国芯片设计业表现十分突出，不仅在规模上保持快速增长，同时在高端产品的开发上也取得突出成果。9 月海思半导体与台积电合作推出首款 16nm FinFET 64 手机位芯片，IC 设计业先进设计技术水平提升至 16nm。芯片制造业方面，中芯国际完成 28nm 工艺的试量产，有望在 2015 年中期正式进入 28nm 工艺时代。芯片设计业的快速发展在为下游提供订单的同时，也导致了国内晶圆代工与封装测试产能普遍吃紧。2014 年中芯国际、华虹宏力半导体等国内主要晶圆代工企业的产能利用率都保持在 94% 左右。长电科技、南通富士通、天水华天等国内主要封装测试企业在 2014 年也普遍呈现产能吃紧的状况。受此影响，国内部分中小型芯片设计企业产能得不到满足，影响了正常业务的发展。

四、企业跨国合作频繁，海外并购大幕开启

我国目前拥有全球最大、增长最快的集成电路市场，在全球拥有超过一半的市场份额，国际地位日益突出，越来越多的海外巨头谋求与国内企业合作。2014 年 7 月，美国高通公司与中芯国际达成协议，将部分骁龙处理器代工订单交给后者，借此机会中芯国际有望推动自身 28nm 工艺成熟进程。9 月，英特尔公司向紫光集团下属展讯通信注资 90 亿元，并达成合作协议，联合开发并在中国和全球市场拓展基于英特尔架构的移动设备产品和应用。在与国际巨头合作不断加深的同时，国内龙头企业对海外优势资源的并购步伐也逐步开启。在国家集成电路产业发展投资基金的协助下，长电科技以 7.8 亿美元收购了全球第四大封装厂新

加坡上市公司星科金朋，进入世界前三；另一家国内封测龙头企业天水华天，也公布了对美国 FIC 公司的收购方案。国内资本海外并购步伐的逐步加快，将大幅拉近我国与世界龙头企业的技术差距。

行业篇

第三章　集成电路设计业

第一节　全球集成电路设计业

一、行业规模

根据 Digitimes 的统计数据，2014 年全球集成电路设计企业的营业收入进一步增长，规模达到 860 亿美元，比 2013 年增长 6.8%。2009—2014 年全球集成电路设计公司营业收入及增长率如表 3-1 所示。主要来源于移动智能终端市场持续旺盛，以及汽车电子、工业控制、网络通信等领域带动 MCU、专用电路和模拟电路等的需求增长。近年来全球集成电路设计业的持续发展使得集成电路设计业销售额占全球半导体市场的比例逐步提升，2014 年占全球半导体市场的 25.8%。图 3-1 所示为 1999—2014 年全球 Fabless 企业占全球半导体市场的份额变化情况。

表 3-1　2009—2014 年全球集成电路设计业营业收入及增长率情况

年份	2009	2010	2011	2012	2013	2014
营业收入（亿美元）	574	684	730	767	812	860
增长率	31.5%	19.2%	6.7%	5.1%	5.8%	6.8%

数据来源：IC Insights，2015 年 2 月。

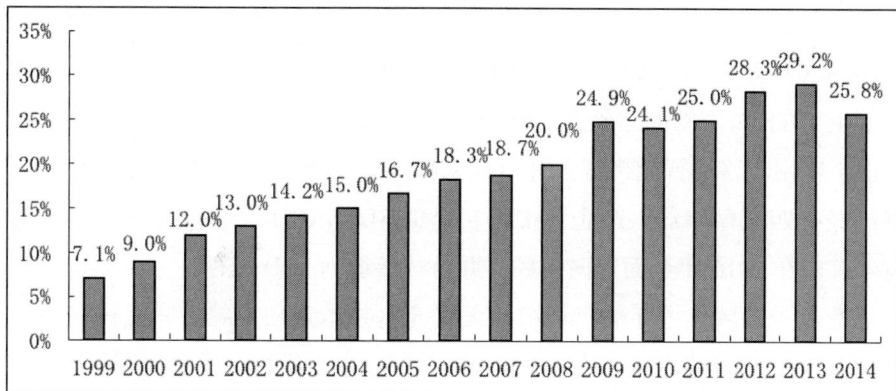

图3-1 1999—2014年全球集成电路设计业占全球半导体市场的份额

数据来源：IC Insights，2014年5月。

二、行业分布

从全球半导体产业链分布来看，制造业、集成电路设计业、封装和测试业分别占产业链整体营业收入的50%、27%和23%。从地区分布来看，美国居首，占全球集成电路设计市场的70%以上。中国台湾地区位居第二，约占20%。中国大陆位居第三，约占10%。从占全球晶圆代工份额来看，70%客户来自集成电路设计业，而30%来自IDM。

三、技术发展

逻辑电路方面，2014年集成电路制造工艺不断取得突破性进展，这为集成电路设计业继续沿袭"摩尔定律"提供了技术保证。2014年7月，苹果公司推出了20nm工艺制程的A8移动处理器芯片，并同时推出了搭载此芯片的Iphone6手机，取得了巨大的成功；2014年12月，英特尔公司宣布推出Broadwell U系列的14nm处理器，成为全球第一家推出14nm工艺芯片的企业。韩国三星电子也在2014年11月宣布其首款14nm FinFET芯片（预计为Exynos系列新款芯片）已经量产，并计划在2015年推向市场。

存储器领域，3D-NAND存储技术走向商用。2014年10月，三星公司宣布开始量产用于固态硬盘（SSD）的3bit MLC 3D V-NAND闪存。按照三星公司的设想，3D V-NAND技术的优势在于不仅可以提升芯片的存储密度和写入速度，还可以降低芯片功耗；与传统平面型（2D）NAND相比，具有更高的耐久性。

2014 年 11 月,英特尔公司也宣布将于 2015 年下半年推出与美光半导体公司联合研制的 3D-NAND 存储器。据英特尔公司描述,3D-NAND 技术的突出特色是有望催生 10TB 级别的固态硬盘(SSD)产品,甚至封装厚度只有 2mm 的 1TB 存储(适合应用于移动智能终端),并可以大幅度降低生产成本,截至 2014 年 12 月,全球已经有四家存储器生产企业推出自己的 3D-NAND 发展路线图。总体来看,该技术有望在 2016 年全面走向市场,并替代传统 NAND 闪存。

消费电子领域,可穿戴市场推动无线充电技术走向成熟。联发科在 2014 年 CES 展上推出了多模无线充电芯片,同时还展示了新的主板和线圈设计,新技术可以同时实现对多部终端进行充电。在 2014 年的 CES 展中,博通公司通过 BCM59350 接收机芯片实现了对照明电路控制系统的无线充电。该充电芯片可以同时兼容 PMA(300 kHz)、A4WP(6.78 MHz)和 WPC(200 kHz)三种无线充电标准。此外,高通在 2014 年推出了针对车辆系统的无线充电技术,该系统使用充电箱来驱动地面上的无线充电装置,当对准汽车上的接收端时,就可以对车辆进行远距离充电。

四、企业状况

目前,全球约有 1300 家 Fabless(无晶圆)公司。近年来由于半导体技术研发成本以及生产线建设投资飞速上扬,更多的 IDM 公司采用 Fablite(轻晶元制造)模式,甚至直接演变成 Fabless 公司,如恩智浦、AMD、国际数字技术、德州仪器等。可以预料全球 Fabless 公司的数量还会继续增加。

自 20 世纪 80 年代中期 Fabless 公司诞生以来,集成电路设计业经过 20 余年激烈的市场竞争和拼搏,练就了 Fabless 公司的许多特点:

(一)研发投入占销售收入的比例居高不下

据集成电路 Insights 的统计,Fabless 为技术更新和持续创新投入的研发费用相对很高。2014 年全球 Fabless 的研发投入平均占当年销售收入的 26.2%。而同期全球 IDM 的研发成本仅占销售收入的 15.2%。

(二)拥有大量创新专利

Fabless 拥有大量的实用化专利是市场竞争中制胜的关键。如高通在美国涉及无线通信的专利就多达 13000 件。全球超过 180 家通讯设备制造厂商与其有专利关系。另一家 Fabless 企业博通,在美国有超过 4050 件专利,在其他国家有专利 1650 件，还有 7900 件专利正在申请中。众多的专利也为 Fabless 带来丰厚的回报。2014 年高通获得的技术许可收入超过 60 亿美元，约占其总收入的 30% 以上。

（三）"大者恒大"效应凸显

Digitimes 统计了全球 Fabless 在 2008—2014 年间的平均毛利率。按地区比较美国 Fabless 平均毛利率最高，达 50%—60%；我国台湾 Fabless 次之，一般为 40%—50%；而我国大陆 Fabless 毛利率相对较低，仅为 20%—30%。与此同时，Fabless 的入门门槛也明显提高，造就一家销售额超过 10 亿美元的 Fabless 需要 10 年、甚至 20 年的积累才能成功。在集成电路设计业中"大者恒大"规律同样存在，任何"新进者"要想占一席之地并非易事。

（四）开发市场需求的产品是发展关键

近 20 年来，PC 一直是集成电路最大的应用市场。传统的 PC 产品为 Wintel（微软 + 英特尔）联盟所垄断。进入移动互联网时代后，集成电路市场发展的推动力由传统 PC 市场转为移动智能终端市场，包括智能手机、平板电脑及其他移动数字设备等。这给从事移动通信的 Fabless，如 ARM、高通、苹果等带来了巨大商机。近年来，全球移动智能终端芯片销售额屡创新高，2012 年全球移动智能终端芯片的销售额达 707 亿美元，首次超过了标准 PC 芯片的 651 亿美元。2014 年全球移动智能终端芯片的销售额更是接近 800 亿美元。预计，到 2015 年全球移动智能终端芯片的市场规模将发展到 1000 亿美元，大大超过所有 PC 系统芯片。在近几年全球集成电路市场演变中，首次抢入智能手机、平板电脑等移动智能终端芯片的 Fabless 得益最大。在 2014 年全球智能手机前 10 家应用处理器（APU）供应商排名中，高通占 36% 的市场份额、苹果占 25%、三星占 11%。

（五）与 Foundry 的合作更趋紧密

由于 Fabless 没有晶圆生产线投资巨大、折旧很高的负担，因而硅周期特征并不明显。为提升市场竞争能力保持产品设计持续创新和保证获得先进制程产能已成为 Fabless 生存发展两大重要因素。Fabless 与 Foundry 的合作更趋紧密。近年来，"台积电 + 高通"的合作模式已为 Fabless 普遍向往。

根据 IC Insights 的统计数据表明，2014 年全球前 10 家 Fabless 的合计销售收入为 599.8 亿美元，占据了 2014 年全球整个集成电路设计业市场的 69.7%。其中，总部设在美国的有 7 家，中国台湾的有 1 家，中国大陆的有 1 家，新加坡的有 1 家，日本和欧洲没有企业入围。表 3-2 所示为 2014 年全球前十 Fabless 排名情况。

表 3-2　2014 年全球前十大 Fabless 排名

2014年排名	厂商	总部所在地	2014年营收（亿美元）	增长率（%）
1	Qualcomm	美国	191.0	11
2	Broadcom	美国	83.6	2
3	MediaTek+Mstar	中国台湾	70.3	23
4	AMD	美国	55.1	4
5	Avago+LSi	新加坡	45.7	14
6	Nvidia	美国	43.5	12
7	Marvell	美国	37.6	12
8	Hisicon	中国大陆	32.2	53
9	Xilinx	美国	23.0	7
10	Altera	美国	17.8	28
前十大厂商合计			599.8	
其　他			260.2	
合　计			860.0	

数据来源：IC Insights，2015 年 2 月。

第二节　我国集成电路设计业

集成电路设计业是我国集成电路产业中表现最为活跃、增长最快的行业。2014 年集成电路设计业呈现出行业销售收入持续较快增长、企业规模进一步扩大、区域分布进一步均衡、技术水平明显提升的特点。

一、行业规模

近 10 年来，我国大陆集成电路设计业一直呈现快速增长的态势。据中国半导体行业协会的统计，2014 年集成电路设计业的销售收入为 1047.4 亿元，比 2013 年增长 29.5%。占我国集成电路产业的比重由 2011 年的 27.2% 提升至 2014 年的 34.7%。占全球集成电路设计业的比重也由 2011 年 13.3% 提升至 2014 年 19.2%。当前，我国大陆集成电路设计业规模仅次于美国和我国台湾地区，继续保持世界第三位。

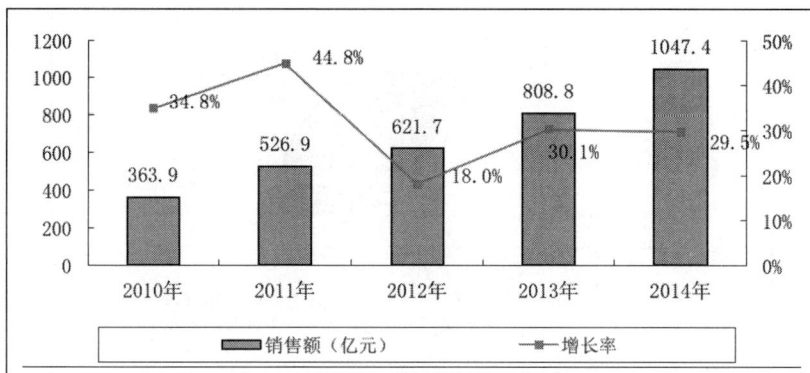

图3-2　2010—2014年我国集成电路设计业销售情况及增长率

数据来源：中国半导体行业协会，2015 年 2 月。

二、行业分布

我国大陆集成电路设计业主要分布在长三角地区（包括上海、无锡、苏州、杭州和南京等）、珠三角地区（包括深圳、香港、珠海、厦门和福建等）、京津环渤海湾地区（包括北京、天津、大连和石家庄等）以及以西安、成都、重庆和武汉为中心城市的中西部地区。据中国半导体行业协会集成电路设计分会的统计数据，2014 年全国集成电路设计业的总销售收入为 1047.4 亿元。2014 年这些销售额的具体分布是：长三角地区销售收入为 394.65 亿元，增长 12.43%；珠三角地区为 301.18 亿元，增长 15.48%；京津环渤海湾地区为 224.72 亿元，增长 8.6%。中西部地区为 61.94 亿元，增长 11.14%。2014 年集成电路设计业呈现"东缓西快"的景象，这使我国集成电路设计业分布更趋于均衡。我国集成电路设计业的地区分布如图 3-3 所示。

2014 年我国有些城市的集成电路设计业发展特别令人注目。天津市在 2013 年增长 206% 的基础上，2014 年又增长 149%，销售额达到 12.95 亿元。珠海市在去年增长 33.3% 之后，2014 年继续增长 79.9%。厦门市在 2013 年增长 15.7% 之后，2014 年再次增长 17.4%。成都市和西安市继续了近几年来的增长态势，2014 年又分别取得了增长 34.8% 和 28.6% 的好业绩。目前以销售规模而论，上海市集成电路设计销售额为 171.2 亿元，居我国大陆第一位，北京市以 142.86 亿元居第二位，深圳市以 122.04 亿元居第三位。

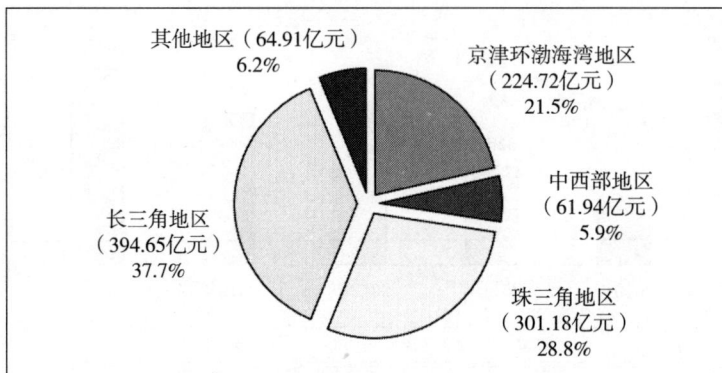

图3-3　2014年我国大陆集成电路设计业的地区分布

数据来源：中国半导体行业协会集成电路设计分会，2014 年 12 月。

三、技术发展

2014 年，移动互联终端市场的旺盛需求继续拉动我国集成电路设计业发展。移动通信基带芯片、应用处理器、金融 IC 卡芯片、终端多媒体芯片、安防电子芯片和家电芯片等集成电路产品成为我国集成电路设计业的主要增长点。

在移动通信芯片领域。紫光集团在成功并购展讯通信和锐迪科之后实力大增，产品线完整覆盖了高、中、低端搭配，2014 年，移动通信终端 SOC 芯片年出货量超过 5.5 亿只，稳居世界前三；海思半导体的"麒麟 925"4G 终端芯片，采用 28nm 先进工艺，8 核架构，主频达到 1.8GHz，整体性能接近国际最先进同类产品，搭载该芯片的华为 AscendMate7 手机性能也得到广大用户的认可，表明我国自主研发的手机处理器已经具备可以与国际一流厂商进行竞争的实力；大唐半导体下属企业联芯科技推出的 4G LTE 芯片 LC1860 采用 28nm 工艺，完整覆盖 TD-LTE、LTE FDD、TD-SCDMA、WCDMA 和 GGE 等五种模式和 13 个频段。

在半导体存储器领域，国内企业技术技术有了重大进步，使我国初步具备了冲击这一市场的实力。山东华芯半导体公司 DRAM 存储器芯片累计出货量已经超过 3000 万颗，其 DRAM 设计技术已经达到国际先进水平，采用 ODM 方式设计的产品已经实现向国际厂商的推广，表明我国企业在 DRAM 领域的技术基础有了重大进步；在闪存芯片领域，北京兆易创新在 SPI NOR 闪存市场上继续深耕，国内市场占有率超过 30%，全球市场占有率达到 14%，在 Nand 闪存领域也取得了重要突破，销售收入超过 6500 万元人民币。

在图像处理芯片领域，我国企业在中低市场已具备相当的实力。格科微电子和北京思比科在激烈的市场竞争中继续保持稳步增长的势头。按出货量计算，格科微电子的全球市场占有率接近30%，增长约22%；北京思比科的全球占有率也超过10%，增长约20%。

四、企业状况

据中国半导体行业协会集成电路设计分会统计，截至2014年底，国内设计企业共有632家，通过2014年度年审的集成电路设计企业共有413家。其中北京市72家，天津市10家，辽宁省5家，上海市109家，江苏省72家，浙江省20家，安徽省3家，福建省10家，山东省11家，河南省1家，河北省1家，湖北省4家，湖南省2家，广东省55家，重庆市2家，四川省16家，陕西省18家。

计算机、通信和消费电子仍然是我国集成电路最主要的应用市场，三者合计共占整体市场的86.5%。受益于移动智能设备对应用处理器（AP）、基带、射频等芯片需求量的增加，网络通信领域依然是2014年引领中国集成电路市场增长的主要动力。全球计算机产销量的下滑直接导致中国计算机领域集成电路市场的增速放缓，2014年计算机类集成电路市场份额进一步下滑，同比下滑达13.28%。

表3-3　2014年国内集成电路设计企业在不同产品领域的分布

应用领域	销售额（亿元）	增长率	企业（家）
通信	411.05	32.09%	109
智能卡	90.39	1.33%	35
计算机	91.98	−13.28%	58
多媒体	89.11	1.55%	98
导航	14.74	5.81%	23
模拟电路	88.47	30.64%	139
功率器件	95.30	12.95%	115
消费类	101.44	−11.20%	104

数据来源：中国半导体行业协会，2015年2月。

据IC Ingsights的披露数据，我国设计企业在2014年全球前五十Fabless企业中占据了9个席位，分别为深圳海思、上海展讯、大唐微电子、南瑞智芯、中国华大、中兴、瑞芯微电子、锐迪科、全志。虽然这九家企业的营收仅占全球前五十大企业中的 8%，但却是欧洲和日本企业总和的两倍。2014 年我国大陆销售收入前 10 位设计企业排名如表 3-4 所示。排名表中首位的海思半导体销售收入已经达到 146.0 亿元。前十位入围门槛已由 2012 年的 9.4 亿元提升至 2014 年的 17.5 亿元。同时可以看到前 10 位设计企业 2014 年销售额总和已达到 416.3 亿元，占我国大陆设计业整体销售额的 39.7%，比 2013 年增加了 70.3 亿元，同比增长 20.3%。总之，这些信息反映了我国集成电路设计业的成长性十分良好。

表 3-4　2014 年我国十大集成电路设计企业排名

序号	企业名称	2014年销售额（亿元）
1	深圳市海思半导体有限公司	146.0
2	展讯通信有限公司	72.0
3	华大半导体有限公司	32.1
4	大唐半导体设计有限公司	31.3
5	深圳市中兴微电子技术有限公司	30.6
6	北京南瑞智芯微电子科技有限公司	24.8
7	锐迪科微电子（上海）有限公司	22.0
8	格科微电子（上海）有限公司	20.4
9	杭州士兰微电子股份有限公司	19.6
10	北京中星微电子有限公司	17.5
合 计	416.3	

数据来源：中国半导体行业协会，赛迪顾问，赛迪智库整理，2015 年 3 月。

第四章 集成电路制造业

第一节 全球集成电路制造业

一、行业规模

全球晶圆代工业由纯晶圆代工厂商和IDM晶圆代工部门组成。从市场规模来看,近年来晶圆代工业是全球半导体产业中增长最快的领域。据IC Insights的统计,2011年到2014年全球集成电路制造业市场规模呈现波动性增长。在2011—2012年全球半导体市场低迷的形势下,晶圆代工业仍然保持一定的增长态势。2011年市场规模为319亿美元,比2010年增长4%。2012年在全球IC市场负增长4%的情况下,代工市场规模进一步增长到376亿美元,增长率为18%。2013年全球半导体市场逐渐复苏,移动互联网带来的芯片需求大幅上升,

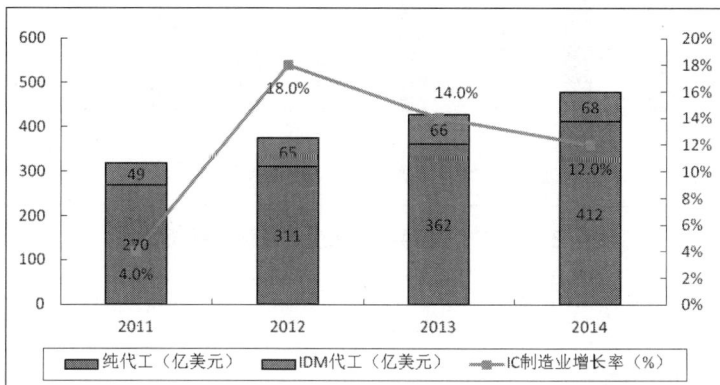

图4-1 2011—2014年全球集成电路制造业市场情况

数据来源:IC Insights,2015年1月。

给晶圆代工业带来巨大机会，市场规模上升到 428 亿美元，比 2012 年上涨 14%。2014 年，随着可穿戴设备、汽车电子、医疗电子等新兴应用的兴起，芯片市场进一步回升，造成全球晶圆代工业市场规模进一步扩大，达到 480 亿美元，比 2013 年增长 12%。

从生产线投资情况来看，和市场规模情况相似，2007 年到 2014 年生产线投资额也呈波动性增长。2009 年到 2010 年投资额增长幅度最大，从 136.8 亿美元增长到 321.07 亿美元，2010 年的同比增长率高达 134.7%。半导体市场的萎缩造成厂商投资意愿的下降，随着市场环境的好转，2010 年以后全球生产线投资额缓慢增长。2011 年投资额达到顶峰，全球生产线投资额为 375.33 亿美元。随着 IC 技术的发展，晶圆尺寸将不断增大同时制程线宽不断缩小，代工厂的研发难度加大，投资一条先进生产线的金额在 10 亿美元以上，越来越少的厂商可以负担这种高额投资，导致 2012 年到 2013 年的生产线投资额有所下降。2013 年全球生产线投资额为 270.86 亿美元，同比下降 12.1%。2014 年，随着物联网技术的兴起，全球集成电路代工企业加大对 8 寸生产线的投资，使得生产线投资额快速增长，比 2013 年增长 22.8%，全球生产线投资额回升到 332.62 亿美元。

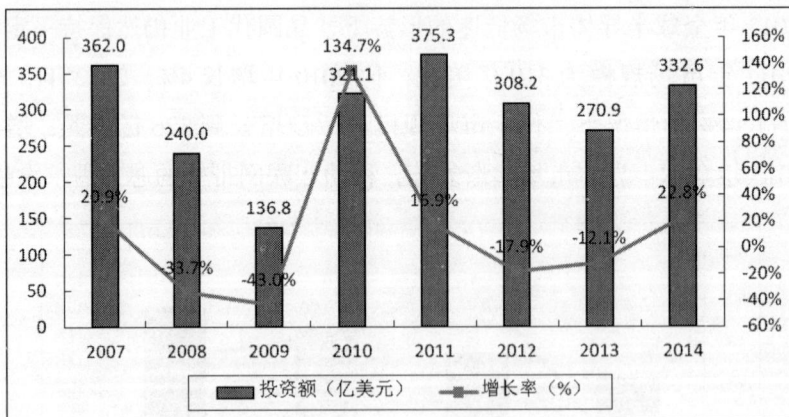

图4-2 2007—2014年全球生产线设备投资情况

数据来源：SEMI，2015 年 1 月。

二、行业布局

IC Insights 发布了 2014 年全球 12 英寸晶圆产能的地区分布情况。从产能分布情况来看，主要地区集中在北美、欧洲、日本、韩国、中国台湾和中国大陆地区。

从工厂位置来看，全球 28% 的 12 英寸产能分布在韩国，主要是在存储器领域三星电子一家独大，在韩国地区拥有 8 条 12 寸存储器生产线。22% 产能分布在中国台湾地区，17% 分布在日本，15% 分布在北美，7% 分布在中国大陆地区。从总部所处位置来看，2014 年拥有 12 英寸产能的公司主要集中在北美、日本、韩国和中国台湾地区，这四个地区的产能占总产能的 90% 以上。韩国的三星和海力士是全球存储器两大巨头，共有 12 寸生产线 14 条，占据全球产能的 34.8%。

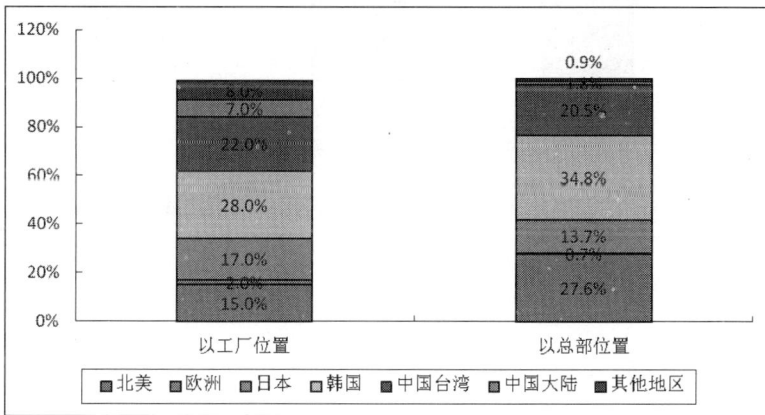

图4-3　2014年全球12寸晶圆产能地区分布情况

数据来源：IC Insights，2015 年 1 月。

从产线数量来看，截至 2014 年底全球共有 754 条晶圆生产线。自 2000 年在德国德累斯登（Dresden）建成全球第 1 条 12 英寸晶圆生产线以来，近几年来 12 英寸生产线数量迅速扩张。从 2003 年的仅有 19 条，到 2008 年增长到 66 条，到 2014 年更是增长到 101 条。2009 年 12 英寸生产线产能超过 8 英寸生产线，2011 年 12 英寸晶圆的实际产能已超过 8 英寸及其他尺寸晶圆产能的总和。到 2014 年 12 月，全球 12 英寸晶圆实际出片量已占各种尺寸晶圆总出片量的 62%（按等效面积计算）。美国共建立了 54 条 8 英寸集成电路生产线和 20 条 12 英寸生产线，分别占世界 8 英寸和 12 英寸集成电路生产线的 31.0% 和 25.9%。目前，12 英寸晶圆主要用于生产 90nm 及以下特征尺寸的数字电路芯片及混合信号电路芯片。8 英寸晶圆主要用于生产中低端数字电路芯片及模拟电路芯片。2010 年德州仪器公司（TI）建成了全球第 1 条 12 英寸模拟电路芯片生产线。目前，6 英寸及以下尺寸生产线主要用于生产功率器件、半导体分立器件、传感器以及特殊器件的芯片，其中不少生产线被用作研究机构及高等院校的研究试验线。

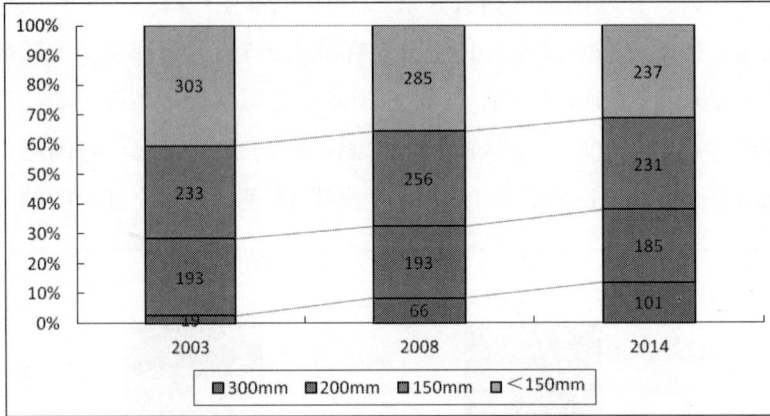

图4-4　2003、2008、2014年全球不同尺寸晶圆产线数量情况

数据来源：SEMI，2015年1月。

三、技术发展

（一）制程节点

全球晶圆代工技术制程节点正在朝着摩尔定律继续演进，2014年已经实现14纳米半导体制造工艺，部分企业正在研发10纳米以下制程节点技术。从全球范围来看，截止到2014年底，有7条产线16/14纳米制程技术实现量产，25条产线25/19纳米技术实现量产，23条产线32/28纳米制程技术实现量产。从代工产品来看，处理器芯片和NAND Flash存储器制造对线宽要求较高。2014年14纳米处理器芯片已经实现量产，并朝着10纳米以下技术演进。NAND Flash存储器也已经进入1y纳米制程范围，目前正在向3D堆叠技术发展，以寻求降低成本和扩大存储容量。DRAM存储器目前实现22纳米制程的量产，正在进一步缩小制程线宽，研发20纳米工艺制程技术。大规模逻辑电路和模拟电路芯片数量很大，品种繁多，一般为专用电路芯片，对制程的要求较低，目前主要集中在90/65纳米制程范围。

（二）FinFET晶体管结构和FD-SOI制程技术

当半导体器件特征尺寸向着20nm以下方向推进时，传统的平面MOS晶体管的特性遇到了多方面的挑战。在这决定半导体制造技术发展方向的重要历史拐点上，Intel 提出了发展 FinFET 的技术路线，而 IBM 提出了 FD-SOI 的解决方法。

Intel 早在 2011 年就突破了 FinFET 的制造工艺技术。2012 年 3 月 Intel 宣布采用最小线宽为 22nm 的 FinFET 成功量产了 IVY Bridge 处理器。该 CPU 芯片面积为 25*25 平方毫米，拥有 14 亿只晶体管。与 32nm 平面晶体管 CPU 相比，开关速度提高了 37%，功耗降低了 50%。目前，Intel 正在开发 14nm 制程技术，但 2014 年已经实现量产。从 2015 年起 Intel 将陆续进入 10nm、7nm 和 5nm 等更新的技术节点。Intel 对于集成电路制造技术的积极推进可使摩尔定律再延续至少 10 年。

与此同时，三星和格罗方德也分别提出了研发 14nmFinFET 的行动计划。据 EETimes 报导，2012 年 7 月台积电与 ARM 签署了一项长期合作协议，协议规定双方以 ARM V8 微处理器作为研究对象合作使用 FinFET 技术来研发 ARM V8 生产工艺。台积电计划在 2015 年实现 16nmFinFET 制程量产。

近两三年来全球还在探索另一种工艺技术以实现 14nm 及以下线宽制程，即全耗尽绝缘层上硅（FD-SOI）技术。这是一种基于目前平面 CMOS 芯片制造工艺的结构延伸。IBM、ST、格罗方德和联电等正在同时积极研究这种技术。台积电一方面在进行 FinFET 制程工艺研发，同时又加入 IBM 阵营合作进行 FD-SOI 工艺技术研发。FD-SOI 技术的要点在于要制造出绝缘层上超薄体单晶硅（UTB-SOI）上很薄的硅单晶膜。膜的厚度应限制在 MOS 晶体管栅长的 1/4 左右，这在工艺上难度很大。但是，2009 年以来法国 Soitec 公司开始推出 300mmUTB-SOI 晶圆样品。这为 UTB-SOI 技术的实用化铺平了道路。台积电会在 14nm 节点开始采用 FinFET 技术，同时也会向需要低功耗产品的用户推出 UTB-SOI 技术制程的工艺服务。而由于 FinFET 的投资较高，联电也表示有可能转向开发 UTB-SOI 技术制程。业界认为在未来一段很长时间内，FinFET 和 FD-SOI 两种技术将会长期并存，这给予芯片设计者可以选择的余地。

四、重点企业排名

（一）产能情况

全球集成电路制程产线产能从 2000 年的较为分散，发展到 2014 年主要集中在少数几家制造业巨头手中。不论是 IDM 企业还是纯代工企业，2014 年几家龙头企业的产能占有率达到近 60%。从 SEMI 的统计结果可以看出，2000 年全球集成电路IDM企业主要包括韩国三星、日本瑞萨电子、韩国海力士、美国英特尔和美国德州仪器五家，前三家产能占比分别为3%，后两家占比2%，剩下87%的产能分散在全球其他小厂商产线中。但是发展到2014年，全球集成电路IDM厂商前五家变为韩国三星、日本东芝、美国美光、韩国海力士和美国英特尔，三星从产能占比3%迅速增长到19%，产能占比较高的前四家IDM企业均为存储器生产大厂，主要因为存储器量大面广，主要依靠扩充产能，降低成本，靠销量实现盈利。东芝和美光产能占比分别为12%，海力士占比9%，英特尔占比6%，全球其他企业产能占比下降到40%。随着集成电路制程节点的进一步缩小，制造技术难度成倍增加，使得半导体制造厂商呈现大者恒大的态势，未来产能将进一步集中在少数几家企业中。

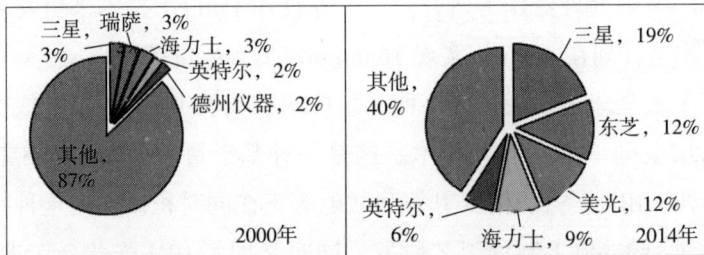

图4-5　2000年和2014年IDM企业产能占比情况

数据来源：SEMI，2015年1月。

全球代工企业产能变化也呈现相似的特征。2000年全球前四家代工企业产能占比仅为40%，但是2014年增加到60%。从2014年情况来看，台积电产能一家独大，占全球总产能的30%。格罗方德、联电、三星分别占比11%、10%和7%。

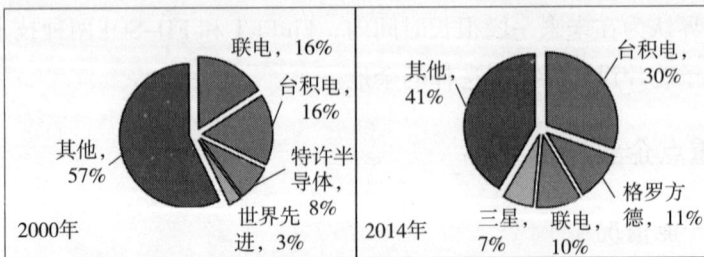

图4-6　2000年和2014年Foundry企业产能占比情况

数据来源：SEMI，2015年1月。

IC Insights 发布了 2014 年全球主要芯片厂商 12 英寸晶圆产能的具体情况，如表 4-1。其中三星、美光、东芝 / 闪迪、海力士、台积电占全球 12 英寸晶圆产能的前 5 位，其中前四位都是存储器企业。前 11 位的企业占据了全球 93.2% 的产能份额，8 家企业的月产能超过 10 万片，2010 年前十大制造企业产能份额为 85%，说明 IC 制造业产能更加集中。三星以高达产能份额 98.5 万片 / 月的产能情况位居榜首，并且在 2015 年进一步扩充产能，占据了全球 23.5% 的产能份额，主要生产 DRAM 和 Flash 存储器。美光在收购日本尔必达公司以后，得到尔必达在日本的两条生产线，因此产能也有所增加，月产能增长到 62.7 万片，同比增长 17%。格罗方德的 12 英寸晶圆产能增长迅速，从 2013 年的月产能 14.5 万片迅速增长到 19.3 万片，增长率高达 33%。

表 4-1　2014 年全球 12 英寸晶圆产能情况

排名	厂商	2014年	
		月产能（千片）	占比
1	三星	985	23.5%
2	美光	627	15.0%
3	东芝/闪迪	525	12.5%
4	海力士	470	11.2%
5	台积电	430	10.3%
6	英特尔	350	8.4%
7	格罗方德	193	4.6%
8	联电	110	2.6%
9	力晶	90	2.2%
10	德州仪器	61	1.5%
11	南亚科	61	1.5%
	合计	3902	93.2%

数据来源：IC Insights，2015 年 1 月。

（二）销售收入

从销售收入情况来看，2014 年全球重点晶圆代工厂排名情况如表 4-2 所示。中国台湾的代工大厂台积电以 253.7 亿美元的销售收入高居榜首，比 2013 年增长了 27.8%，市场份额高达 52.9%。美国的格罗方德排名第二，销售收入同比增长 10.0%，达到 46.9 亿美元，在全球的总销售额中占比为 9.8%。排名第三的公司为来自中国台湾的联华电子,市场份额近9.3%。中国大陆的中芯国际排名第五,销售收入比2013年小幅下降,2014年销售收入为19.7亿美元。2014年全球制造业企业中销售收入增长幅度最大的是以色列的TowerJazz,从2013年到2014年增长率高达57.2%,排名大幅度上升,2014年实现销售收入为8.0亿美元,排名全球第七。中国大陆另一家上榜企业为排名第十的华虹宏力,2014年销售收入为5.6亿美元,排名有所下滑。

表4-2　2014年全球重点晶圆代工厂商排名（单位：亿美元）

2014排名	厂　商	总部所在地	代工类型	2014年营收	2013年营收	增长率	市场份额
1	TSMC	中国台湾	纯代工	253.7	198.5	27.8%	52.9%
2	Global Foundries	美　国	纯代工	46.9	42.6	10.0%	9.8%
3	UMC	中国台湾	纯代工	44.8	39.6	13.1%	9.3%
4	Samsung	韩　国	IDM	44.2	39.5	11.2%	9.2%
5	SMIC	中国大陆	纯代工	19.7	20.7	−4.8%	4.1%
6	Powerchip	中国台湾	纯代工	12.8	11.8	8.5%	2.7%
7	TowerJazz	以色列	纯代工	8.0	5.09	57.2%	1.7%
8	Vanguard	中国台湾	纯代工	7.7	7.1	8.0%	1.6%
9	Dangbu	韩　国	纯代工	6.1	5.7	7.2%	1.3%
10	HHGR	中国大陆	纯代工	5.6	7.1	−21.1%	1.2%
前十家合计				449.5	376.7	19.3%	93.6%
其　他				30.5	51.7	−41.0%	6.4%
合　计				480.0	428.4	14%	100%

数据来源：IC Insights, 2015年1月。

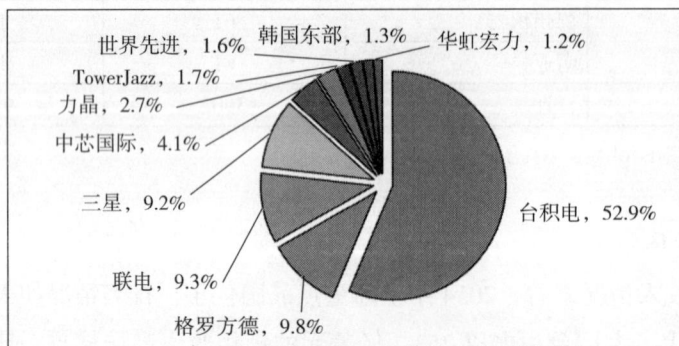

图4-7　2014年全球重点晶圆代工厂市场份额情况

数据来源：公司财报, 2015年3月。

第二节　我国集成电路制造业

一、行业规模

从销售收入情况来看，2009 年到 2014 年中国集成电路制造业情况如图 4-8 所示。受金融危机影响，2009 年我国制造业销售额比 2008 年小幅下降 13.2%，销售收入为 341.1 亿元。从 2011 年开始，全球经济复苏，我国集成电路制造业也呈现稳步增长。2013 年销售收入规模超过 600 亿元，同比 2012 年的 501.1 亿元增长了 20%。2014 年，我国集成电路制造业仍保持了稳定增长的势头，销售收入为 712.1 亿元，同比增长率高达 18.5%。

中国集成电路晶圆制造业从 2009 年的销售收入为 341.1 亿元，发展到 2014 年的 712.1 亿元，复合年平均增长率高达 16%。这种高速增长的态势主要得益于几个重要原因。一是我国是重要的集成电路消费大国，有旺盛的集成电路产品市场需求，随着可穿戴设备、智能家居等新型应用的兴起，极大的拉动了我国集成电路制造业的发展；二是我国是集成电路生产大国，近几年来以中芯国际、华虹宏力、华润微电子等为代表的本土企业发展迅速，提升国内制造业的整体水平，随着国家对信息安全和自主可控芯片发展的重视，相关政策措施的出台将会进一

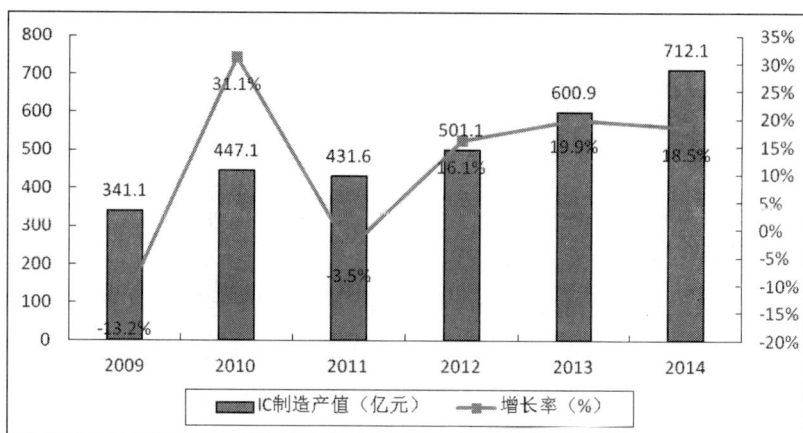

图4-8　2009—2014年中国集成电路制造业销售额及增长率

数据来源：中国半导体行业协会，2014 年 12 月。

步增强我国集成电路制造业的研发实力；三是国际大厂来华投资，包括英特尔、海力士、三星等企业陆续在中国建厂，8寸线、12寸线的陆续投产促进了中国集成电路制造业技术实力的提升。

我国集成电路制造业销售收入在2009年到2010年间，一直约占集成电路产业总销售额的三分之一。但是从2011年以来，随着集成电路设计业的迅速发展，封装测试业的销售额基数依然巨大，集成电路制造业的销售额占比已经下降到20%左右，从2011年的22.32%缓慢增加到2014年的23.6%。晶圆制造业是集成电路产业的核心组成部分，掌握先进制造技术可以加快上游的设计业对高端芯片的研发速度，同时对下游的封测业提供市场保障，因此在今后一段时间，加大我国晶圆制造业的产业规模和技术研发升级，是我国发展集成电路产业的重要任务之一。

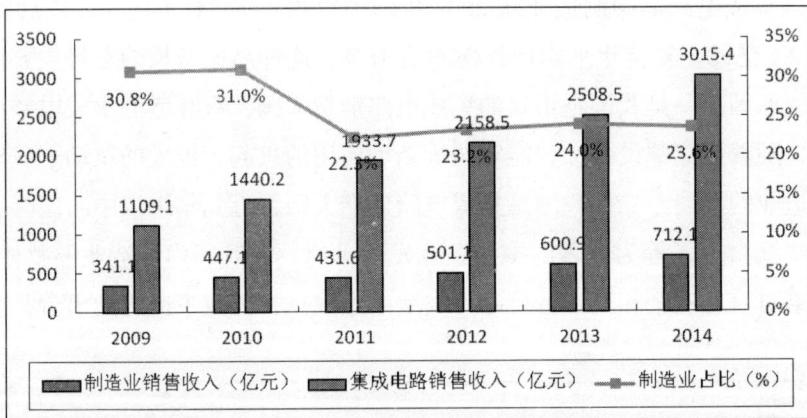

图4-9 2009—2014年中国集成电路制造业占比情况

数据来源：中国半导体行业协会，2015年1月。

二、行业布局

从产线尺寸分布情况来看，2014年我国4英寸以上集成电路晶圆生产线共有69条，4英寸以上企事业单位有58家。其中12英寸生产线达到9条，8英寸生产线17条，6英寸生产线20条，5英寸生产线9条，4英寸生产线14条。从晶圆尺寸分布来看，6英寸和8英寸的晶圆生产线仍为我国主流技术，产线占比超过50%。

表 4-3 2014 年我国主要集成电路芯片制造企业生产线分布

晶圆尺寸（英寸）	序号	企业名称	生产线（名称）	计划产能（万片/月）	工艺技术水平（μm）
12	1	中芯国际（北京）	Fab4	3.5	0.09—0.065 CMOS
			B1/B2	各3.5	0.065—0.028CMOS
	2	中芯国际（上海）	Fab8	1.0	0.09—0.04 CMOS
	3	上海华力微电子	Fab1	2.0	0.06—0.04 CMOS
	4	武汉新芯		2.5	0.09—0.065 CMOS
	5	SK海力士（无锡）	Fab1	10.0	0.065—0.04 DRAM
	6		Fab2	6.0	0.09—0.03 CMOS
	7	英特尔（大连）	Fab68	6.0	0.065CMOS
	8	三星（西安）		10.0	0.02—0.01FLASH
8	1	中芯国际（上海）	Fab1	12.0	0.35—0.11 CMOS
	2		Fab2		
	3		Fab3	3.0	0.13—0.11 Cu制程
	4	中芯国际（天津）	Fab7	4.0	0.35—0.18 CMOS
	5	台积电（中国）	Fab1	11.0	0.25—0.13 CMOS
	6	上海华虹宏力	Fab1	8.0	0.35—0.11 CMOS数模混合
	7		Fab2	2.0	
	8		Fab3	5.0	0.35—0.09 CMOS
	9	和舰科技（苏州）	Fab1	6.0	0.35—0.13 CMOS
	10		Fab2	4.0	0.13 CMOS
	11	上海先进	Fab3	1.5	0.35—0.25 CMOS数模混合
	12	华润上华（无锡）		6.0	0.35—0.11 CMOS数模混合
	13	渝德半导体（重庆）		3.0	0.35—0.18 CMOS数模混合
	14	成芯半导体（德州仪器）（成都）	Fab11	3.0	0.35—0.18 CMOS数模混合
	15	晶诚半导体（郑州）		3.0	0.35—0.18 CMOS
6	1	华润上华（无锡）	Fab1	6.0	0.5—0.35 BCD
	2	华润晶芯（无锡）	Fab5	3.5	0.5—0.35 BCD
	3	华润华晶（无锡）		5.0	1.2—0.8 模拟
	4	上海先进	Fab2	4.0	1.5—0.5 BCD
	5	上海新进		5.0	1.5—0.5 BCD

（续表）

晶圆尺寸（英寸）	序号	企业名称	生产线（名称）	计划产能（万片/月）	工艺技术水平（μm）
6	6	上海新进芯		3.0	1.0—0.35 数模混合
	7	无锡KEC		3.0	1.5—0.5 BCD
	8	首钢NEC（北京）		3.0	1.0—0.35 数模混合
	9	北京燕东		2.0	1.0—0.35 数模混合
	10	杭州士兰		3.0	1.0—0.35 数模混合
	11	杭州立昂		1.5	0.8—0.5 数模混合
	12	比亚迪半导体（宁波）		3.0	0.8—0.5 BCD
	13	江苏东光		1.5	0.8—0.35 数模混合
	14	珠海南科		3.0	0.5—0.35 CMOS
	15	深圳方正		2.5	0.5—0.35 CMOS
	16	西岳电子（西安）		1.7	0.5—0.35 数模混合
	17	福建福顺（福州）		1.8	0.8—0.5 数模混合
	18	乐山菲尼克斯（四川乐山）		3.0	0.5 双极
	19	厦门集顺		6.0	0.5—0.35 数模混合
	20	中科院微电子所		2.0	0.35—0.18 CMOS

数据来源：赛迪智库整理，2015 年 1 月。

从产线区域分布来看，2014 年国内晶圆生产线主要集中在长三角地区（上海、江苏、浙江）、环渤海地区（北京、天津、大连）、珠三角地区（深圳、珠海、福建）和中西部地区（武汉、成都、重庆、西安）等。12 英寸生产线主要分布在长江三角洲地区和京津冀环渤海地区，分别有 4 条和 3 条生产线。8 英寸生产线主要分布在长江三角洲地区，共有 11 条，分布在上海和苏州等地。6 英寸生产线也主要分布在长江三角洲地区，共有 11 条，分别在上海、杭州、宁波、无锡等地。长三角地区产线占全国总产线数量的 52.2%，主要是国内重要集成电路企业基本都集中在上海。

表 4-4　2014 年中国集成电路 4 英寸以上晶圆生产线分布

区域 ＼ 生产线条数	12英寸	8英寸	6英寸	5英寸	4英寸	合计
长江三角洲地区	4	11	11	6	4	36
京津环渤海地区	3	1	3	2	5	14
珠江三角洲地区	0	1	4	1	2	8

（续表）

生产线条数 区域	12英寸	8英寸	6英寸	5英寸	4英寸	合计
中西部地区	2	4	2	0	3	11
合计	9	17	20	9	14	69

数据来源：赛迪智库，2015 年 1 月。

从产能区域分布来看，2014 年国内 4 英寸以上晶圆生产线总产能为 241 万片 / 月，其中 12 英寸月产能为 50.5 万片，8 英寸月产能为 76.6 万片，6 英寸月产能为 73.5 万片，5 英寸月产能为 19 万片，4 英寸月产能为 21.4 万片。长江三角洲地区由于占有全球多数 12 英寸和 8 英寸生产线，总产能为 153.2 万片 / 月，在全国总产能中占比为 63.57%。京津环渤海地区占比为第二位，2014 年产线月产能为 36.3 万片，占全国总产能的 15.06%。珠江三角洲和中西部地区产能占比较小，分别为 9.25% 和 12.12%，产线总产能分别为 22.3 万片 / 月和 29.2 万片 / 月。

表 4-5　全国生产线产能区域分布

生产线产能 区域	12英寸	8英寸	6英寸	5英寸	4英寸	合计
长江三角洲地区	21.5	60.6	48.5	14	8.6	153.2
京津环渤海地区	16.5	4	7	1.5	7.3	36.3
珠江三角洲地区	0	3	13.3	3.5	2.5	22.3
中西部地区	12.5	9	4.7	0	3	29.2
总生产能力（月投片：万片）	50.5	76.6	73.5	19	21.4	241

数据来源：赛迪智库，2015 年 1 月。

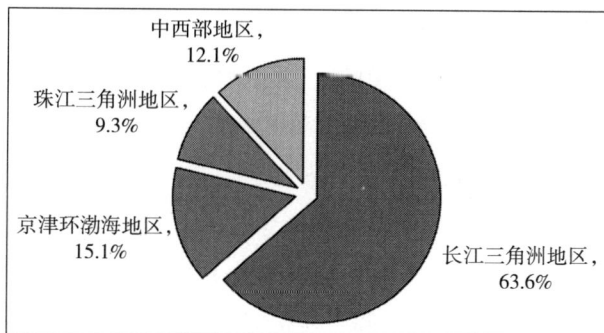

图4-10 2014年国内集成电路产能区域分布

数据来源：赛迪智库，2015 年 1 月。

三、技术发展

2014年中国集成电路晶圆业技术持续进步，12英寸生产线技术水平达65-40-28nm，8英寸生产线技术水平达0.25-0.18-0.13-0.11μm，6英寸生产线技术水平达1.0-0.8-0.35μm。

中芯国际主攻先进工艺，并在2014年末实现28nm制程技术量产，并且与美国高通达成28nm工艺制程以及晶圆制造服务，为高通公司制造专为移动终端而设计的骁龙处理器。在存储器代工方面，开发出38nm NAND Flash工艺制程，可为客户代工NAND产品。同时，中芯国际与华大电子合作，开发基于55nm工艺制程的智能卡芯片，该芯片采用中芯国际55纳米低功耗（LL）嵌入式闪存（eFlash）制造平台，具有小尺寸、低功耗、高性能的特点。在射频工艺方面，中芯国际也成功开发出55nm的蓝牙射频IP，可为物联网、手机及平板市场提供优质的IP解决方案。2014年，中芯国际在深圳建设的200mm晶圆厂正式投产，这也标志着中国华南地区第一条8寸生产线投入使用。该生产线月产能为1万片，在2015年底达到每月两万片，产品主要应用方向为图像感测器、逻辑电路和电源管理电路等消费及通讯电子领域。

上海华力微电子公司实现55nm大生产，主要技术包括55nm低功耗工艺、40nm低功耗工艺、28nm低功耗工艺、55nm高压工艺、55nm嵌入式闪存和特殊应用工艺等。华力微电子于2014年1月取得赛普拉斯55nmSONOS嵌入式非挥发性闪存（NVM）技术授权，提升物联网和智能卡产品大批量生产的可靠度和高效性。2014年底与联发科在28nm工艺技术和晶圆制造服务方面紧密合作，加速完善28nm工艺平台。

华虹宏力工艺技术覆盖1μm至90nm各节点，在标准逻辑、嵌入式非易失性存储器、电源管理、功率器件、射频、模拟和混合信号等领域形成了具有竞争力的先进工艺平台，并正在持续开发多种微机电系统（MEMS）工艺解决方案。2014年与IP提供商硅视觉联合，基于华虹宏力0.11μm混合信号/射频技术制造平台推出了蓝牙低功耗IP，并应用该蓝牙技术开发了无线键盘鼠标等人机接口设备。与MEMS传感器公司上海矽睿科技合作联合开发和生产新一代MEMS传感器。与汉芝电子联合开发的空调用与智能电表用单片机产品采用高效能、低功耗单片机核心，支持高达9种的多样化系统工作模式，且内含高精准度的十位ADC、高精准度的内部晶振及完整的各式通讯接口。

华润上华自主研发的"跑道形 NLDMOS 晶体管及其制作方法"专利技术，为国内的创新型突破，实现了国内首个可应用于单片智能开关电源制造的集成电路工艺技术，技术达到国际领先水平。该项专利采用圆环形结构在 N 型漂移区形成 P 型同心环，通过调整 P 型同心环的半径控制 P 型杂质总量，从而与 N 型杂质达到电荷平衡，提高跑道形器件结构弯道部分耐压的方式。目前，此专利已应用于华润上华 8 英寸晶圆生产线，累计月产出已达 24 万片，大幅提升了企业销售收入，两年内为华润上华新增直接营业收入 3.8 亿元，新增利润 4500 万元。

以中芯国际、上海华力微电子、华虹宏力、华润微电子、上海先进等为代表的我国本土集成电路晶圆制造企业正迅速崛起。中国集成电路产品技术已具有 90nm 嵌入式存储器工艺技术，28nm 逻辑电路制造工艺技术，0.11μm 图像传感工艺技术，MOSFET 功率场效应工艺技术，0.18—0.25μm 高超压 BCD 成套工艺技术，55nm 低功耗逻辑电路工艺技术，65nmCMOS 工艺以及代工的数模混合、射频、高压工艺、模拟工艺 VDMOS、IGBT 等特色技术实现规模化大生产。

四、重点企业排名

从销售收入情况来看，2014 年我国重点集成电路制造企业排名如表 4-6 所示。前十名集成电路制造企业中，有四家为外资企业，分别为无锡海力士、西安三星、英特尔大连和台积电上海。2014 年中芯国际实现销售收入 120.2 亿元，比 2013 年下降 5%，排名全国第一，市场占有率为 16.9%。中芯国际主要进行先进工艺的 CMOS 代工，已经实现 28 纳米工艺量产。无锡海力士排名第二，2014 年销售收入为 112.3 亿元，比 2013 年有所上涨，同比增长为 16%，占国内集成电路制造业销售收入的 15.8%。无锡海力士主要生产 DRAM 存储器，工艺水平已经达到 40 纳米。外资企业三星中国排名第三位，比 2013 年销售收入大幅度增加，2014 年销售收入为 50.5 亿元，市场份额为 7.1%。排名第四位的企业为华润微电子，主营业务为特色工艺代工，包括模拟电路、数模混合、电源管理、功率器件等产品，2014 年销售收入为 50.4 亿元，比 2013 年增长 28.6%，占全国市场份额的 7.1%。上海华虹宏力半导体制造公司为前华虹 NEC 和宏力半导体合并而成，2014 年销售收入比 2013 年上升 14.5%，排名第五位，销售收入为 35.2 亿元。排名为八到十位的企业分别为西安微电子技术研究所、和舰科技和吉林华微电子，在国内的市场占有率分别为 2.7%、2.3% 和 1.8%。

表 4-6 2014 年我国重点半导体制造企业排名

排名	企业名称	2014年销售额（亿元）	市场份额
1	中芯国际集成电路制造有限公司	120.2	16.9%
2	SK海力士半导体（中国）有限公司	112.3	15.8%
3	三星（中国）半导体有限公司	50.5	7.1%
4	华润微电子有限公司	50.4	7.1%
5	上海华虹宏力半导体制造有限公司	40.3	5.7%
6	台积电（中国）有限公司	39.3	5.5%
7	英特尔半导体（大连）有限公司	33.8	4.7%
8	西安微电子技术研究所	19	2.7%
9	和舰科技（苏州）有限公司	16.2	2.3%
10	吉林华微电子股份有限公司	12.6	1.8%
合　计		712.1	69.46%

数据来源：中国半导体行业协会，2015 年 3 月。

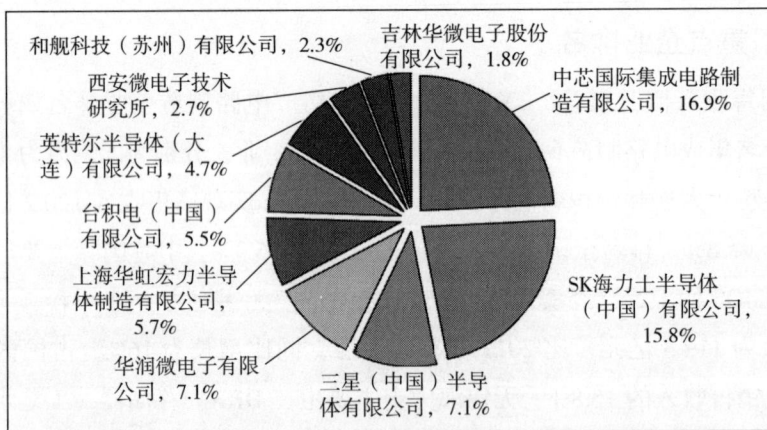

图4-11　2014年国内重点集成电路制造厂商市场占有率情况

数据来源：中国半导体行业协会，2015 年 3 月。

第五章　集成电路封装测试业

第一节　全球封测业

一、行业规模

封装测试是集成电路产业链必不可少的环节。为防止芯片遭受物理、化学等环境因素损伤,同时增强芯片散热性能,将芯片的输入输出端口联接到部件级（系统级）的印制电路板（PCB）或玻璃基板等之上，以实现电气连接的方法称之为封装。测试不仅包含对芯片、电路以及老化后的产品进行的功能、性能方面的检测，同时也包含对产品外观的检测。其目的是筛选出结构有缺陷、性能不达标以及功能不符合要求的产品，保证产品质量。由于大部分的芯片测试业务都集中在封装企业中完成，通常业界统称之为封装测试业（简称"封测业"）。

以近两年全球半导体市场每年 3000 亿美元左右规模计算，封测业占到其中 16% 的份额，拥有超过 480 亿美元的市场规模。据 Gartner 的统计，2008 年到 2014 年全球集成电路封测业市场规模在经历了大幅波动后，逐渐恢复平稳增长。受 2008 年经济危机影响，封测业市场规模出现人幅下滑，之后在 2010 年出现了一次回暖的迹象后，但在 2011—2012 年全球半导体市场低迷的形势下，产业规模再次大幅下降。从 2011 年开始，随着产业发展环境的不断向好，全球半导体封测业开始出现平稳增长态势。2011 年专业封装测试代工企业规模与 IDM 封装测试业务的总市场规模为 480.2 亿美元，2012 年在全球 IC 市场为 4% 的负增长的情况下，封测市场规模进一步增长到 490.4 亿美元，增长率为 2.5%。2013 年开始，移动互联网、物联网等新兴产业带来了芯片需求大幅上升，带动了封测业的发展，市场规模上升到 508 亿美元，比 2012 年上涨 7.2%。其中半导体封装测试代工市场的产值为 250.8 亿美元，仅比 2012 年增长 2% 左右；IDM 封装测试市场产值为 257.2 亿美元，比 2012 年增长 5%。2014 年，随着汽车电子、可穿戴设备、医疗电子等新兴应用的快速崛起，芯片市场进一步回升，造成封测业市场规模进一步扩大，预计 2014 年全球封测业规模达到 553 亿美元，比 2013 年增长 8.9%。

表 5-1　2008—2013 年全球集成电路封装测试业市场规模（单位：亿美元）

年份	2008	2009	2010	2011	2012	2013
封装测试代工（亿美元）	201.0	171.5	236.0	240.2	245.3	250.8
IDM封装测试（亿美元）	254.1	207.9	249.0	240.0	245.1	257.2
合计	455.1	379.4	484.99	480.2	490.4	508.0
增长率（%）	9.6%	−16.7%	27.8%	−1.0%	2.5%	7.2%

数据来源：Gartner 数据整理，2014 年 3 月。

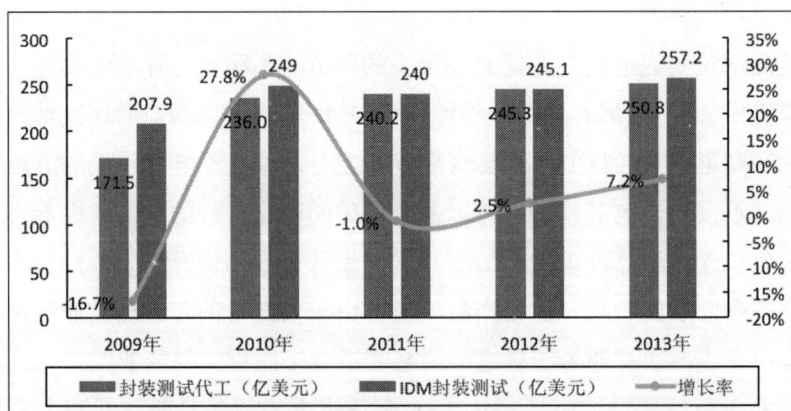

图5-1　2009—2013年全球半导体封装测试市场规模

数据来源：Gartner 数据整理，2014 年 3 月。

二、产业布局

全球封测业的产能主要集中在亚太地区，尤其以中国台湾地区的封测业最为发达，拥有日月光、矽品、京元电、力成等多家排名全球前十的封测厂商。2014年，全球专业封测业市场份额中台湾地区的占比超过 50%，占据市场的主导地位。台湾地区的封测业主要得益于其全球领先的晶圆代工厂台积电的带动。随着国内封装企业的技术突破以及国际 IDM 企业封装业务的迁移，中国大陆地区的封装业经过近几年的快速发展，已经成功取代新加坡，占据全球第二的市场份额。其余封测市场占比较大的国家分别为美国、新加坡、日本、韩国等。

近几年由于全球经济恢复缓慢、人力成本不断攀升等原因，欧洲、美国、日本的半导体巨头陆续退出封测领域。国际半导体大公司持续调整产业布局，一边将封测业务从发达地区向发展中地区不断转移，另一边频频关停转让下属封测企业。以日本松下集团为例，松下已将在新加坡、马来西亚、印度尼西亚的3家半导体工厂出售。目前，松下在上海和苏州的封测企业也正在寻找可能出售或合作企业。以此同时，英特尔也表示要将其已关闭工厂的部分业务整合转移至位于中国等地现有的封装和测试工厂中。全球排名第四的封测大厂星科金朋（Stats ChipPAC）被排名第六的长电科技收购更是成为2014年最令封测业界震撼的整合兼并事件。

三、技术发展

封装业务是指在工艺线上对通过测试的晶圆进行划片、装片、键合、封装、切筋成型、打标筛选等一系列工序，从而获得集成电路产品的过程。随着科技的进步，集成电路封装技术已由传统封装向芯片级（CSP）、圆片级（WLP/WLCSP）、系统级封装（SiP）以及2.5D/3D（TSV）封装方向发展。当前，主流先进封装技术包括凸点互联（Bumping）、圆片级芯片规模封装（WLCSP）和TSV封装，这三项技术不仅市场前景广阔，而且也是未来3D SiP封装技术发展的基础。

在过去几十年的时间里，集成电路封测技术与设计和制造技术保持着同步的发展，其技术进展主要体现在两个方面：

第一，支持的芯片输入输出引脚不断增加。

最早集成电路芯片的输入输出引脚数量非常少，如英特尔4004、8008、8086、8088等早期CPU型号的引脚都不超过100个，此时采用的是双列直插式封装（DIP）技术。

随后技术的进步不仅使芯片的输入输出引脚数增加到了1000多个，而且引脚之间的间距也不断缩小，应运而出的球形触点陈列（BGA）封装技术大大提高了产品生产的良率，这一时期英特尔奔腾系列处理器都是采用这一技术进行的封装。

当芯片制作工艺达到40nm及以下时，芯片的焊盘间距很小，很难通过之前的引线键合（Wire Bonding）和倒装芯片（Flip Chip）的方法实现芯片与外部的全部正常连接。此时出现的铜凸点互联（Copper Bumping）技术可以做到 50—100 微米焊盘间距芯片的正常互联，将引脚密度从原本的 100—200 微米缩小了约一倍。因此，全球各大封测厂商纷纷开始引进这一先进制程。铜凸点互联技术最为领先的 IDM 厂商英特尔年产能近 300 万片，超过全球半数以上；在专业封测代工厂中安靠科技技术达到 40—50um 的领先水平，年产能近 90 万片；国内长电科技的子公司长电先进也到达了 48 万片的年产能。

根据 Yole Developpement 的预测数据显示，到 2017 年，全球铜凸点互联技术的市场占比将从 2012 年的 37% 提升至 69%，产量规模从 500 万片 / 年提升到达到 2300 万片 / 年（12 英寸晶圆折算），市场规模将近 60 亿美元。这一高速增长一方面来源于凸点互连技术市本身 20% 以上的高增长率，另一方面则是由于铜凸点互联逐渐替代其他材料互联技术所致。

第二，芯片的内核面积占封装后总面积比例不断提高。

随着移动便携设备的广泛应用，小体积芯片的需求不断增长，这就对芯片封装技术提出了更高的要求。使用双列直插式封装技术，产品最终面积是内核芯片面积的大约 100 倍。之后为减小芯片的重量和体积，提高电路板上的芯片密度，开发出的芯片级封装标准提出封装后面积不大于内核芯片面积的 1.2 倍，此前的球形触点陈列封装技术已经达到了这一标准。为了进一步提高内核面积占封装总面积的比例，现在的封装技术已经开始从平面封装逐渐向 2.5D、3D 的立体封装演进。

在后摩尔时代，芯片制程工艺已逐渐缩小至接近其理论极限值，此时 3D 技术成为了延续摩尔定律的最优选择。3D 封装技术通过堆叠将更多裸芯片垂直封装在一块芯片内，成倍增加了芯片内晶体管数量，使摩尔定律得以延续。近两年，3D 封装技术发展快速，叠层间垂直互联的最小间距由数百微米迅速减小到数十微米，并且其应用领域不仅包含结构单一的存储器和图像传感器，而且出现向微处理器和逻辑电路发展的趋势。

据 Yole Developpement 的数据显示，2012 年 3D TSV 封装技术的市场规模为 8 亿美元，受益于存储器和逻辑 IC 对 3D TSV 技术的应用，近年来呈现出高速增长的态势，预计 2017 年其市场规模将达到 93 亿美元，复合增长率高达 64%。

四、重点企业排名

由于全球集成电路封装测试市场较为集中，近几年市场排名情况也比较稳定。表 5-2 梳理了 2014 年全球重点集成电路封装制造企业的销售收入和增长情况。从销售收入情况来看，中国台湾的代工大厂日月光以 81.2 亿美元的销售收入高居榜首，比 2013 年增长了 10.2%。美国的安靠科技排名第二，销售收入同比增长 5.9%，达到 31.3 亿美元。排名第三的公司为来自中国台湾的矽品，增长率 13.7%。新加坡的星科金朋（2014 年被大陆封测龙头长电科技收购）排名第四，销售收入下降 0.8%，达到 15.9 亿美元。全球第五大厂商是中国台湾的力成，销售收入基本持平，但排名依旧保持第五名。中国大陆的长电科技排名第六紧随其后，但长电科技收购星科金朋后这一格局将会出现变化。前五家厂商的市占率超过 50%，由此可见封测业的市场集中度相当高。

表 5-2　2014 年全球封装测试代工市场主要厂商排名

2014排名	2013排名	厂　商	总部所在地	2014营业收入（亿美元）	2013营业收入（亿美元）	2013/2012增长率
1	1	日月光（ASE）	中国台湾	81.2	73.7	10.2%
2	2	安靠科技（Amkor Technology）	美国	31.3	29.6	5.9%
3	3	矽品（SPIL）	中国台湾	26.6	23.4	13.7%
4	4	星科金朋（STATS）	新加坡	15.9	16.0	−0.8%
5	5	力成（PTI）	中国台湾	12.8	12.7	0.9%

数据来源：各公司财报，2015 年 3 月。

由于长电科技在 2014 年宣布收购星科金朋，预计 2015 年全球封测业的市场结构将出现大幅调整。长电科技在整合星科金朋的业务时其排名提升至第四位，在业务整合过渡完成后，其市场排名有望冲击前三。

表 5-3　2012—2015 年全球封测企业排名

排名	2012	2013	2014	2015（E）
1	日月光	日月光	日月光	日月光
2	安靠科技	安靠科技	安靠科技	安靠科技
3	矽品	矽品	矽品	矽品
4	星科金朋	星科金朋	星科金朋	长电科技
5	力成	力成	力成	力成
6	J-Devices	长电科技	长电科技	J-Devices
7	南茂	J-Devices	J-Devices	UTAC

（续表）

排名	2012	2013	2014	2015（E）
8	长电科技	南茂	UTAC	南茂
9	UTAC	UTAC	南茂	天水华天
10	顾邦	顾邦	顾邦	顾邦

数据来源：赛迪智库整理，2014年4月。

第二节　我国封测业

一、行业规模

长期以来，我国集成电路封装测试市场主要来源于计算机、通信和消费类等三大集成电路领域，2014年三者市场份额占比高达83.3%。物联网、智能终端、信息安全、宽带通信、大数据、云计算、节能环保、智能电网、智能工控、智能医疗、安防监控、汽车电子等新兴市场大幅拉动集成电路需求，同时也带动了集成电路封测业规模的迅猛增长和扩大。当前国内外终端厂商对集成电路产品的要求显著提高，以 BGA、FC、WLP、SIP、CSP、WLCSP、2.5/3D TSV 等中高端技术封装的产品市场需求量也不断增大。

我国集成电路封测业多年来一直占据我国集成电路产业市场的将近半壁江山，领先其他集成电路产业环节。除了2008和2009年我国封测业有所下滑以外，在2001年以来的十年中每年的我国封测业都已高于8%的增长率增长。2012年以来，相比于集成电路设计业和制造业的快速发展，我国集成电路封测业保持了相对稳定的增长。半导体行业协会数据显示，2012年我国封测业销售额已超过1000亿元，2013年同比增长6.1%，达到1098.85亿元。2014年增速再度增长，销售额规模高达1255.9亿元，同比增长14.3%。

表5-4　2009—2013年我国集成电路封装测试业销售额情况（单位：亿元）

年份	2009	2010	2011	2012	2013	2014
销售额（亿元）	498.2	629.2	975.7	1035.7	1098.8	1255.9
增长率（%）	-19.5%	26.3%	55.1%	6.1%	6.1%	14.3%

数据来源：半导体行业协会，赛迪智库整理，2015年3月。

2014年国内封装测试业高速增长，以四大企业为首的封测企业业绩向好。

江苏长电科技股份有限公司销售收入同比增长 26%，达到 64.3 亿元，实现 2.2 亿元利润；天水华天科技股份有限公司销售收入同比增长 35.1%，达 33.05 亿元，净利润 3.06 亿元，同比增长 52.37%；南通富上通微电了股份有限公司全年实现营业收入 20.91 亿元，同比增长 18.30%;归属于上市公司股东的净利润 1.21 亿元，同比增长 99.18%.；苏州晶方科技股份有限公司前三季度收入增长 28.2%，净利润增幅为 20%。

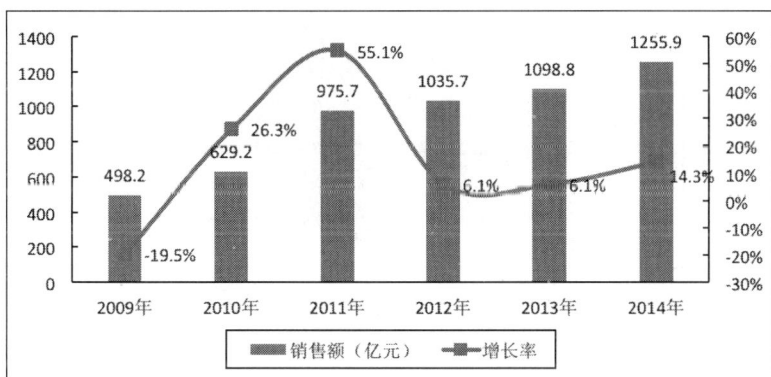

图5-2　2009—2014年我国集成电路封装测试业销售额及增长率

数据来源：半导体行业协会，赛迪智库整理，2014 年 3 月。

我国集成电路封测企业正在随着高速增长的消费类终端产品和智能电子产品（如智能手机、平板电脑等）领域对高端封装的需求进行着快速调整，企业实力不断提高，先进封装占封测业的总值已逐步超过 20%。但同时还应注意到，国内封测业的发展也面临整机对元器件微小型化封装要求大增、国际组装封装业大量向国内转移、制造业人力成本提高等重大挑战。只有通过提升管理能力、加大成本控制、增强技术创新能力等措施，国内封测企业才能在市场竞争中取得胜利。

二、产业布局

从集成电路产业链来看，上游设计环节的技术壁垒最高，晶圆制造和集成电路设备环节的技术壁垒次之，封测环节技术壁垒相对较低，适合国内企业快速追赶，所以各地本土封测企业发展较为快速。从人力成本来看，封测业人力成本要求较高，所以欧美厂商也多在国内布局其封装测试业务。例如，国内企业如长电科技在苏北宿迁、安徽滁州等地投资扩产，天水华天公司分别在西安、昆山等地建厂扩展业务，南通富士通微电子公司扩建 3 期封测厂房；外资企业如三星电子在西安投资建厂，英特尔在成都投资建厂等。

此外，随着市场竞争日益激烈，企业成本不断提高，国内主要封装测试企业已开始向低成本的中西部地区转移。未来这一趋势还将加速。中部地区交通便利的中心城市（如西安、武汉等）将成为承接封测业转移的重点地区。

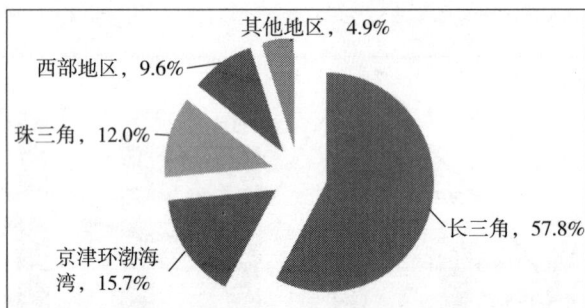

图5-3　我国封装测试企业的区域分布

数据来源：半导体行业协会，2014 年 5 月。

从地域分布上看目前，我国封装测试业已形成了长三角、京津环渤海湾、珠三角、中西部地区，以及其他地区几大区域。从封装测试企业数量分布看，长三角地区（上海、江苏、浙江）占 57%；京津环渤海湾地区（北京、天津、大连）15%；珠三角地区占（深圳、珠海、福建）12%；中西部地区（武汉、成都、重庆、西安、甘肃）占 10%。

表 5-5　我国集成电路封装测试企业的技术布局

封装类型		典型产品/技术	市场状况	参与企业主体	核心竞争要素
直插封装		TO、DIP等	市场容量大，但逐步萎缩	大量技术和市场较弱小企业、有一定技术和市场基础的技术应用型企业	成本
表面贴装	两边或四边引线封装	SOP、PLCC、QFP、QFN、DFN等	市场容量大，保持平稳	以中等规模内资企业为代表的技术应用型企业	成本+工艺技术
	面积阵列封装	WLCSP、BGA、LGA、CSP等	市场较大，增长速度较快	以外资、合资及内资领先企业为代表的 技术创新型企业	产品技术+工艺技术
高密度封装		3D堆叠、TSV等	市场逐渐扩大	以外资、合资及内资领先企业为代表的 技术创新型企业	产品技术+工艺技术

数据来源：赛迪主库整理，2015 年 1 月。

就企业技术布局来说，目前 DIP、QFP、SOP、QFN/DFN 等传统封装技术依旧占据我国封装市场 70% 以上的市场份额，市场竞争最为激烈，大量的中小企业、部分技术领先的企业是市场的主要竞争者。BGA、FC、CSP、WLCSP、3D TSV 等先进封装技术市场份额约 20%。我国长电科技、华天科技、南通富士通等企业凭借国家重大科技专项的支持和其自身多年的技术积累，在表面贴装的面积阵列封装领域逐步接近甚至部分超越了国际先进水平，在高密度封装工艺领域我国与国外的技术差距也在逐渐缩小。

三、技术发展

近几年，国内封测企业的封测技术取得大幅提升，一改以往落后于业内外资、合资企业的状态，产能不断扩大并且海外客户不断增多。

国内集成电路封装企业，如长电科技、华天科技、通富微电等在国家重大科技专项的推动下，多年来研究的先进封装技术已经有了大幅提升，如已经成功开发或规模导入量产国际领先的 FBGA、FC-BGA、RF-SiP、Wafer Bumping、TSV-CIS、WLCSP 等先进封装技术。近期，长电科技、华天科技、通富微电等企业在"多圈 FCQFN 封装技术"、"FCCSP 封装技术产品"和"3D-MIS 封装技术（被动元器件叠装于 FC 芯片 MIS 封装技术）"等新兴领域也取得了突破。

在国家科技重大专项支持下，国内封测产业的先进封装技术研发和产业升级力度不断增强。封装系统集成技术、大功率器件封装技术、高密度封装技术的开发及产业化初见成效；具有自主知识产权的新型封装技术获得国际认可，开始进入规模量产；高端封装的规模及市场占比不断增加，与国内外设计企业的配套能力全面提升。同时，"高端封装工艺及高容量闪存集成封装技术开发与产业化"等一批重大科研项目通过验收并成功获得了国内外订单。"十二五"期间，封测工艺、材料及装备研发及产业化项目和通讯、多媒体芯片封装测试设备与材料应用工程项目开展顺利，例如：芯片级、系统级、多芯片、叠层、无引脚、细节距、TSV 等先进封装技术的研发陆续取得成绩，产学研用与产业链各环节间的联系进一步增强，创新体系与创新效果大为改善，进一步推动了我国集成电路封测业的发展。

四、重点企业排名

据半导体行业协会统计，目前，国内共有 83 家规模以上集成电路封装测试企业，其中内资企业占 32.5%，外资及合资企业占 67.5%。国内企业多为封测代工企业，外资企业多为 IDM 型公司，封装测试自有产品。国内企业在封测业前十大企业的销售收入占比仅为 35.7%。2014 年，国内最大的封测企业 - 江苏长电科技股份有限公司在世界十大集成电路封装测试业企业排名中排在第六位。

我国封装测试产业的规模发展最早源于国际 IDM 厂商为了降低生产成本，在 20 世纪 90 年代纷纷转移其封装测试产能，外企的进入直接推动了我国集成电路封测业规模的快速扩大。从全球前十大集成电路制造公司在中国的生产企业布局来看，前九大厂商均在中国大陆布局了封测厂。尽管部分 IDM 开始轻资产运营模式，进行外包生产，但是在中国大陆的 IDM 封测产能仍在持续扩张中：2013 年 9 月三星电子封装测试项目（10-X 纳米级 NAND 闪存芯片封装测试及固态硬盘（SSD）组装生产线）签约西安，总投资约 5 亿美元，该项目将于 2015 年上半年试产；2014 年 9 月 SK 海力士半导体重庆封测项目投产，总投资 12 亿美元；2014 年 11 月，德州仪器在收购的 UTAC 成都厂房基础上建设的封测厂正式开业投产，同时宣布将在成都设立 12 英寸晶圆凸点加工厂。

表 3-6　2014 年我国主要半导体封装测试企业排名

排名	企 业 名 称	2014年销售额（亿元）
1	江苏新潮科技集团有限公司	69.1
2	威讯联合半导体（北京）有限公司	63.0
3	飞思科尔半导体（中国）有限公司	53.9
4	南通华达微电子集团有限公司	52.1
5	英特尔产品（成都）有限公司	42.6
6	天水华天电子集团	40.3
7	海太半导体（无锡）有限公司	35.5
8	三星电子（苏州）半导体有限公司	25.9
9	上海松下半导体有限公司	25.5
10	星科金朋（上海）有限公司	23.3
合　计		431.2

数据来源：中国半导体行业协会，2015 年 3 月。

目前国内半导体封测企业虽然数量众多，但行业集中度并不高，企业过于分散，且规模较小。从这方面来讲，可以说国内厂商与海外厂商在封测环节仍然有较大差距。为了不断提升国内封测企业的竞争力，实施整合兼并集中相关企业的资金和人力已逐渐成为一种发展趋势。目前最便捷的途径就是通过这种整合兼并方式做大做强，在国际市场上占据一席之地。

第六章　集成电路设备业

第一节　全球设备业

一、行业规模

　　国际半导体设备与材料协会（SEMI）在 2014 年 12 月，发布了半导体制造设备的市场预测。从整体趋势上看，半导体设备市场与半导体产业市场景气状况紧密相连。2008—2009 年世界经济危机，全球半导体产业连续两年大幅度减少设备投资，2010 年全球半导体市场复苏，设备市场出现了高达 150.8% 的大幅度增长，其后，2011 年设备市场总量直冲历史高点。2012—2013 年设备市场再受抑制，2014 年市场状况再度恢复。2014 年新增半导体制造设备的销售额将达到 380 亿美元，比 2013 年增加 19.3%。预计 2015 年将继续保持稳定增长的态势，销售额将比 2014 年增加 15.2%，达到 438 亿美元，而 2016 年与 2015 年基本持平。

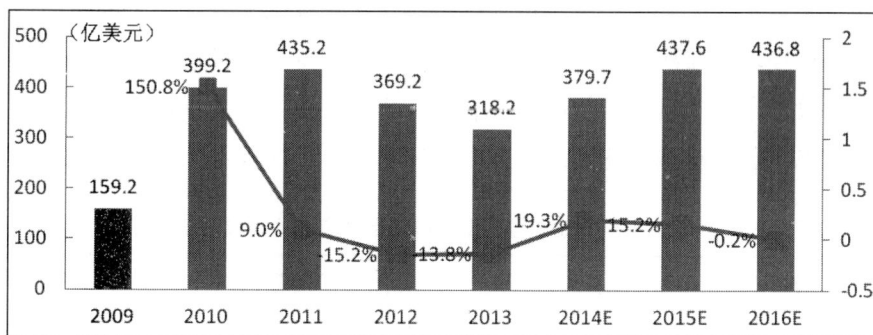

图6-1　2009—2015年全球半导体设备市场规模情况

数据来源：SEMI，2014 年 12 月。

按设备的种类来看,2014年各类半导体设备的销售状况都有所回升。晶圆处理设备在销售额中占比最大,预计其销售额将达到297亿美元,同比增加17.8%;组装及封装设备的销售额将达到30亿美元,同比增加30.6%;测试设备的销售额将达到34亿美元,同比增加26.5%,其他设备(生产、掩模及中间掩模制造设备等)的销售额将达到16亿美元,比2013年增长14.8%。

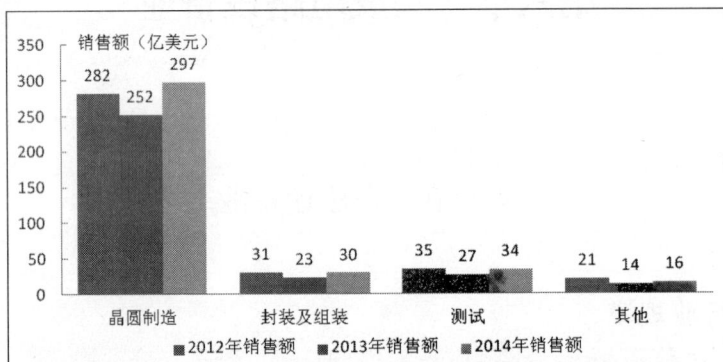

图6-2　2012—2014年全球半导体各类设备销售额(亿美元)

数据来源:SEMI,2014年12月。

二、产业布局

SEMI发布了2014年全球半导体设备区域市场情况。从分布情况来看,主要地区包括北美、日本、韩国、欧洲、中国台湾地区和中国大陆地区。从近几年各地区的设备销售额走势来看,北美地区呈现回落态势,并会逐年加大;日本近年来始终呈平稳上升趋势;中国台湾地区市场占比蝉联第一并保持了高速的增长;韩国设备市场增速仅次于中国台湾地区,总量直逼美国,有望成为第二;我国大陆地区的设备市场连续几年都在不断增长,可见势头良好;欧洲地区与我国类似;其余地区总量近几年基本持平,略有增长。

表6-1　2014年全球半导体设备销售区域市场(单位:亿美元)

区域	2012年	2013年	2014年	2015年E	2016年E	15/14年预计增长率
北美	81.5	52.7	83.1	75.0	58.1	-9.8%
日本	34.2	33.8	41.4	44.1	47.1	6.5%
中国台湾地区	95.3	105.7	96.3	123.4	128.3	28.1%

（续表）

区域	2012年	2013年	2014年	2015年E	2016年E	15/14年预计增长率
韩国	86.7	52.2	64.1	80.1	91.1	25.0%
中国大陆	25.0	33.8	46.6	51.4	46.2	10.3%
欧洲	25.5	19.2	26.5	39.2	42.5	47.9%
其余	21.0	20.8	21.7	24.4	23.5	12.4%
合计	369.2	318.2	379.7	437.6	436.8	15.3%

数据来源：SEMI，2014 年 12 月。

从各地区的 2014 年销售额占比方面可以看出，与 2013 年相同，中国台湾、北美和韩国占比仍排在前三位（如图 6-3 所示）。中国台湾地区占比 25.4%，较 2013 年下降 8.1 个百分点；北美占比 21.9%，较 2013 年提升 5.2 个百分点；韩国占比 16.9%，较 2013 年略有提升；我国大陆地区占比 12.3%，较上年提升 1.9 个百分点；日本及欧洲占比同样有不足 1% 的提升。预计中国台湾地区 2015 年半导体制造设备市场规模将达到 123 亿美元，比 2014 年增加 28.1%；韩国的市场规模将达到 80 亿美元，同比增加 25.0%；而美国则出现 9.8% 的规模下降；预计欧洲将以 47.9% 的增长率成为成长最快的国家。

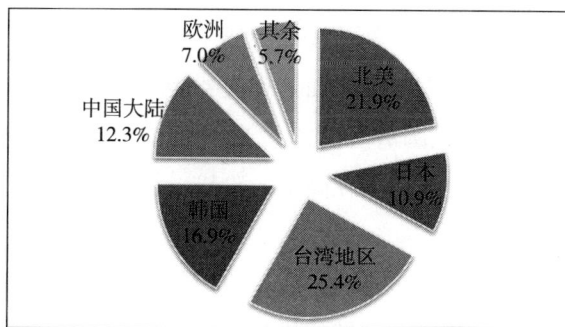

图6-3　2014年全球集成电路设备区域分布情况

数据来源：SEMI，2014 年 12 月。

三、技术发展

集成电路设备的技术进展始终引领着制造技术的发展。各大集成电路制造公司为推动先进工艺纷纷与设备制造商合作进行开发。随着制程尺寸的不断缩小，以 ASML 为代表的设备生产商的技术已经达到了商用极紫外光刻（EUV）设备 13nm 分辨率；在产能方面 ASML 与台积电联手已经将 22nmEUV 设备的每日产能提升到了 1022 片，大幅提升了设备的性能。在刻蚀、沉积设备领域，由于 FinFET 器件和 3D NAND 等新兴技术变革的推动，以应用材料为代表的设备商开发出了各类操作 12 英寸设备，满足 2Xnm 及以下需求的先进设备及应用服务。在封装设备方面，伴随 TSV 封装技术的推广，大量 2.5 及 3 维封装设备已应用于国际大厂。伴随着芯片尺寸及线条的缩小，用于检验和测量 FinFETs、3D NAND 等生产中薄膜及图形的检测设备也应运而生。除了参数测量、缺陷检测等检测设备外，由于尺寸的减小相应参数信号也会减弱，这对新型的参数测量及功能测量设备提出了更高的要求。

四、重点企业排名

2014 年全球半导体制造设备市场预计可达 385 亿美元，较 2013 年增长约 14%。前五大半导体设备厂的市占率也已超越 57%，这不仅意味着小厂在竞争当中的失利，同时也表现出设备业厂商大者越大的现状。

从企业分布来看，美国、日本、荷兰等国家是世界半导体装备制造的三大强国，全球知名的半导体设备制造商主要集中在上述国家。从企业主要的半导体设备产品看，美国主要控制等离子刻蚀设备、离子注入机、薄膜沉积设备、掩膜板制造设备、检测设备、测试设备、表面处理设备等，日本则主要控制光刻机、刻蚀设备、单晶圆沉积设备、晶圆清洗设备、涂胶机／显影机、退火设备、检测设备、测试设备、氧化设备等，而荷兰则在高端光刻机、外延反应器、垂直扩散炉等领域处于领导地位。

从半导体设备大厂去年销售排名来看，应用材料公司（Applied Materials）凭着沉积（deposition）及刻蚀（etch）领域的优势保持了其龙头地位，而阿斯麦（ASML）则依靠光刻方面的优势维持在第二名。泛林半导体（Lam Research）因为刻蚀和沉积的强劲表现排名第三。东电（Tokyo Electron）由于此前已宣布与应用材料合并，虽未成功，但其 2014 年营业收入尚未可知，所以在 2014 年排名中留其位但并未将其排出。顺势排名第四的是精于制程管控量测的美国科磊（KLA-Tencor），而排名第五的迪恩仕（Dainippon Screen）则在清洗设备方面具有良好的优势。

表 6-2   2014 年全球重点半导体设备厂商排名

2014排名	2013排名	厂商	主要产品领域	2014销售收入（亿美元）	2013销售收入（亿美元）	同比增长
1	1	Applied Materials（应用材料）	沉积、刻蚀、离子注入、化学机械研磨等	59.8	47.8	25.2%
2	2	ASML（阿斯麦）	光刻设备	58.6	52.5	11.6%
3	3	Lam Research（泛林半导体）	刻蚀、沉积、清洗等	46.1	36.0	28.0%
—	4	Tokyo Electron（东京电子）	沉积、刻蚀、匀胶显影设备等	—	30.6	—
4	5	KLA-Tencor（科磊）	硅片检测、测量设备	29.3	28.4	3.0%
5	6	Dainippon Screen（迪恩仕）	刻蚀、清洗设备	13.6	12.2	11.1%

数据来源：各公司财报，2015 年 3 月。

第二节   我国设备业

一、行业规模

整体来看，我国集成电路设备业市场规模走势如图 6-4 所示，与国际走势基本一致，只是我国集成电路设备业体量较小，一些关键技术装备仍未攻克，产业还处在发展阶段。我国当前使用中的大规模集成电路生产线装备大都依赖进口，8 英寸和 12 英寸的先进硅片和制造设备基本依靠进口，8 英寸以下的生产线也有大量进口翻新的二手设备，如此大的进口依赖不仅严重影响了我国集成电路产业的长远发展，也关系到我国的信息安全问题。据中国电子专用设备工业协会的数据显示，2013 年我国 13 家集成电路设备主要生产单位共销售设备 1093 台，销售收入 10.34 亿元（其中制造设备近 7 亿元），但仅占当年我国设备进口费用的 5% 左右。

2014 年，受惠于国家科技重大专项 – 极大规模集成电路制造装备及成套工艺科技项目（简称 02 专项）多年来的支持以及国内集成电路产业发展基金的牵引，国内集成电路制造的投入不断加大，设备制造能力有所改善。总体上看，2014 年国内集成电路设备市场规模约为 46.6 亿美元，相比 2013 年稳中有升，同比增长 37.9%，增量主要来自于薄膜制造设备、离子注入设备以及封装设备。

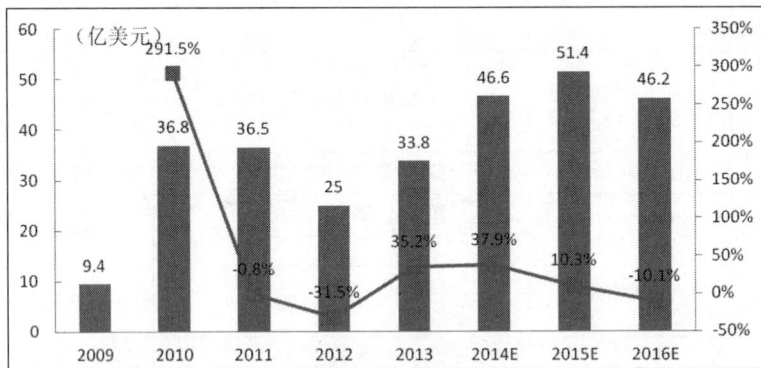

图6-4　2009—2014年我国半导体设备市场规模

数据来源：SEMI，2014 年 12 月。

从我国集成电路设备产业化发展的角度来看,虽然在国家重大专项的支持下,12 英寸集成电路设备实现了从无到有, 配套零部件等产业链逐渐完善, 一些设备进入了大生产线,但长期以来高端人才缺乏, 技术攻关周期长等问题严重影响了芯片制造商对国产设备的信心。在与进口设备的竞争中,使用单位为规避风险,国产设备很难得到应用,因此国产设备的产业化进程十分缓慢,做大做强我国集成电路设备业仍需相当长的一段时间。

二、产业布局

我国集成电路设备业布局从产业链分布来看,由于受制于技术研发难度,多数企业偏重封测类设备与度量检测设备。在前端制造关键设备领域也已有多家企业布局,并主要集中在刻蚀和沉积设备。在前端光刻及电气检测设备领域仍有待突破。

从设备生产商所在地来看,我国设备企业主要分布于上海及其周边地区、北京、沈阳以及深圳。上海地区依托海外归国技术人才,形成了一批具有一定发展潜力的公司,已在关键设备领域取得重要突破,与此同时也带动了江苏、浙江等地的一批封装测试设备及材料企业的发展。北京主要依托国有大型企业与科研院所,组织研发力量进行关键设备的技术攻关,并已取得了一定突破。沈阳地区作为老工业基地,具备设备制造所需的机械加工生产技术优势,以此为基础,在一批高技术人才的带领下研发了不少工艺设备及关键零部件。深圳地区则以其电子加工制造技术为基础，催生了一批配套加工设备供应商。总体来看，由于设备生产对技术力量与资金保证要求较高，因此产业布局也相对集中。

三、技术发展

集成电路设备涉及自动控制、精密加工、精密光学、化工材料、表面处理等众多学科，技术要求非常高。目前，我国在高端零部件、加工工艺、表面处理能力等相关领域的技术实力虽然有所发展，但与国外相比仍然较为薄弱。

在先进制造生产线关键设备方面，国际上已经实现了14/16nm量产，我国在02专项的支持下，在等离子刻蚀机、离子注入机、氧化炉、清洗设备方面取得了较大的突破，但仅有部分设备完成了28nm验证，与国际先进水平还有1—2代的差距。

在先进封装生产线关键设备方面，国产设备取得了较大突破，产业化进展迅速。此前，国产先进封装生产线的关键设备已经获得国内外封装厂商的认可，其中包括步进式投影光刻机、先进封装用匀胶机、高密度深硅等离子刻蚀机、用于三维封装的硅通孔物理气相沉积设备、刻蚀设备等。这些国产关键装备的推广极大地推进了我国先进集成电路封装业的发展。

随着集成电路生产技术的进步，设备研发难度也越来越大。我国作为集成电路设备研发的追赶国，面对研发基础与技术跨度等困难，在近几年的发展中，与国外设备生产的技术差距不断减小，还是取得了一定的成绩。下一步的技术发展目标将是在难度较低的封装设备技术基础上向高精度光刻、刻蚀等前端制造设备发展。

技术发展离不开实践，集成电路设备生产技术的发展也需要在设备应用中不断改进提升。通过我国技术建造的设备还是应该推广到生产线中，当前基于我国现有设备技术水平，通过建设国产12英寸集成电路硅片生产线、集成电路先进封装生产线、8英寸90nm集成电路芯片生产线三种生产线来运行国产设备，将会对我国推动设备技术发展起到非常积极的作用。

四、重点企业排名

我国集成电路装备企业发展还是取得了显著进展。沈阳拓荆科技有限公司研制的90nm—65nm等离子体增强化学气相沉积（PECVD）设备打破了12英寸

PECVD 技术都被欧美以及日本等国家所垄断的局面。上海中微半导体的 90nm—65nm 等离子体介质刻蚀机、45nm—32nm 等离子体介质刻蚀机及北方微电子装备的 65nm 硅栅刻蚀机已通过 12 英寸片生产线的考核验证，并实现销售。上海微电子装备的先进封装光刻机进入江苏长电科技集团的集成电路封装生产线并正式使用。七星华创的 12 英寸氧化炉也进入大线试用。中科信 12 英寸大角度离子注入机已完成 3 台样机组装进行测试验证。盛美半导体的 12 英寸单晶圆超声波清洗机已进入韩国海力士 12 英寸晶圆生产线的使用，并取得了韩国海力士本部的书面认证。表 6-3 列出了我国集成电路设备领域取得突出成绩的重点企业。这些企业对完善国内半导体重要装备的产业链，打破国外产品的技术和市场垄断，提升我国 IC 制造装备的自主创新能力和国际竞争力起到了重要的战略意义。

表 6-3　我国集成电路专用设备重点企业

序 号	企业名称	主要产品
1	北京七星华创电子股份有限公司	清洗机、氧化炉等集成电路设备及太阳能电池生产设备
2	北京北方微电子基地设备工艺研究中心有限责任公司	离子刻蚀设备、薄膜生长设备
3	中微半导体设备（上海）有限公司	12英寸离子刻蚀设备、12英寸电介质刻蚀设备、8英寸硅通孔（TSV）刻蚀设备
4	睿励科学仪器（上海）有限公司	光学检测设备
5	盛美半导体设备（上海）有限公司	单晶圆清洗设备
6	北京中科信电子装备公司	离子注入机
7	沈阳拓荆科技有限公司	PECVD设备
8	沈阳芯源微电子设备有限公司	涂胶显影设备
9	上海微电子装备有限公司	光刻机包括扫描投影光刻机、封装光刻机

数据来源：赛迪智库，2015 年 2 月。

第七章　集成电路材料业

第一节　国际半导体材料产业现状及发展趋势

一、产业规模

受全球半导体产业影响，在整体制造业走强的大背景下，2014 全球半导体材料销售额也有小幅增长，达到 450 亿美元，与 2013 年的 435 亿美元相比，增长近 3%。其中，半导体制造材料和封装材料市场规模分别为 232 亿美元和 215 亿美元，而 2013 年晶圆制造材料销售额为 227.6 亿美元，封装材料为 207 亿美元。同比均有小幅增长。半导体制造材料市场随着半导体晶圆厂的满产而逐步回暖，其中硅材料预计今明两年仍将保持增长势头。

随着半导体制造业规模的扩大，对半导体材料的需求量也在不断增大，但是受到半导体材料产业成熟产品价格下降影响，市场规模小于整体市场增速，在具体材料方面，前道工序主要是半导体硅材料受太阳能级多晶硅影响，价格快速下跌，使得半导体硅片的价格也随之下降，而后道工序则主要受键合丝影响，这几年铜键合丝替换程度明显增强，铜键合丝用量超过键合丝总量的 45%，极大地减少了金丝的用量，从而使得材料整体市场规模缩小。

表 7-1　2010—2015 年全球半导体制造材料市场规模　　（单位：亿美元）

	2010	2011	2012	2013	2014	2015e
硅片	97.3	98.8	86.8	75.4	79	85
SOI	4.5	5.2	4.3	3.9	4.2	4.4
掩膜版	30.4	32	31.1	31.4	33	33.5
光刻胶	11.6	12.8	13.5	12.2	13.7	14.2

（续表）

	2010	2011	2012	2013	2014	2015e
光刻胶配套试剂	13	14.1	15.1	12.2	13.6	14.2
电子气体	28.9	31.1	31.2	33.2	35.8	37.2
工艺化学品	8.5	9.1	9.7	10	10.6	11.1
靶材	6.0	5.8	6.0	6.0	6.5	6.8
CMP材料	12.5	12.7	13.8	14.4	15.9	17.1
其他材料	17.7	20.6	234.7	226.7	241.8	261.6
总计						

数据来源：SEMI，赛迪智库整理，2015年3月。

表7-2　2010—2015年全球半导体封装材料市场规模　（单位：亿美元）

	2010	2011	2012	2013	2014	2015e
引线框架	33.9	34.6	35.3	33.4	34.0	34.1
封装基板	90	85.7	77.8	74.1	76.1	82
陶瓷基板	13.8	17	19	20.1	20.8	21.6
键合丝	49.7	57.3	50.4	44.6	35.4	34.1
包装材料	19.3	21.7	23.3	24.5	27.1	29.2
芯片粘接材料	6.6	6.7	6.8	6.7	7	7.3
其他封装材料	4.8	5.6	3.4	3.7	4.1	4.5
总计	218.1	228.6	216	207.1	204.5	212.8

数据来源：SEMI，赛迪智库整理，2015年3月。

二、区域分布

中国台湾地区以大型晶圆厂和先进封装为坚实基础，尽管没有保持每年的增长，但中国台湾地区已连续五年成为半导体材料的最大客户。2014年，中国台湾地区半导体材料市场规模达到105亿美元。紧随其后的则为日本，但是受到这几年连续关停晶圆厂等影响，日本半导体材料市场规模连年下滑，2014年其市场仅为80亿美元。这些年，北美洲和中国大陆的材料市场规模一直保持平稳发展。受益于晶圆工厂材料的强大力量，在2014年，韩国和欧洲的材料市场规模有所扩大。其他国家地区包括新加坡、马来西亚、菲律宾、东南亚地区和其他较小市场。

表7-3　2011—2015年全球半导体材料市场区域分布

	2011	2012	2013	2014	2015
中国台湾	101.1	103.2	104.1	106	108
日本	92.1	85.3	82.2	80	82
韩国	72.7	73.3	75.4	77.1	80
中国大陆	48.7	50.7	52.1	53.2	55
美国	48.6	47.4	48.2	49.3	51
欧洲	33.1	30.3	30.1	31	32
其他地区	82.1	80.9	81.2	83.1	85

数据来源：SEMI，赛迪智库整理，2015年3月。

第二节　我国半导体材料产业发展情况

一、产业规模

半导体材料产业分布广泛，门类众多。在半导体产业持续增长的带动下，中国半导体材料产业发展的步伐更加稳健。从总体发展状况来看，产业发展趋好，很多产品类别正逐步实现国产化，产业销售额也突破100亿元，且在高端工艺的应用也不断深入。

根据中国半导体行业协会支撑业分会（CICMTA）的统计数据，2013年我国半导体制造用材料企业的销售收入达到122.7亿元，预计2015年将达到130亿元，"十二五"期间的年复合增长率达到8.6%，远高于我国半导体制造业同期复合增长率。主要是过去半导体制造所需的材料主要靠进口，但经过这几年科研攻关，部分产品逐步实现国产化生产，国内供应不断增强。

表7-4　2010—2015年中国半导体制造材料产业规模　　　　（单位：亿元）

	2010	2011	2012	2013	2014	2015e
硅和硅基材料	53.6	62.3	47.6	53.3	55	58
光刻胶	1.3	1.9	2.2	2.8	3	3.3
高纯化学试剂	17.8	39	38.9	42.2	44	46
电子气体	10.8	15.4	14.2	16.3	17.8	19
抛光材料	0.6	0.6	0.9	1.4	1.6	1.8
靶材	1.8	2.5	3.1	4.2	4.7	5

（续表）

	2010	2011	2012	2013	2014	2015e
其他合计	85.9	122.5	108.2	122.7	125	130

数据来源：ICMtia，2014年5月。

在半导体封装材料方面，根据中国半导体行业协会支撑业分会统计，2013年销售收入达到76亿元，预计2014年将超过80亿元，2009—2014年复合增长率达到37.5%。如下图所示。

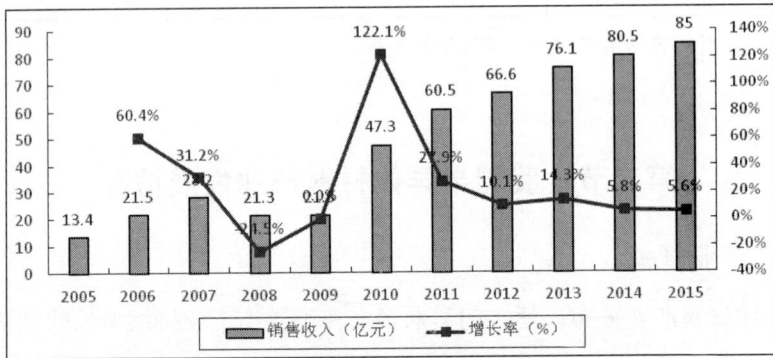

图7-1　2005—2015年专用封装材料销售收入情况

数据来源：ICMtic，2014年5月。

半导体材料能得以快速增长与国家实施的一系列支持政策息息相关，包括02重大专项科技攻关和产业政策等。根据中国半导体行业协会支撑业分会的统计，2013年全行业研发投入达到12.5亿元，创历史新高，各专业领域投入增长情况如表7-5所示。

表7-5　2008—2013中国半导体材料研发投入　　（单位：亿元）

	2008	2009	2010	2011	2012	2013
硅和硅基材料	1.7	2	5.4	4.7	3.3	2.3
光刻胶	0.01	0.04	0.12	1	1	0.48
高纯化学试剂	0.27	0.42	0.74	0.94	1.51	1.65
电子气体	0.4	0.45	0.64	1.03	0.89	1.5
抛光材料	0.12	0.12	0.46	0.33	0.61	0.63
靶材	0.07	0.18	0.29	0.36	0.3	0.46
掩膜	0	0	0	0	0	0.31

（续表）

	2008	2009	2010	2011	2012	2013
专用封装材料	0.87	1.59	3.11	3.11	2.98	4.59
总合计	3.44	4.84	10.76	11.73	10.83	12.45

数据来源：ICMtic，2014 年 5 月。

二、重点产品

（一）硅片

在硅和硅基材料方面，2014 年全球多晶硅产量达到 30 万吨，同比增长 20% 以上，其中我国达到 13.2 万吨，美国约为 5.5 万吨，德国约为 5.1 万吨，韩国为 5 万吨，日本约为 1.3 万吨。用于半导体产业的多晶硅量约为 2.9 万吨，主要由美国、德国和日本的多晶硅企业供应，我国和韩国的多晶硅尚未达到能供应半导体级多晶硅水平。

2014 年全球硅片出货量达到 9826MSI，同比增长 8.3%，其中 12 寸硅片出货面积为 6124MSI，占硅片总量的 62.3%，比 2013 年增长 16.3%；8 寸硅片出货面积为 2545MSI，比 2013 年增长 5.3%；由于很多小尺寸晶圆厂关停，开工的企业也逐步转向专用集成电路产品生产，受终端市场影响，小尺寸晶圆厂多处于满产状态，虽然生产成本较大尺寸厂为高，但由于生产线多数已经折旧完，盈利仍较为客观。预计 6 寸以下小尺寸硅片将会在一段时间内保持相对稳定的市场份额。由于 12 寸晶圆厂建线速度加快，8 寸晶圆厂产能紧张，相应 12 寸和 8 寸硅片的市场需求也将好于往年。

据统计 2013 年全球硅片市场规模为 75 亿美元，连续两年呈现衰退的态势。但 2014 年全球硅片市场已经呈现回暖态势，全年市场规模将达到 77 亿美元，主要受发达国家汽车电子以及新兴国家中低端智能终端的强劲需求带动，以及 12 寸硅片结束连续两年下滑影响，日本厂商的产能利用率也几乎达到满产。半导体级硅片市场竞争格局逐渐趋于稳定，全球市场主要由日本信越、Sumco、德国世创、美国 Sunedison、韩国 LG 和中国台湾中美晶 6 家企业所掌控，其中前面四家为老牌硅片生产商，而后面两家为新晋企业，依托于该地区晶圆厂发展而兴起的，主要企业市场占有率如图 7-2 所示。

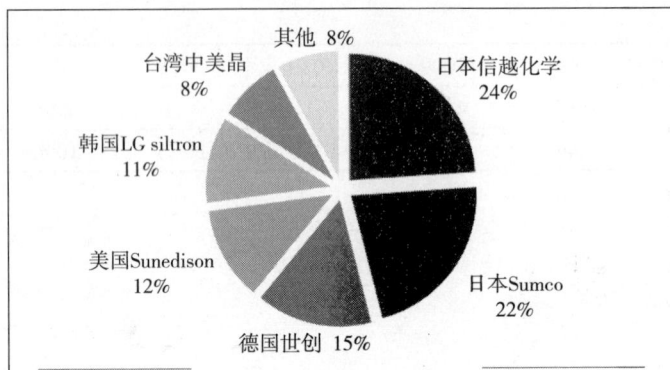

图7-2 2014年全球硅片企业市场占有率情况

数据来源：赛迪智库整理，2015年1月。

由于各厂商对于18寸晶圆厂仍保持谨慎态度，业界预期18寸晶圆世代的来临至少要在2018年甚至更晚的2020年。而根据12寸晶圆从2000年导入到2008年首超8寸晶圆用时8年来看，未来很长一段时间12寸晶圆仍将主导市场，所以其原材料12寸硅片也将继续主导市场。

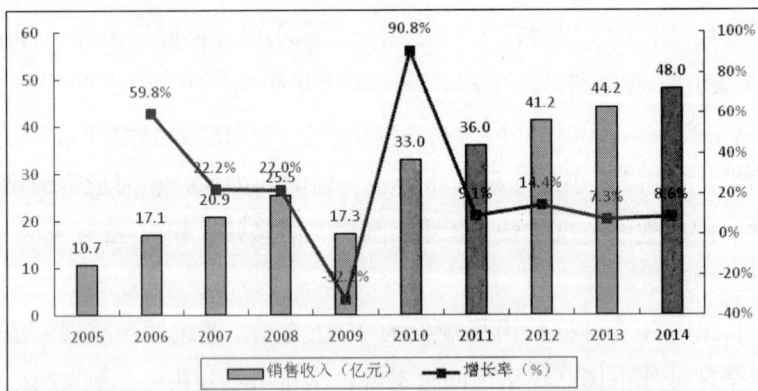

图7-3 2005—2015年中国半导体制造用硅材料市场需求

数据来源：ICMtic，2014年5月。

我国半导体制造用硅材料市场2013年的需求约为44亿元，预计2014年和2015年将分别达到48亿元和53亿元。

国内目前已经有多家企业从事半导体硅片生产，主要生产企业有天津中环、有研硅股、浙江金瑞泓（原宁波立立）、上海新傲、河北普兴、万向硅峰等。部分企业凭借其在半导体硅片领域的技术向太阳能级硅片延伸，成绩斐然，如天津中环目前太阳能级硅片产能已经达到近 2GW，产量也位居全球第三位，河北晶龙集团硅片产能也超过 1GW，产量位居全球前十。

根据中国半导体行业协会支撑业分会的统计，2013 年硅外延片产能约 52298 万平方英寸，SOI 硅片年产能约 77 万平方英寸，区熔硅单晶产能达到 210 吨。太阳能级硅片业务的发展也对半导体级硅片业务形成强大支撑。在具体企业产能方面，有研半导体在国家支持下开展了 300mm 硅单晶生长和硅片加工及外延技术开发，建有一条月产 1 万片 300mm 硅片试验线，工艺技术水平可以达到 90nm 集成电路技术要求。2014 年成立的上海新昇半导体科技有限公司计划与日本公司进行技术合作，建设 40nm—28nm 节点 300mm 抛光片生产线，2017 年达到 15 万片 / 月产能。有研半导体、浙江金瑞泓等拥有 200mm 硅片生产线，目前各形成 10 万片 / 月产能；南京国盛、上海新傲、河北普兴以及浙江金瑞泓等拥有 200mm 外延片生产能力，总产能约 15 片 / 月。国内 200mm 重掺衬底外延片已能够达到要求。

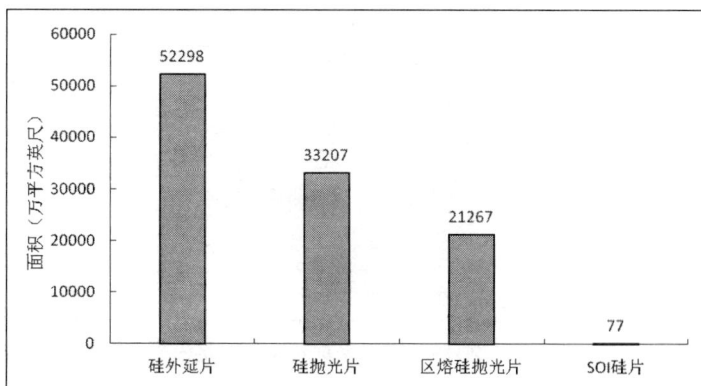

图7-4　2013年各种硅片的产能情况

数据来源：ICMtic，2014 年 5 月。

（二）光刻胶

在光刻胶产业方面，根据 SEMI 的统计数据，2013 年全球半导体用光刻胶市场达到 12.2 亿美元。其中，248nm 占 28%，193nm 等高档光刻胶占 44%，如图 7-5 所示。2014 年光刻胶市场超过 13 亿美元。随着 12 英寸先进技术节点生产线增多，多次曝光工艺的应用，193 浸没式光刻胶的需求量将快速增加，预计 2015 年将更上一个台阶，达到 14.5 亿美元。

在光刻胶市场竞争方面，主要以日本企业为主，包括住友化学、TOK、信越、JSR、FFEM，以及收购罗门哈斯（RohmandHaas）的陶氏化学等，韩国厂商主要是锦湖石油化学和东进化学，对海力士（Hynix）半导体，供应大量的 ArFDry 产品以及部分 ArFImmersion 产品。东进化学虽在 LCD 用产业光刻胶的供给比例较高，但在半导体领域仍只供应 KrF 以下等级部分产品。

在光刻胶的生产销售方面，日本的东京应化占全球 IC 市场的份额为 27%，合成橡胶占全球 IC 市场的份额为 16%，Sumitomo 占全球 IC 市场的份额为 9.8%；美国的 Shipley 公司占全球 IC 市场的份额为 21%，Arch 占全球 IC 市场的份额为 9.6%，Clariant 占全球 IC 市场的份额为 7%；另外韩国的锦湖石油、东进化学及我国台湾地区的长春及亚洲化学等公司也开始生产销售光刻胶。从发展的趋势看，G 线正胶的销售今后仍将占 50% 以上的份额，I 线正胶将占 40% 左右的市场份额，深紫外光刻胶将占约 10% 的市场份额，其它特种光刻胶约占 1% 左右的市场份额。

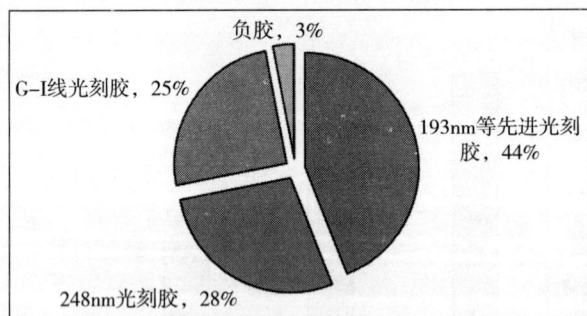

图7-5　2013年不同光刻胶种类市场份额

数据来源：ICMtic，2014 年 5 月。

我国对光刻胶及专用化学品的研究起步较晚，国家非常重视，从"六五"计划至今都一直将光刻胶列为国家高新技术计划、国家重大科技项目。尽管取得了一定成果，并有苏州瑞红电子化学品有限公司和北京科华微电子有限公司实现了部分品种半导体光刻胶的国产化，但技术水平仍与国际水平相差较大，生产光刻胶的原料光引发剂、光增感剂、光致产酸剂和光刻胶树脂等专用化学品是体现光刻胶性能的最重要原料，和光刻胶一样长期以来被国外公司垄断。光刻胶作为印制电路板、LCD 显示器、半导体的上游材料不能实现国产化,严重制约了我国微电子产业的发展。目前中国需要的绝大部分光刻胶都依赖进口或由外资企业在中国设立的工厂提供。至今光刻胶专用化学品仍主要被光刻胶生产大国日本、欧美的专业性公司所垄断。

从国内相关产业对光刻胶的需求量来看,目前主要还是以紫外光刻胶的用量为主,主要用于集成电路、液晶显示与 LED。但是超大规模集成电路深紫外 248nm(0.18—0.13um 技术)与 193nm(90nm、65nm 及 45nm 的技术)光刻胶随着 Intel 大连等数条大尺寸线的建立,需求量也与日俱增。我国半导体制造用光刻胶市场预计 2014 年和 2015 年将分别达到 12.28 亿元和 14.59 亿元。在 28nm 生产线产能尚未得到释放之前,248nm 光刻胶仍是市场主流。

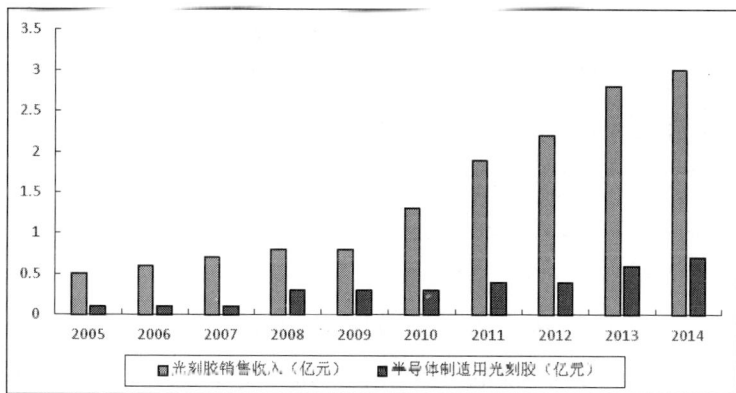

图7-6 2005—2014年光刻胶销售收入情况

数据来源:ICMtic,2014 年 5 月。

虽然国内市场需求较大,但是我国光刻胶散、小、弱的现象并未改观,国内企业远未能满足国内市场需求。根据中国半导体行业协会支撑业分会统计数据,2013 年我国光刻胶企业销售收入约为 2.8 亿元,同比增长 26%,2009—2013 年复合增长率约为 37%,其中半导体制造用的光刻胶销售收入为 0.62 亿元,仅占光刻胶市场的 43%。

国内从事光刻胶研发和生产的单位主要有北京科华微电子材料有限公司和苏州瑞红电子化学品有限公司,近年来潍坊星泰克也进入到这个行业。北京科华主要产品为紫外负性光刻胶及配套试剂、紫外正性光刻胶(G、I 线)及配套试剂。在 02 专项扶持下建成了 248nm 光刻胶研发平台和中试生产线,产品已通过国内先进工艺节点考核并开始形成商业销售。公司 I 线光刻胶也在 6 英寸以下集成电路生产线和 LED 行业取得良好的市场业绩。苏州瑞红电子化学品有限公司主要产品为紫外负性光刻胶及配套试剂、G 线光刻胶及配套试剂、TN-STN 光刻胶等，I 线光刻胶产业化技术开发和生产能力建设正在进行当中。

（三）高纯化学试剂

在高纯化学试剂产业方面，超净高纯试剂包括无机酸类、无机碱类、有机溶剂类和其他类，用于湿法清洗剂、光刻胶配套试剂、湿法蚀刻剂和掺杂以及芯片铜互连电镀，是集成电路、分立器件、平板显示、太阳能电池等制造用关键材料。2014 年全球半导体制造用高纯化学试剂市场将达到 26.9 亿美元，同比增长 11.1%。预计 2015 年将达到 28 亿美元。

目前，国际上从事高纯试剂研究的企业主要有德国 E.Merck 公司，该公司高纯化学试剂约占全球市场份额的 36%，美国的 Ashland 公司，约占据全球市场份额的 25%。还有美国 Arch 公司和 Mallinckradt Baker 公司、日本 Wako 公司和 Sumitomo 公司等，这些企业也占据全球较大市场份额，此外，还有日本住友合成、三菱、德川，我国台湾地区主要有台湾 Merk、长春、中华、友发，韩国主要有东友、东进和 Samyoung 等。

我国半导体制造用高纯试剂市场规模 2014 年约为 23.5 亿元，同比增长 16.3%，预计 2015 年将继续保持增长势头，市场规模将达到 27.4 亿元。生产超净高纯试剂的企业主要有浙江凯圣氟化学有限公司、多氟多化工股份有限公司、

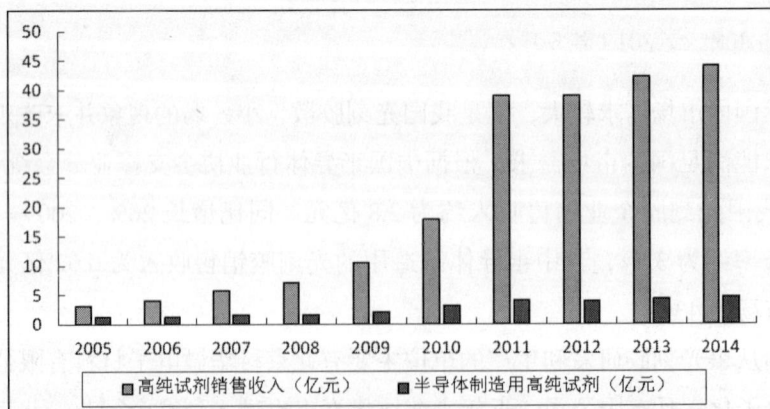

图7-8　2005—2014年我国高纯试剂企业销售收入情况

数据来源：ICMtic，2014 年 5 月。

贵州威顿晶磷电子材料有限公司、杭州格林达化学有限公司、湖北兴福电子材料有限公司、江阴江化微电子材料股份有限公司、江阴润玛电子材料股份有限公司、江阴市化学试剂厂有限公司、昆山艾森半导体材料有限公司、上海华谊微电子材料有限公司、上海新阳半导体材料股份有限公司、苏州晶瑞化学有限公司等。在众多工艺化学品企业中，上海新阳开发的电镀硫酸铜及添加剂在8英寸—12英寸铜制程中获得应用，湖北兴福电子材料有限公司磷酸、浙江凯圣氟化学有限公司氢氟酸等也都在8英寸—12英寸工艺认证中取得较好效果，即将投入量产应用。

（四）电子气体

超高纯气态或液态的化学品电子材料，被称为泛半导体产业的"血液"。气态产品通称"电子气体"，主要应用于沉积、掺杂、刻蚀、扩散、溅射和保护等半导体工艺制程。半导体工艺制程对电子气体纯度和品质有严格要求，目前国内半导体市场电子气体的供应主要依赖于普莱克斯、林德、法国液化空气以及大洋日酸等国外跨国巨头。这些国外气体公司经过多年的研发、生产和技术积累，在电子气体产品领域具有明显的领先优势并形成相当程度的垄断。根据SEMI统计数据，2013年全球半导体用电子气市场规模约为33.2亿美元，随着2014年先进工艺节点在半导体制造中所占比例的增加，薄膜和刻蚀工艺环节也相应增多，对电子气体和源的需求增长也较快，2014年全球电子气市场规模达到36亿美元，预计2015年仍将保持增长势头，市场规模将超过37亿美元。

2014年，我国半导体制造用电子气体市场达到28亿元，预计2015年将达到33亿元。国内从事高纯电子气体生产的主要企业有中国船舶重工集团公司第七一八研究所、苏州金宏气体股份有限公司、大连保税区科利德化工科技开发有限公司、佛山市华特气体有限公司、江苏南大光电材料股份有限公司、黎明化工研究设计院有限责任公司、中昊光明化工研究设计院有限公司、绿菱电子材料（天津）有限公司、南京特种气体厂有限公司、南京亚格泰新能源材料有限公司、北京华宇同方化工科技开发有限公司等十几家企业。经过多年的努力，我国电子气体行业已改变了高端集成电路制造用电子气体完全依赖进口的局面。中国船舶重工集团公司第七一八研究所、佛山市华特气体有限公司等单位的NF_3、WF_6、C_2F_6等部分气体品种已大批量应用于国内8英寸、12英寸集成电路生产线；多家气体公司的产品在LED及平板显示行业也有不俗表现。

（五）CMP 抛光材料

在 CMP 抛光材料产业方面，化学机械抛平坦化（CMP）是集成电路生产工艺的重要组成部分。随着器件特征尺寸的不断减小，对 CMP 技术在抛光缺陷、抛光工艺可控性、一致性等方面提出了更高的要求。CMP 抛光材料包括浅沟槽隔离、多晶硅、二氧化硅介电层、钨、铜、阻挡层用抛光液和抛光垫（Pad）和修整盘等。2014 年，全球半导体用 CMP 抛光材料总体市场需求达到 16 亿美元，预计 2015 年将达到 17 亿美元。而我国市场需求有望达到 15.3 亿元和 18.2 亿元。安集微电子(上海)有限公司是我国从事集成电路用 CMP 抛光液业务的主要企业，公司生产的铜 / 铜阻挡层抛光液已成功进入国内外 12 英寸客户芯片生产线使用，主要产品已经进入领先的技术节点，包括 45nm、40nm 及以下技术节点，产品性能达到国际领先水平，并具有成本优势，打破了国外厂商在高端集成电路制造抛光材料领域的垄断。上海新安纳在抛光液用磨料和存储器抛光液等产品开发方面取得较好进展。

（六）靶材

在靶材产业方面，溅射靶材作为集成电路芯片及器件制造过程中重要的配套材料之一，主要用于金属化工艺中互连线、阻挡层、通孔、背面金属化层等薄膜的制备。使用的靶材原材料主要有超高纯铝及其合金，铜、钛、钽、钨、钨钛合金以及镍及合金，钴、金、银、铂及合金等。对于 ITO 靶材，我国一直处于技术弱势地位，国际高端 ITO 靶材由 JX 日矿日石金属、日本三井矿业、日本东曹、韩国三星、德国及美国的少数几家公司所垄断。其中日本日矿和三井两家企业几乎占据了高端 TFT-LCD 市场用 ITO 靶材的全部份额和大部分的触摸屏面板市场，每家年供应量据称达到 600 吨以上。

预计 2014 年和 2015 年全球半导体制造用靶材市场需求将达到 6.5 亿美元和 6.8 亿美元，国内靶材市场将分别达到 6.14 亿元和 7.29 亿元。宁波江丰电子材料有限公司是目前国内最大的半导体用靶材生产企业，公司生产的 8—12 英寸半导体制造铝、钛、铜、钽靶材已批量进入国际主流半导体制造企业。有研亿金新材料股份有限公司 8 英寸半导体制造靶材也开始进入市场。

三、存在问题

经过多年的发展，尽管我国半导体材料产业已经取得长足进步，在多个细分领域实现进口替代，但是与国外领先国家相比，差距仍然较大。

（一）产品同质化严重，存在低水平重复竞争

由于知识产权保护不力，国内企业在硅材料、工艺化学品、特种电子气体企业等同类产品的产能重置现象非常严重，产品同质化程度较高，使得企业之间的竞争多数由价格战来实现，导致恶性竞争，各公司都未能从这些产品生产中获得长期回报，更无力积蓄长期发展所需的资金和技术，最终使企业长远利益受到伤害。

（二）总体产业规模小，产品档次偏低

虽然近年来半导体制造材料产业产品销售收入持续增长，企业经营规模不断扩大，但是集成电路制造用材料在总的产品销售收入中所占比例仍较低，且集中于6英寸以下集成电路生产所需材料的供应，只有少部分材料企业开始打入国内8英寸、12英寸制造厂，要打破高端集成电路制造用关键材料主要依赖进口的局面尚需时日。

（三）供应链不完善，产业发展存在瓶颈

纯度为11—13N的半导体级高纯多晶硅、大尺寸高石英坩埚和石墨热场、高档光刻胶用成膜树脂、高端靶材用超高纯金属等都严重依赖进口。从一定意义上讲，控制了超高纯原料的技术和渠道也就掌握了集成电路制造用材料的竞争格局。我国集成电路制造材料业只有补上超高纯原料提纯净化这个产业链上的关键环节，才能打造具有市场竞争力的集成电路材料产业，并摆脱核心环节受制于人的局面。

（四）产业创新要素积累不足

产业从业人员结构中高学历和高技能人才比例过低，研发投入和产业发展投入严重不足。2005年至2013年间的数据对比表明，国内半导体材料行业总体研发投入相当于同期日本信越一家公司研发投入的22.6%。国内半导体材料行业总体产业发展投入也仅相当于其资本支出的8.2%。亟待有关方面给予半导体材料产业更多关注和支持。

四、发展建议

（一）提高本地化配套率，营造良好发展环境

经过多年发展，国内集成电路产业链雏形已形成，部分集成电路制造企业在试用国产材料方面发挥了重要的扶持作用。但是，还需要研究制定普惠政策并采取切实措施，如建立国产集成电路材料应用保险基金，降低集成电路企业使用国产材料承担的风险，促进全行业多用、快用国产材料，形成全行业重视国内产业链、优先选择国内材料供应商协同发展的良性局面，为集成电路材料产业发展创造必要的市场环境。

（二）自主创新与国际合作并重

通过市场竞争选择具有技术、团队、管理、资金等综合优势，且公司战略与国家目标契和的企业作为种子公司，通过市场机制引导国内优势产业资源整合，解决目前产业规模小、经营同质化问题。同时，利用全球集成电路产业链变革时机，引导企业实施海外并购，快速做大企业规模。

（三）集中资源扶持龙头企业

加强国家相关部门和产业组织合作与协同，将集成电路材料领域的科技和产业扶持资金重点投向龙头企业，并依托龙头企业构建产学研合作平台，提高产业技术创新能力。

（四）国家应加大政策的资金支持力度

目前由国外进口的半导体制造用材料进口关税和其他费率大多采用低税率或退税免税政策，而国内企业的产品出口则采用工业品对应目录的相关税率，仅此一项就使国内企业产品比国外同类产品成本升高5%—15%，直接导致市场竞争力的下降。希望相关部门针对半导体制造用材料设立专门的关税名录，并结合国内产业发展现状适时调整税费，使国内企业与国外企业享受公平的税费政策。同时，要加大对半导体材料产业技术开发和产业发展的资金投入。

区域篇

第八章　环渤海地区

第一节　北京市半导体产业发展状况

自《国务院关于印发鼓励软件产业和集成电路产业发展若干政策的通知》(国发〔2000〕18号文)颁布以来，北京集成电路产业进入了快速发展阶段，已形成了以设计为龙头、以制造为支撑，包括封装、测试、材料、装备等各个环节较为完整的产业链，中关村地区、北京经济技术开发区、八大处工业园和林河工业开发区等四大产业集聚区已初具规模。作为我国重要的半导体产业基地之一，北京经受住了2008年金融危机的考验，产业规模和技术水平在全国继续占据着举足轻重的地位，特别是设计业，仍旧保持着明显的优势。

截止到2014年北京地区的集成电路企业已达150余家。集成电路设计企业140余家，其中通过工业和信息化部（简称"工信部"）集成电路设计企业认定的企业有85家。从业人员超过三万人，其中技术人员约为一万八千多人，占到从业人员总数的60%以上。在集成电路设计行业内具有大专及以上学历者占92%，其中具有本科学历者占46%；具有硕士学历者占31%；具有博士学历者占3%。发展集成电路产业已成为北京发挥资源优势、调整产业结构、转变经济发展方式、实现创新驱动发展的战略选择。

一、产业总量快速增长

2000年至2012年，北京集成电路产业的销售收入年均增长20%，2012年销售收入达到286.49亿元，比2006年销售收入168.91亿元增长了244%，集成电路产量超过100亿块。2006—2012年，北京集成电路产业纳税总额超过45亿元。

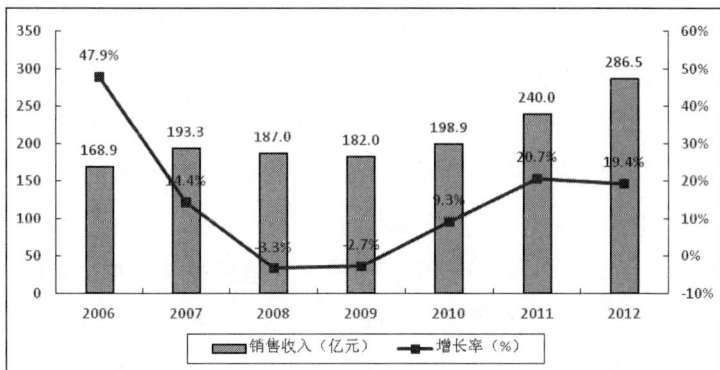

图8-1 2006—2012年北京集成电路销售收入及增长率

数据来源：北京半导体行业协会，2013年5月。

二、重点企业发展良好

近年来，北京集成电路产业在技术研发、集成电路设计、芯片制造、封装测试、设备和材料方面都具备了较强的基础和竞争力，已培养了一批国内领先的重点企业。2012年，销售收入超过10亿元的企业有8家，超过1亿元的有34家，与2011年相比过亿元企业增加了2家。另外，过亿元企业销售收入之和达到272.08亿元，占到北京全行业总销售收入的94.97%。

三、产业链日趋完善

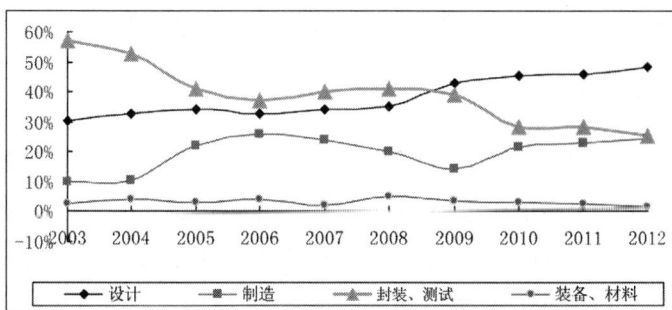

图8-2 2006—2012年北京集成电路产业各环节销售收入占比图

数据来源：北京半导体行业协会，2013年5月。

北京目前已形成了以设计为龙头、制造为支撑，包括封装、测试、材料、装备等各个环节较为完整的产业链，设计、封装测试、制造、装备材料占产业总量的比重分别为 48.34%，25.52%，24.61%，1.53%。产业结构日趋合理，确立了北京在全国集成电路产业中的重要地位。

设计业成为行业风向标。十年来北京集成电路设计企业的销售收入年均增长 20.68%，2012 年集成电路设计企业实现销售收入 138.48 亿元，同比增长了 25.64%，近八年来一直占全国销售收入的 1/4 以上。2012 年利润总额达到 12.60 亿元，同比上升了 10.6%。面向 CPU、智能卡、微控制器、数字多媒体、移动基带芯片、电源管理等多个新兴领域，北京拥有一批国内一流的集成电路设计企业，其中销售收入过亿元的设计企业有 23 家，占北京设计业销售收入的 87.02%。其中，全国前十大集成电路设计公司中有 3 家为北京企业。中国华大、大唐微电子等均连续多年入选国家十大集成电路设计企业，其中中国华大集成电路设计集团有限公司更是连续六年入围全国 10 大集成电路设计企业名单。

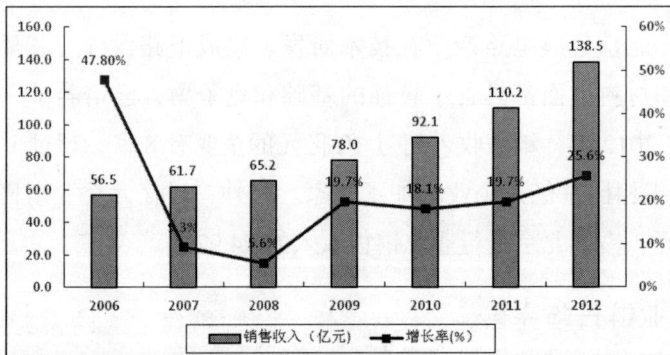

图8-3　2006—2012年北京集成电路设计企业销售收入及增长率

数据来源：北京半导体行业协会，2013 年 5 月。

制造业工艺水平国内领先，占领国内制造高端环节。北京共有中芯国际、首钢日电和燕东电子 3 家集成电路制造企业，2006—2012 年，北京集成电路制造企业的销售收入年均增长 40.37%，2012 年集成电路制造业销售收入近 80 亿元。"十一五"期间，中芯国际北京公司在国家 02 专项的支持下，提前 1.5 年实现自主的 65nm 集成电路制造工艺批量生产。2000 年，我国集成电路制造水平与国际先进水平的差距大约为 4—5 代，2009 年下半年，随着中芯国际实现 65nm 工艺技术量产，我国集成电路制造水平与国际先进水平的差距缩短至 1.5 代。中芯国际是全球第四大集成电路代工企业，目前中芯国际北京公司的生产能力已提升到 3.8 万片 / 月。目前，中芯国际已启动建设总投资 35.9 亿美元的北京二期项目第一阶段。中芯国际北京二期项目总投资72亿美元，分两个阶段实施，建成后中芯国际北京生产基地的总产能将突破10万片/月，生产制造工艺也将由目前的65/55nm提升至32/28nm—22/20nm，基本与世界先进水平同步。

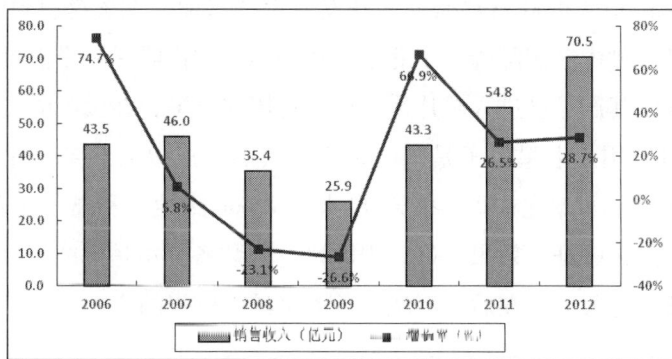

图8-4　2006—2012年北京集成电路制造企业销售收入及增长率

数据来源：北京半导体行业协会，2013年5月。

封装测试业发展初具规模。2006—2012年，北京集成电路封装测试企业的销售收入年均增长8%，2012年集成电路封装测试业销售收入近80亿元。拥有威讯半导体、瑞萨半导体等国际著名的封装测试企业。多年来，两家集成电路封测企业稳居国内十大封装测试企业，其中威讯半导体一直是国内第二大集成电路封测企业，但这两家企业均属于内部配套，只对母公司进行产业支撑，并不与北京本土企业形成产业配套。国有企业中的确安科技、772所等规模较小的封测企业正在快速发展中。

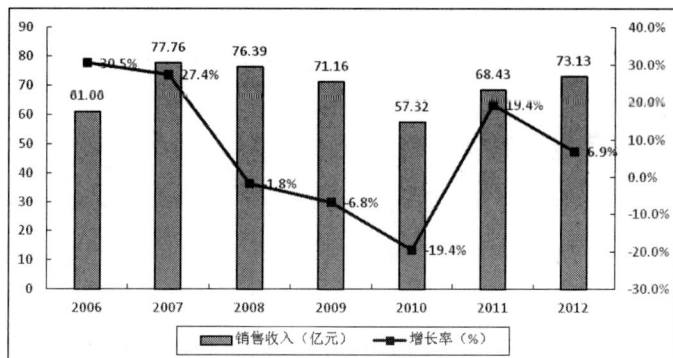

图8-5　2006—2012年北京集成电路封装和测试企业销售收入及增长率

数据来源：北京半导体行业协会，2013年5月。

装备材料业创新成果显著。2006—2012年，北京集成电路装备材料企业的销售收入年均增长6.04%。2012年集成电路材料企业销售收入4.39亿元，受全球经济增速放缓影响，半导体材料需求疲软，销售收入与2013年相比有所下降。有研硅股是国内最大的硅材料研究、开发、生产基地，在关键材料方面，其12英寸抛光片已通过中芯国际验证；北京科华公司是国内唯一一个能批量生产光刻胶产品的企业，其产品已进入芯片代工厂进行用户验证，在太阳能光伏、LED等领域获得批量应用；七星电子是国内首个上市的集成电路装备企业；北方微电子公司和中科信公司率先在国内实现12英寸65nm刻蚀机和离子注入机的突破，已经进入大生产线验证，效果良好。中电科电子装备公司是国内主要的半导体封装设备制造商，清大天达在后端清洗装备上也具有较强的实力。

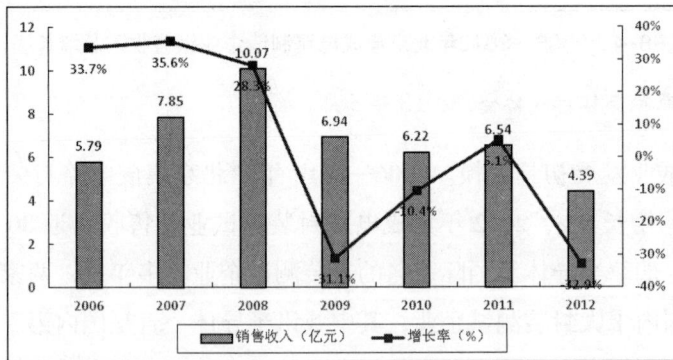

图8-6　2006—2012年北京集成电路材料设备企业销售收入及增长率

数据来源：北京半导体行业协会，2013年5月。

第二节　天津市集成电路产业发展状况

一、半导体产业发展

天津地处环渤海地区，其滨海新区的开发开放给半导体产业带来了极大发展机遇。天津正在大力培育移动互联网、三网融合、物联网、新能源汽车、节能环保、高端装备为代表的战略性新兴产业，上述产业将成为继天津市计算机、网络通信、消费电子之后推动半导体集成电路产业发展的新动力。

（一）企业数量

截止到 2012 年底，天津市半导体产业共有企业 75 家，其中集成电路设计企业 46 家、芯片加工制造企业 3 家、封装测试企业 7 家、器件制造企业 7 家、设备制造企业 2 家、材料业 10 家。其中，获得国家认定集成电路设计企业 11 家，获得国家集成电路制造企业认定 4 家。

（二）从业人员

表 8-1　2012 年天津市半导体产业从业人员

从业人员总数人	其中						设计人员数量：人
	本科：人	%	硕士：人	%	博士：人	%	
9801	1892	19.30	701	7.15	63	0.64	873

数据来源：网络相关资料，天津市半导体行业协会整理，2013 年 5 月。

（三）销售规模

表 8-2　2012 年天津市半导体产业销售额　　　　　　（单位：万元）

总销售额	集成电路三业				其他		
	总计	设计	制造	封测	器件	材料	设备
2153838.08	992212.08	179829.11	161633.97	650709	1029622.40	129003.6	3000

数据来源：天津市半导体行业协会，2013 年 5 月。

二、产业结构

（一）地区产业结构

天津市集成电路产业链格局日渐完善，集成电路产业的集成电路设计、晶圆制造、封装测试业，以及支撑配套业取得了很大发展。展讯、唯捷、艾尔瓦特、双竞科技、瑞发科、强芯、峰景等集成电路设计企业产品涉及多个领域，技术开发实力不断提高；中芯国际 8 英寸工艺线和中环半导体 6 英寸生产线，以及飞思卡尔半导体等使天津具有了晶圆加工和半导体封装、测试产业发展基础。2012 年集成电路设计产业同比增长 205.9%，销售额实现 18 亿元。

2012 年，天津市集成电路设计企业数量占集成电路产业的 82.1%，销售额占集成电路产业的 18.1%。集成电路设计、制造、封测三业企业数量占半导体产业企业数量 74.7%，三业销售额占半导体产业销售总额的 46.1%。

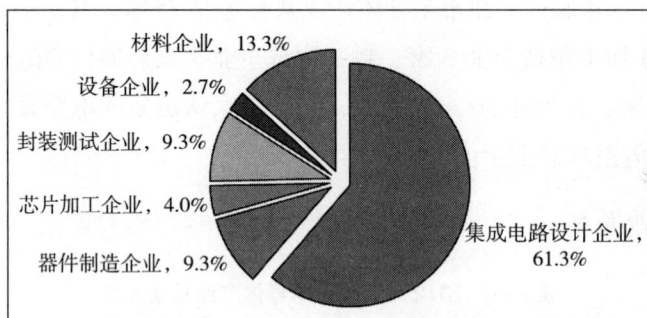

图8-7　天津市半导体产业结构比例（按2012年企业数量）

数据来源：天津市半导体行业协会，2013 年 5 月。

（二）产业布局

天津市半导体产业领域拥有国家现代服务业集成电路设计产业化基地一个，该基地总部坐落于天津滨海高新区，下设三个分基地，为全市中小型集成电路企业提供全方位服务，带动了天津市相关产业的快速发展。天津的半导体产业链涉及设备、材料、设计、制造、封测、系统集成应用等各个环节，企业主要分布在滨海新区。聚集了一批"千人计划"专家为带头人的创新团队。天津集成电路设计业快速发展，2011 年和 2012 年，设计业销售额快速增长。在材料方面，天津中环半导体股份有限公司生产的区熔硅单晶、太阳能多晶硅等半导体材料产销规模处于全国同行前列；以罗姆、西迪斯代表的分立器件具有国际先进水平；而在半导体设备制造方面新组建的华海清科公司所设计的半导体抛光机填补了国内空白。

天津半导体行业企业中外资独资企业有 15 家，占总数量的 20%。其中集成电路设计企业 3 家，均为 2012 年注册；4 家为器件制造企业，5 家为材料装备企业。

三、重点产品与重点企业

天津集成电路设计企业提供的产品已经涉足到国产嵌入式 CPU、移动互联网、消费电子、汽车电子、医疗电子、工业控制、电源控制、计算机外围设备、多媒体视听、安防监控、RFID、触摸屏驱动、高速传输、高端图像传感、MEMS-IC、射频电路设计、功率器件设计等产业集群。展讯天津公司的 TD-LTE 和智能手机电路、天津国芯的国产嵌入式 CPU、天津晶奇微电子的高端 CMOS 图像传感器、天津瑞发科的高速传输等产品属国内先进行列，设计的桥接控制器芯片是国内唯一通过 USBIF USB3.0 认证的芯片，具有很好的市场竞争力。天津慧微、晶奇微电子自主研发的 CMOS 图像传感器获得最具潜力的中国芯称号，并已成功投产；天津中环半导体股份有限公司是一家集科研、生产、经营、创投于一体的国有控股高新技术企业，拥有独特的半导体材料－节能型半导体器件和新能源材料－高效光伏电站等产业链产品。公司区熔硅单晶、太阳能多晶硅等半导体材料产销规模处于全国同行前列。

天津市未来 5—10 年发展集成电路产业的总体定位是：中国北方集成电路产业技术创新基地，国家重要的集成电路设计产业引领示范区。

第三节　山东省集成电路产业发展状况

一、产业情况

（一）产业结构

近年来，山东省集成电路产业在政府引导和市场驱动下，以消费电子、通信、计算机、工业控制、汽车电子、信息安全、各类智能卡等领域为重点，形成了较强集成电路设计能力。逐步集结了一批有技术、有规模、有品牌的企业和研发中心，如海尔、海信、浪潮、山大、哈工大威海国际微电子中心、山东欧龙、滨州芯科、华辰泰尔、神思电子等。其中，华芯半导体是国内为数不多的拥有 DRAM 设计能力的企业，其 DRAM 芯片的设计水平在国内位居前茅。概伦电子也是我国仅有的几家 EDA 工具开发商。海信"信芯"、海尔解码芯片、浪潮税控收款机 SoC 芯片等具有自主知识产权，并已大批量生产。也集聚了一批专业从事集成电路设计的企事业单位及水平较高的专业人才队伍。

集成电路封装测试和制造产业开始起步。山东山铝电子技术有限公司、淄博凯胜电子技术有限公司等集成电路封装能力超过 7 亿块；淄博美林电子有限公司、济南晶恒有限责任公司在二极管芯片制造及封装测试已形成专业优势；日月光半导体（威海）有限公司在家电、汽车电子半导体封装测试领域将形成较大的产业规模。2011 年山东首条高端集成电路封装测试线在济南高新区奠基；浪潮集团的山东省高端集成电路产业园于 2012 年开始建设，在国家信息安全驱动和市场去 IOE 大背景下，产业园正在吸引一批集成电路项目落地，也将带动地区集成电路产业快速形成产业集聚。

集成电路制造配套材料研发和生产具有一定优势。山东省根据地区资源优势，通过产业转型升级引导等，逐步涌现出一批从事集成电路专用金丝、硅铝丝、框架、封装材料、硅单晶材料、电解铜箔及覆铜板等配套材料生产的企业。贺利氏（招远）贵金属材料有限公司是国内最大的键合金丝生产企业，占国内市场的大部分份额，烟台招金励福也是国内重要的键合丝供应商之一。招远金宝电子有限公司铜箔和覆铜板产能、品质及市场占有率均位居行业前列。电子陶瓷基片达到国际领先水平，半导体级硅片生产能力也不断提升，目前正向 6—8 英寸发展。济南、济宁、潍坊、临沂、枣庄等地集成电路框架、插座、塑封材料、电子级硅晶体材料生产已形成一定基础。

（二）产业布局与产业链

山东省鼓励有条件的地区或产业开发区、软件园区发展集成电路产业，重点推动完善济南、青岛两地集成电路基地建设。特别是通过国家信息通信国际创新园以及国家集成电路设计济南产业化基地的建设，形成了以济南集成电路设计和高端制造为核心，横向联合淄博、潍坊、青岛等城市辐射全省，集聚优势资源，发挥传统优势，形成设计、封测、器件、材料分区域重点发展，带动济南高端制造业发展的产业布局。

（三）产业链上、下游联动情况

山东发展集成电路产业已经基本形成以应用为带动的产业格局。山东省拥有海尔、海信等重点企业，计算机、通信、消费电子产业规模居国内前列，空调、洗衣机、电冰箱、厨房电器产量居全国第一位，这些都为集成电路产业发展提供了巨大需求。机械工业、汽车工业、船舶工业也进入新的发展阶段，以及各类工业控制系统、数字化仪表、信息化系统也都为集成电路产业发展提供了广阔的发展空间。通过建立产业联盟，促进系统整机与芯片设计、生产相结合。针对下一代网络（NGN）、新一代移动通信、数字高清电视（HDTV）、汽车电子、平板显示等重大领域，以及传统产业改造等各应用领域，建立由整机系统制造商、集成电路设计企业和相关高等院校及研究机构组成产业战略联盟，整合产业链和供应链的相关资源，实现共同发展。

二、重点产品与重点企业

山东华芯自主研发的 65nm 存储器成为我国首款具有自主知识产权的产品。EDA 软件开发企业济南概伦电子落户济南，使山东省产业链进一步延伸，为其集成电路设计产业发展提供了有力的技术支持。并在济南建设先进水平的半导体存储器工程中心和规模化封测生产基地。淄博 IC 卡封装测试形成集成电路芯片测试 3 亿颗，RFID 电子标签 8000 万枚的生产能力。东营科达半导体有限公司、威海新佳电子有限公司等一批电力电子生产企业在绝缘栅双极晶体管（IGBT）、金属氧化物场效应管（MOSFET）、快速恢复二极管（FRD）等功率半导体封装测试和生产领域形成优势，部分产品打破国外垄断。贺利氏（招远）贵金属材料有限公司是国内最大的键合金丝生产企业，占国内市场的大部分份额。招远金宝电子有限公司铜箔和覆铜板产能、品质及市场占有率均位居行业前三位。

第四节　大连市集成电路产业发展状况

大连市半导体产业起步于 20 世纪 60 年代，经历了兴起期、淀积期。进入 21 世纪后，大连市立足当地产业基础，根据大连产业结构调整升级的需要，顺应世界产业发展、转移的趋势，把集成电路列入重点支持和扶植的产业，并致力于改善投资的软、硬环境。2003 年，提出了"以集成电路设计业为突破口，以集成电路教育业为辅助，带动集成电路制造封装乃至 IT 产业整体发展"的战略方针，成立了以市长为组长的市集成电路领导小组。2004 年，设立了集成电路设计产业化专项资金，用于扶持集成电路设计企业发展。2005 年，市委、市政府集中全市 50 多个部门的力量，启动了 Intel 来大连战略投资引进工作。2007 年 3 月，总投资 25 亿美元的 Intel 芯片项目落户大连。2010 年 10 月，Intel 项目正式投产，带动和吸引了美国摩西湖化学公司、法国液化空气集团、BOC 联华气体、美国花旗银行等 30 多家世界上知名的半导体配套和服务企业来大连投资，使大连市半导体产业基础和配套优势不断增强，在全球半导体产业界的名声不断提高，成为投资和关注的热点。市委、市政府审时度势，明确提出了建设世界级集成电路产业基地的目标，推动半导体产业逐渐步入健康、持续、快速的发展轨道，对促进全市产业升级和结构调整起到了积极的作用。

目前，大连市共有 100 家半导体生产及配套企业，业务涵盖集成电路制造、集成电路设计、半导体光电子、半导体光伏、半导体设备和材料五大领域，半导体产业集群不断扩大，产业链条逐步完善，自主创新能力日益提高。2012 年，全行业实现销售收入近 150 亿元。从业人员超过 1 万人，毕业及在校的硕士、本科、大专学生达到 2 千人，还有半导体及相关领域科研机构若干家，在半导体产业人才培养和供应上具备了一定的优势。"十五"以来，半导体行业先后获得国家和省科技进步奖 6 个，行业创新奖 8 个，多个项目获得国家重点科技专项和重大项目支持，涌现了一批高水平、高技术、高成长性、具有自主创新能力的企业。

第九章　长江三角洲地区

第一节　整体发展情况

　　长江三角洲地区是国内最重要的集成电路研发和生产基地，产业主要集中在上海、无锡、苏州等地。目前长三角地区半导体产值接近全国份额的70%，国内55%的集成电路制造企业、80%的封装测试企业以及近50%的集成电路设计企业集中在该地区，在芯片制造、芯片封测领域制程技术方面遥遥领先其他区域，也是全国集成电路产业链布局最完整的地区。

　　在集成电路设计领域，长三角地区围绕手机核心芯片形成了较完善的产业链，在手机基带芯片、射频芯片、摄像头 CMOS 传感器、SIM 卡、音频、背光、电池等各类驱动电路领域均具有全国领先的设计开发能力。此外，长三角地区在数字电视芯片、模拟电视接收芯片领域也具有传统优势，在集成电路设计服务方面培育了芯原这样实力突出的 IC 设计服务企业。

　　在集成电路制造领域，长三角地区是全国规模最大和工艺最先进的产能集中区，聚集了中芯国际、台积电、华虹宏力、上海先进半导体等大量制造企业。我国首条国有控股12英寸线，"909"工程升级改造项目华力微电子在2011年4月实现试产；上海新进半导体在美国纳斯达克成功上市，融资8600万美元；中芯国际与灿坤半导体、新思半导体合作，一次性成功流片灿芯自主研发的40nm芯片，显示了中芯国际40nm先进工艺平台已具备支持尖端设计项目的能力。

　　在封装测试领域，长三角地区形成了以苏州为中心，全方位发展的集成电路芯片封装测试基地。作为国内最早对外开放的地区之一，一大批国际半导体企业在苏州投资落户。除外资、合资企业外，江苏长电科技股份有限公司、南通富士通微电子股份有限公司、无锡华润安盛科技有限公司等在高端封装测试技术方面不断取得突破。苏州市也借此逐步发展成为目前国内规模最大的集成电路芯片封装测试业重镇。

第二节　上海市集成电路产业发展状况

在国务院一系列鼓励产业发展政策和上海市人民政府各项配套政策推动下，近年来，上海集成电路产业取得了快速发展，产业规模、技术水平、研究开发、产业链建设都取得了很大成绩。2014年销售额继续保持增长，先进的设计、制造技术推进到28nm，先进封装测试渐成主流，高端装备和关键材料的研发成果不断涌现。上海保持着我国集成电路主要产业基地之一的地位。

一、产业整体情况

2006—2014年上海集成电路产业销售规模及增长率如图9-1所示。可见，上海集成电路产业在经历了2008—2009年连续两年世界金融危机和2011—2012年连续两年世界经济增长乏力的严峻考验后，2013—2014年后随着世界经济回暖和全球半导体市场温回升，又进入了稳定、持续、较快发展的新阶段。根据上海市集成电路行业统计网（SICS）的统计，2014年上海集成电路产业预计实现销售收入821.6亿元，比2013年增长12.5%。

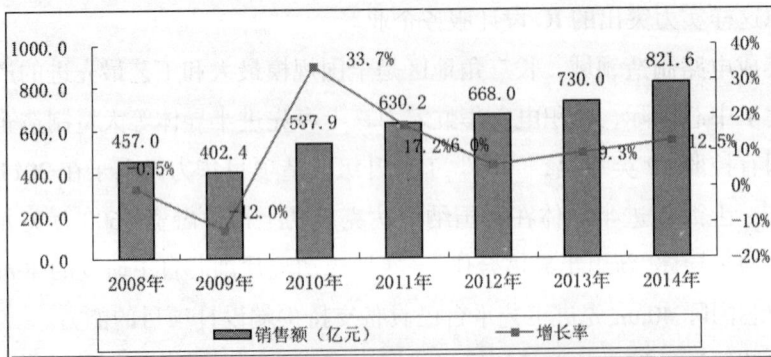

图9-1　2008—2014年上海集成电路产业销售规模和增长率

数据来源：上海集成电路行业统计网，赛迪智库整理，2014年3月。

就上海集成电路产业链各环节而言，设计业发展最快，近几年都有两位数的上升，2014年增长14.7%。芯片制造业稳中趋好，2013年后全面好转，2014年晶圆代工市场稳步抬升，芯片制造中的高阶制程和特色工艺都有不同程度扩产，预计全年实现同比增长22.6%。封装测试业的增长幅度有所好转，先进封装测试形式逐步替代传统封装测试形式，预计2014年增长5.0%，比2013年提升了4.5个百分点。近几年发展起来的上海集成电路设备材料业专业性很强，无论设备还是材料都集中为集成电路产业配套，相关企业的国家科技重大专项研制及产业化成果走向成熟，先进装备和关键材料陆续投放市场，预计2014年同比增长15.9%。

表9-1　2012—2014年上海集成电路产业各行业销售收入及增长率

行业	2014年F		2013年		2012年	
	销售额（亿元）	增长率	销售额（亿元）	增长率	销售额（亿元）	增长率
设计业	240.9	14.7%	210.0	22.8%	171.2	14.5%
芯片制造业	186.2	22.6%	151.9	12.9%	134.6	5.3%
封装测试业	310.1	5.0%	295.3	0.5%	293.9	2.4%
设备材料业	84.4	15.9%	72.8	6.6%	68.3	3.6%
合计	821.6	12.5%	730.0	9.3%	668.0	6.0%

数据来源：上海集成电路行业协会统计网，赛迪智库整理，2015年3月。

二、产业结构情况

近几年来，上海集成电路产业发展体现出设计业、芯片制造业、封装测试业、设备材料业协同发展，共同提升的特点。2014年上海集成电路设计业、芯片制造业、封装测试业、设备材料业的销售额预估及占产业链的比重如图9-2所示。其中，设计业销售额为240.9亿元，占产业链比重为29.3%；芯片制造业销售额为186.2亿元，占产业链比重为22.7%；封装测试业销售额为310.1亿元，占产业链比重为37.7%；设备材料业销售额为84.4亿元，占产业链比重为10.3%。

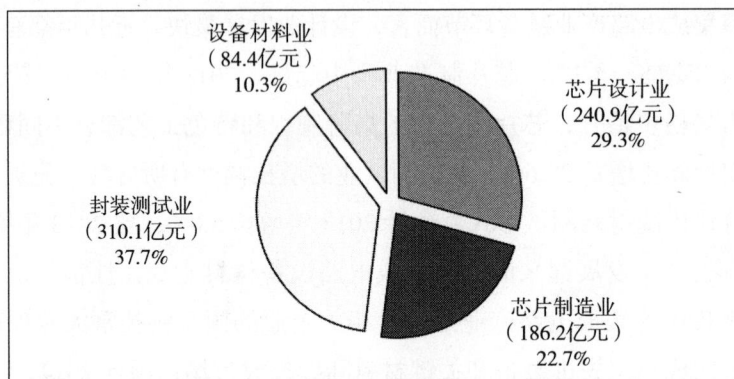

图9-2　2014年上海集成电路产业结构

数据来源：上海集成电路行业协会统计网，赛迪智库整理，2015 年 3 月。

（一）集成电路设计业

上海集成电路设计业发展迅速，每年都保持两位数的高速增长，占上海集成电路产业链的比重也由 2008 年的 10.1% 提升至 2014 年的 29.3%。从 2011 年起，上海集成电路设计业的销售收入超过芯片制造业，成为上海集成电路产业链第二大行业。

表 9-2　2008—2014 年上海集成电路设计业销售情况及增长率

年份	2008	2009	2010	2011	2012	2013	2014
销售规模（亿元）	45.9	67.0	113.2	149.5	171.2	210.2	240.9
增长率	25.9%	46.1%	68.9%	32.1%	14.5%	22.8%	14.7%
占上海集成电路产业链比重	10.1%	16.7%	21.0%	23.7%	25.2%	28.8%	29.3%
占我国大陆设计业比重	19.5%	24.8%	31.1%	28.4%	27.5%	26.0%	23.0%

数据来源：上海集成电路产业统计网，赛迪智库整理，2015 年 3 月。

（二）芯片制造业

2014 年上海集成电路制造业预计实现销售收入 186.2 亿元，比 2013 年增长 22.6%。近年来，上海集成电路芯片制造业发展速度放缓，且产业链占比也呈现逐年下滑趋势，由 2008 年的 41.3% 下滑至 2014 年的 22.7%。但随着上海芯片制造业发展重组的逐步完成，以及中芯国际（上海）、华力微电子等多家公司 12 英寸生产线的扩产，企业的潜力将得到进一步发挥，上海集成电路制造业将迎来新一轮发展高潮。同时，上海芯片制造企业集中，综合技术水平国内领先，今后发展还是具有很大潜力和发展空间。

表 9-3　2008—2014 年上海芯片制造业销售情况及增长率

年份	2008	2009	2010	2011	2012	2013	2014
销售规模（亿元）	123.7	92.8	133.4	127.8	134.6	151.9	186.2
增长率	−15.7%	−25.0%	43.8%	−4.2%	5.3%	12.9%	22.6%
占上海集成电路产业链比重	27.1%	23.1%	24.8%	20.4%	19.8%	20.8%	22.7%
占我国大陆制造业比重	31.5%	23.1%	29.8%	23.9%	22.8%	25.3%	26.1%

数据来源：上海集成电路产业统计网，赛迪智库整理，2015 年 3 月。

目前，上海芯片制造业按工艺类型可分为数字集成电路及模拟集成电路两大工艺群体。前者包括中芯国际（上海）、上海华力微电子、台积电（中国）、上海华虹宏力等。后者包括上海先进、上海新进以及上海新进芯等。近年来，华虹宏力在 8 英寸生产线的基础上发展 SiGe BiCMOS 和嵌入式闪存（eFlash）等多项特色工艺。截至 2014 年底，上海芯片制造业拥有晶圆生产线数量、工艺技术水平及计划产能如表 9-4 所示。

表 9-4　2014 年上海芯片制造业生产线分布情况

企业	生产线	晶圆尺寸	工艺技术水平	计划产能（万片/月）
中芯国际（上海）	Fab1	8	0.35 μm—0.11 μm	12.0
	Fab2			
	Fab3	8	0.13 μm—0.11nm铜制程	3.0
	Fab8	12	90nm—40nm	1.0
上海华虹宏力	Fab1	8	0.35 μm—0.11 μm	8.0
	Fab2	8		2.0
	Fab3	8	0.35 μm—0.09 μm	5.0
台积电（中国）	Fab1	8	0.25 μm—0.13 μm	11.0
上海先进	Fab3	8	0.35 μm—0.25 μm	1.5
上海新进	Fab1	6	1.5 μm—0.5 μm	4.0
上海华力	Fab1	12	60nm—40nm	4.0
上海新进芯	Fab1	6	1.0 μm—0.35 μm	3.0

数据来源：上海集成电路产业统计网，赛迪智库整理，2015 年 3 月。

（三）封装测试业

长期以来，上海集成电路封装测试业一直占据上海集成电路产业链的"半壁江山"。但近二三年来，随着上海集成电路设计业的持续快速发展，封装测试业占产业链的比重逐步下降，2014年预计实现销售收入310.1亿元，占上海集成电路产业链的比重为37.7%。目前，上海集成电路封装测试业正处于传统封装测试形式向世界先进封装测试形式的转型时期。在多家封装测试企业中，BGA、PGA、WLP、CSP、MCP等新型封装测试形式渐成主流。

表9-5   2008—2014年上海集成电路封装测试业销售情况及增长率

年份	2008	2009	2010	2011	2012	2013	2014F
销售规模（亿元）	263.5	208.2	250.0	287.0	293.3	295.3	310.1
增长率	4.2%	−21.0%	20.1%	14.8%	2.4%	0.5%	5.0%
占上海集成电路产业链比重	57.7%	51.7%	46.5%	45.5%	43.2%	40.5%	37.7%
占我国大陆制造业比重	42.5%	41.8%	39.7%	46.9%	31.1%	26.9%	24.7%

数据来源：上海集成电路产业统计网，赛迪智库整理，2015年3月。

（四）设备材料业

上海集成电路设备材料业有很大成长。销售收入由2008年的23.9亿元上升至2014年的84.4亿元。占上海集成电路产业链的比重也由2008年的5.2%提升至2014年的10.3%。

表9-6   2008—2014年上海集成电路材料设备业销售情况及增长率

年份	2008	2009	2010	2011	2012	2013	2014F
销售规模（亿元）	23.9	34.3	41.3	65.9	68.3	72.8	84.4
增长率	3.9%	43.7%	20.4%	59.6%	3.6%	6.6%	15.9%
占上海集成电路产业链比重	5.2%	8.5%	7.7%	10.5%	10.2%	10.0%	10.3%

数据来源：上海集成电路产业统计网，赛迪智库整理，2015年3月。

自2008年以来，上海设备材料业处于持续稳步增长的态势，尤其近二三年的销售收入增长率保持在10%以上。这主要归因于一批回国专家创建的新型设备材料企业，如中微半导体设备（上海）有限公司、盛美半导体设备（上海）有限公司等。但这些企业目前规模还比较小，技术单一性明显，产品涵盖面较窄。

三、发展展望

随着上海集成电路市场新兴热点不断涌现和自主芯片产品应用推广力度持续加大，以智能手机、平板电脑为代表的移动智能终端芯片仍将保持快速增长。随着 PC 领域市场规模的持续萎缩，存储器市场和 CPU 市场的发展将直接受到影响。工业控制和网络通信仍是市场的有力增长点。随着汽车产量和保有量的增加，汽车电子市场增速逐步上升。可穿戴设备、医疗电子、安防电子等成为新兴增长点。从整体来看，平稳小幅增长将是未来几年上海集成电路市场的主要发展趋势。

未来几年上海集成电路技术将继续沿着"后摩尔时代"的 3 个方向推进。线宽尺寸推进到 28nm 产业化，20/14nm 新工艺实现重大突破。自主研发的高端多核 CPU 成为技术创新热点，移动智能终端的基带芯片和应用处理器仍然保持世界先进水平，以 TSV 技术为基础的 3D/2.5D 封装大量推广。

与此同时，上海集成电路企业将继续向规模化、特色化和差异化方向发展。在《国家集成电路产业发展推进纲要》的推动下，上海在集成电路设计和制造领域将涌现出若干世界级企业。

第三节　江苏省集成电路产业发展情况

一、产业整体情况

2007 年以来，江苏省集成电路销售额一直位居全国前列，涌现出一大批在全国集成电路设计业、晶圆制造业、封装测试业和支撑业中的领军企业，聚集了

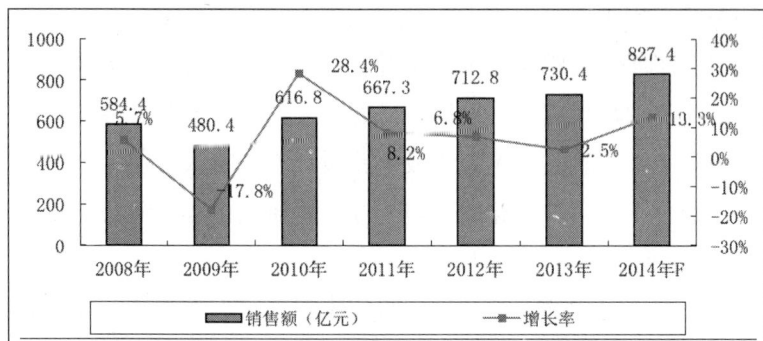

图9-3　2008—2014年江苏省集成电路产业销售收入规模

数据来源：江苏半导体行业协会，赛迪智库整理，2015 年 3 月。

一大批国际著名大公司落户江苏地区。基本形成了沿江两岸的"硅走廊带"和苏南的"硅谷"基地。

2014年江苏省集成电路产业销售收入预计可达827.4亿元，同比增长13.3%。其中，集成电路设计业销售收入为120.5亿元，同比增长16.3%；集成电路制造业销售收入为166.9亿元，同比增长2.0%；集成电路封装测试业销售收入540.0亿元，同比增长17.4%。

表9-7　2012—2014年江苏省集成电路产业各行业销售收入及增长率

行业	2014年F		2013年		2012年	
	销售额（亿元）	增长率	销售额（亿元）	增长率	销售额（亿元）	增长率
设计业	120.5	12.9%	106.7	15.4%	92.5	16.3%
芯片制造业	166.9	2.0%	163.6	−16.6%	196.1	−1.1%
封装测试业	540.0	17.4%	460.1	8.5%	424.2	8.9%
合计	827.4	13.3%	730.4	2.5%	712.8	6.8%

数据来源：江苏半导体行业协会，赛迪智库整理，2015年3月。

江苏省现有集成电路企业近400家左右，其中：集成电路设计企业近220家，其中通过设计年审和认定的企业72家，集成电路晶圆制造企业16家，集成电路封测企业近60家，分立器件40家，集成电路支撑业企业有60余家。主要集中在苏州、无锡、常州、南京、南通、扬州、泰州等城市，并已向苏北宿迁市扩展，形成苏南、苏中、苏北阶梯式布局。苏南地区占到全省集成电路产业的92%，其中无锡市和苏州市，分别占到全省集成电路产业的55%和35%。

江苏相关的高校主要有南京大学、东南大学、江南大学、苏州大学、扬州大学、南通大学、江苏信息职业技术学院等；产业化基地有国家集成电路设计无锡产业化基地、苏州中科集成电路设计中心有限公司等；服务平台有高密度集成电路封装技术国家工程实验室、无锡集成电路设计基地有限公司、苏州中科集成电路设计中心有限公司、华进半导体封装先导技术研发中心有限公司；科研院所有中电科55所、58所以及总参56所等。

江苏省近年来通过实施人才计划，吸引来了一批高端人才，锤炼和造就了一支勇于创新的领导团队和高素质的技术人员队伍及员工队伍，保证了江苏省集成电路产业可持续性地发展。目前江苏省集成电路产业从业人员近10万人。其中，集成电路设计从业人员1.2万余人，本科学历员工占设计人员的30%，硕士学历占 12%，博士学历占 2%。

二、产业结构情况

江苏省集成电路产业的设计业、晶圆加工、封装测试业三业结构进一步优化。集成电路专用设备、仪器与材料业形成一定的产业规模，有力支撑了集成电路产业。2014 年江苏省集成电路设计业、芯片制造业、封装测试业销售额预估及占产业链的比重如图 9-4 所示。其中，设计业销售额为 120.5 亿元，占产业链比重为 14.6%；芯片制造业销售额为 166.9 亿元，占产业链比重为 20.2%；封装测试业销售额为 540.0 亿元，占产业链比重为 65.3%。

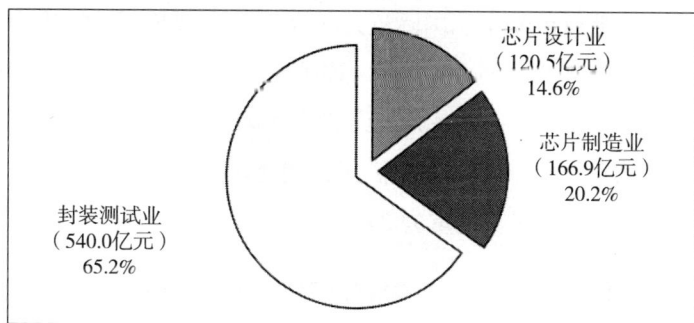

图9-4 2014年江苏省集成电路产业机构

数据来源：江苏半导体行业协会，赛迪智库整理，2015 年 3 月。

（一）集成电路设计业

江苏省集成电路设计业总体属于跟随型发展，整体产业规模相对较小，欠缺自主知识产权的核心技术。大部分设计企业主导型产品的市场附加值不高，同类产品业务的小企业多，竞争激烈。企业兼并重组的案例不多，还未出现具有相当规模的龙头骨干企业。2014 年，江苏省集成电路设计业销售收入预计为 120.5 亿元，同比增长 12.9%，占全省集成电路产业总收入的 14.6%，占全国同业比重为 11.5%。

表 9-8 2008—2014 年江苏省集成电路设计业销售情况及增长率

年份	2008	2009	2010	2011	2012	2013	2014F
销售规模（亿元）	42.8	53.8	74.8	79.5	92.5	106.7	120.5
增长率	7.6%	11.6%	38.9%	6.4%	16.1%	15.4%	12.9%

（续表）

年份	2008	2009	2010	2011	2012	2013	2014F
占江苏集成电路产业链比重	7.3%	11.2%	12.2%	11.9%	13.0%	14.6%	14.6%
占我国大陆制造业比重	20.6%	14.9%	20.4%	15.1%	14.9%	13.2%	11.5%

数据来源：江苏半导体行业协会，赛迪智库整理，2015年3月。

（二）芯片制造业

江苏省集成电路制造业销售收入规模自2007年以来一直位居全国同行业的首位，但自2012年以来呈现逐年下滑的态势，其原因主要有：一是全国其他省市地区快速发展，上海市的中芯国际近几年连续发力增长，上海华力投产，上海华虹NEC与上海宏利公司强强联手，大连英特尔生产线投产等；二是近年来江苏晶圆生产投资不足；三是SK海力士无锡公司因火灾而减产。2014年江苏省集成电路制造业销售收入预计为166.9亿元，同比增长2%，占全省集成电路产业总收入的20.2%，占全国同业比重为23.4%。

表9-9　2008—2014年江苏省集成电路芯片制造业销售情况及增长率

年份	2008	2009	2010	2011	2012	2013	2014F
销售规模（亿元）	175.4	151.1	175.0	198.3	196.1	163.6	166.9
增长率	21.7%	−13.8%	15.8%	13.3%	−1.1%	−16.6%	2.0%
占江苏集成电路产业链比重	30%	31.5%	28.4%	29.7%	27.5%	22.4%	20.2%
占我国大陆制造业比重	44.7%	44.3%	39.1%	45.9%	39.1%	27.2%	23.4%

数据来源：江苏半导体行业协会，赛迪智库整理，2015年3月。

目前,江苏省晶圆生产线基本情况是:12英寸生产线2条,8英寸生产线3条,6英寸生产线5条,5英寸生产线6条,4英寸生产线6条。其中,12英寸、8英寸、6英寸、5英寸生产线大部分为集成电路生产线,部分4英寸生产线及部分5英寸、6英寸生产线为分立器件生产线。

表 9-10　2014 年江苏省芯片制造业生产线分布情况

企业	晶圆尺寸	工艺技术水平	计划产能（万片/月）
海力士半导体（中国）有限公司	12	0.09μm—0.065μm	10.0
	12	0.045μm—0.028μm	6.0
和舰科技（苏州）有限公司	8	0.25μm—0.15μm	6.0–10.0
	8	0.13μm	
无锡华润上华2厂	8	0.25μm—0.18μm 0.15μm—0.11μm	9.0
无锡华润上华1厂	6	1.0μm—0.35μm	7.0
无锡华润上华5厂	6	0.6μm—0.35μm	4.0
无锡华润华晶	6	1.2μm—0.8μm	12.5
无锡KEC	6	1.6μm—0.6μm	3
江苏东光	6	0.8μm—0.35μm	3
华润华晶	5	>3.6μm	>10
	5	1.6μm—0.8μm	>10
中电科第58所	5	0.6μm	0.6
江阴新顺	5	2.0μm—1.6μm	7.0
扬州国宇	5	0.6μm	2.0
扬州晶新	5	1.0μm	5.0
中电科第58所	4	2	0.6
江苏东光	4	5.0μm—2.0μm	5.0
敦南科技	4	2.0μm—1.6μm	3.0
明昊微电子	4	5.0μm—2.0μm	1.0
扬州晶来	4	5.0μm—2.0μm	3.0–4.0
中电科第55所	4	0.35μm—0.15μm	2.0

数据来源：江苏半导体行业协会，赛迪智库整理，2015 年 3 月。

（三）封装测试业

江苏省是全国集成电路封装测试业重镇，占全国同行业 40% 以上的份额，居全国第一位。近年来，江苏省集成电路封装测试技术快速发展，已在 MCM、3D、SiP、WLP、FC 等先进封装技术领域取得突破，部分拥有自主知识产权的封装技术达到国际先进水平。2014 年，江苏省集成电路封装测试业销售收入预计为 540.0 亿元，同比增长 17.4%，占全省集成电路产业总收入的 65.3%，占全国同业比重为43.0%。

表2-11 2008—2014年江苏省集成电路封装测试业销售情况及增长率

年份	2008	2009	2010	2011	2012	2013	2014F
销售规模（亿元）	360.9	275.5	367.0	389.5	424.2	460.1	540.0
增长率	-1%	-23.7%	33.2%	6.1%	8.9%	8.5%	17.4%
占江苏集成电路产业链比重	61.7%	57.4%	59.5%	58.4%	59.5%	63%	65.3%
占我国大陆制造业比重	58.3%	56.3%	58.3%	40.0%	41.0%	41.9%	43.0%

数据来源：江苏半导体行业协会，赛迪智库整理，2015年3月。

三、发展展望

在《国家集成电路产业发展推进纲要》的持续推动下，预计未来几年江苏集成电路市场年均增速将保持在16.6%左右，发展驱动力仍然主要来自智能手机、平板电脑、液晶电视以及其它量大面广的电子产品。随着物联网、医疗电子、安防电子以及各个行业的信息化建设的持续深入，集成电路产品的应用市场也将越来越广。整体来看，稳中有升将是未来几年江苏集成电路产业的发展趋势。同时，江苏省分立器件产业将随国内分立器件市场的发展而持续上扬。在产品升级和电子整机需求继续扩大的带动下，分立器件销量将呈现持续稳定增长的势头。到2020年江苏省集成电路产业销售规模将接近1500亿元。从中长期来看，在国家信息安全战略的带动下，江苏省集成电路产业又将步入一波新的增长周期。

第十章　珠三角区域

第一节　产业发展情况

一、产业规模

珠三角地区以广州、深圳、珠海三个城市为核心，是国内主要的集成电路元器件市场和重要的电子整机生产基地，占据全国40%以上的集成电路市场需求。受该地区发达的电子整机制造业需求牵引，近年来珠三角地区的集成电路设计业发展较快，在国内集成电路设计业中所占比重也逐年上升。2014年珠三角集成电路产业规模为811.1亿元，同比增长16%，是除了长三角以外全国集成电路产业第二大聚集区，占全国集成电路产业比重为26.9%，以深圳为代表的珠三角地区已发展成为中国重要的集成电路设计产业化基地，同时拥有众多各类国家级创新研发平台和省级重点科研和产业化机构。

二、产业结构

2014年全国集成电路设计业区域发展继续保持良好态势，除京津环渤海地区外，长江三角洲、珠江三角洲销售收入继续保持两位数的增长。根据中国半导体行业协会的统计数据，其中珠江三角洲地区的设计业增长速度最快，产业规模占全国集成电路设计业规模的30%，2014年珠三角地区设计业产业规模为301.18亿元，同比增长15.48%。

表 10-1　2013—2014 年珠三角主要城市集成电路设计情况

城市	2013年（亿元）	2014年（亿元）	增长率
深圳	213.50	243.50	14.05%
珠海	14.20	19.21	35.30%
香港	9.10	9.16	0.68%
福州	13.00	15.30	17.69%
厦门	11.00	14.00	27.27%
总计	260.80	301.18	15.48%

数据来源：中国半导体行业协会，2014 年 12 月。

第二节　产业发展特点

一、以地域优势营造良好的产业环境

珠三角地区由于其区位优势，使得集成电路产业一直能够保持高速增长。一是珠三角地区各市为电子信息制造产业发展营造了良好的环境，各级地方政府出台相关政策积极推动集成电路产业发展，并相继成立了集成电路基地的孵化和服务平台，使得珠三角地区集成电路产业已经走上了良性发展道路；二是珠三角地区聚集了海思、中兴微电子、汇顶科技、比亚迪微电子等主要的集成电路企业，它们通过对市场的把握，与整机应用相结合，纵向整合产业链资源，深耕技术研发，加强技术创新和产品创新，在各自领域的市场渗透率逐年提高，在产业链的某个环节上占据核心竞争优势；三是对新兴市场的敏锐判断，使得江波龙、国民技术、国微技术、辉芒微电子、明微电子、文鼎创、天利半导体、国微电子、锐能微、天微电子等企业经过几年的技术积累后，逐步进入高速发展的时期，而且部分企业通过开拓安防领域、安全支付、智能电网、智能家居、智能监控和 LED 照明等新兴市场应用，实现快速增长；四是以深圳为代表的城市为产业发展提供了良好的创业创新环境，集聚了一大批创客在当地研发智能硬件，孵化的一批创新型企业，伴随着市场的兴起脱颖而出，成为珠三角地区集成电路产业新的亮点。此外在深圳定期举办专业化的集成电路行业展会，如"深圳（国际）集成电路技术创新与应用展"、"国际集成电路研讨会暨展览会"、"中国电子信息博览会"等等，有助于企业获得前沿的行业动态和发展趋势。

二、以需求为牵引布局IC设计业

珠三角地区集聚了大量集成电路设计企业，使得该地区集成电路设计产值占据全国总规模的30%。珠三角地区是中国大陆移动智能终端、消费性电子和通信产品的最大生产基地，带动当地集成电路设计产业成为主流，主要为下游整机应用企业实现核心芯片的配套。珠三角地区早期以通信产品为主，集聚了大量整机企业，这为集成电路设计业的发展提供了巨大的市场空间。相关整机系统厂商在计算机、通信、消费电子、移动智能终端、汽车电子、医疗电子等领域均处于全国领先地位，并逐步在国际市场占据一席之地，极大的推动了珠三角地区集成电路产业的发展。计算机领域的代表企业有联想、神舟电脑、长城科技等；通信领域的代表企业有华为、中兴等；电视机领域的代表企业有康佳、创维、TCL、同洲电子、九洲电器等；手机领域的代表企业有华为、中兴、宇龙、联想、金立等；汽车电子领域的代表企业有比亚迪、航盛电子等；医疗电子领域的代表企业有迈瑞、蓝韵、开立等。珠三角地区发达的电子信息产业的市场需求，驱动当地集成电路企业确立产品方向和应用领域，同时丰富的需求品种也为集成电路企业带来了更多的创新灵感与市场机会。

三、以高校研究院为依托集聚高端技术人才

集成电路是人才密集型产业，在设计业方面体现尤为突出。高端人才短缺将成为制约集成电路企业特别是设计企业发展的重大瓶颈。在集成电路企业发展过程中，一方面高端技术人才不足，将影响企业的研发实力、创新能力和新产品推出进度，另一方面高端管理人才和国际化经营人才不足，将影响企业的发展战略和规划，进而制约企业的国际化运作和对国际市场的开拓，在国内企业与国际企业的竞争中处于劣势地位。对制造业和封测业来说，劳动力短缺一直是制约产业发展的问题，产线的运转需要精通设备的人才，劳动力供求不足严重制约了企业产能的发挥进而影响效益增长。

珠三角地区分布了全国多所知名高校，包括中山大学、华南理工大学、暨南大学等，同时多所高校在深圳设有研究院，目前深圳培养本科以上人才的高校和研究院共有六所，分别为清华大学深圳研究生院、北京大学深圳研究生院、哈尔滨工业大学深圳研究生院、中国科学院深圳先进技术研究院、深圳大学和获教育部批准的南方科技大学。在此基础上建立多所专科院校，有针对性的培养产线操

作工人和设备技术工人。珠三角高校每年培养集成电路设计专业的研究生约500名，本科生约300名，为集成电路产业发展提供了充足的人才力量。另外除了高校和研究院外，许多企业机构和单位也在积极培养在职研究生。

<h2 style="text-align:center">第三节 重点城市发展情况</h2>

一、深圳

（一）产业规模

在国家政策引导和深圳市政府配套政策的支持下，深圳地区半导体产业自2003年以来得到迅猛发展，产业规模不断扩大，呈现出良好的成长态势。2014年以来由于国家政策的大力支持，地方资本投入热情高涨，深圳半导体产业发展继续稳步提升，产业规模继续扩大。2014年深圳市共生产集成电路158亿块，比上年增长8%，实现销售收入305.7亿元。集成电路进口总额为412.8亿美元，占全国进口总额的18.9%，比2013年进口额大幅减少，呈现43.3%的负增长；进口集成电路553亿块，占全国进口总量的19.4%。出口总额为27.4亿美元，占全国出口总额的3%；出口集成电路71.4亿块，比2013年有所下滑，增长率为-7%。

（二）产业结构

深圳市集成电路设计产业规模和技术水平连续三年位列国内城市第一位。2006—2014年，深圳集成电路设计产业销售额从40亿元增长到250亿元，年均

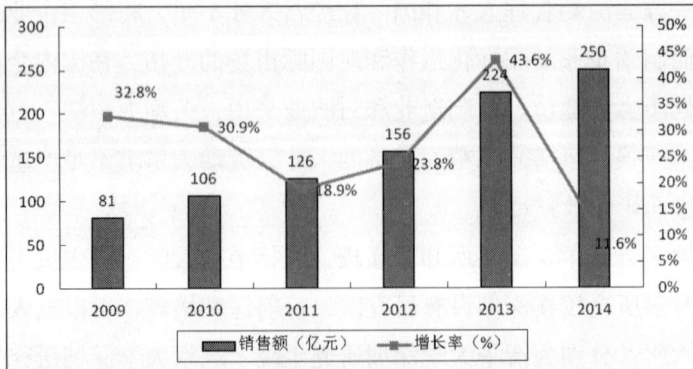

图10-1　2009—2014年深圳集成电路设计企业销售额情况

数据来源：中国半导体行业协会，2014年12月。

复合增长率为 26%。2014 年深圳市半导体行业协会对深圳市主要集成电路设计公司进行调研，数据显示 2014 年深圳市集成电路设计企业超过 140 家，其中海思半导体以 146 亿元销售额继续保持全国集成电路设计企业第一位。随着深圳市集成电路设计企业的总体实力不断增强，2006 年销售额超过 1 亿元的设计公司为 7 家，2011 年为 16 家，2014 年达到 20 家。

在集成电路制造方面，目前深圳市共有半导体制造企业 3 家。其中深爱半导体有 4 英寸和 5 英寸的集成电路生产线，主要采用双极型和 MOS 器件制造工艺技术平台，主要生产分立器件产品，应用领域包括消费类电子等；方正微电子拥有两条 6 英寸线，现已满负荷运行，其工艺平台包括 CMOS、金属栅（Metal gate）、双扩散 MOS（DMOS）、BCD 肖特基节（BCD Schottky）等，主要产品包括电源管理芯片、功率芯片、分立器件等，应用领域为计算机及外围接口、通信产品、消费电子、汽车电子等；中芯国际在深圳投资建设了一条 8 英寸生产线，2014 年底正式投产，标志着华南地区第一条 8 寸生产线投入使用。相对于京津环渤海地区以及长三角地区来说，深圳半导体制造业还非常薄弱，制造企业数量较少，缺乏 12 英寸、8 英寸等大尺寸晶圆制造能力，很难满足芯片代工的市场需求，制造业的产能和产线高端制程服务有待进一步提升。

在集成电路封测方面，深圳主要有 14 加封装测试企业，其中意法、赛意法、沛顿科技等企业在测试建封测厂，主要服务于公司内部的后工序加工或为海外客户提供封装服务，矽格、安博、气派、赛美科等公司主要为国内企业提供测试和封装服务，单产品线较为低端，基本可满足中低端产品的封测要求，但在高端产品服务方面比较欠缺。不过随着深圳市集成电路产业发展，为了适应国内外信息产业及集成电路产业飞速发展的形势，满足集成电路设计产业产品的研发创新和技术需求，大部分封测企业正努力逐步向高端产品转型，如泰胜、气派、安博等持续加大投入研发高端封装工艺和技术；矽格半导体开始量产超薄型、大功率产品；展芯科技建立了较为完善的 EMMI 失效分析系统，同时正就 InGaAs EMMI 失效分析方法进行研究。

另外，与深圳相邻的香港科技园有十余家对外服务实验室，拥有先进的测试分析设备，可为深圳企业的产品提供可靠性、老化、失效分析等高端测试验证、小批量及量产前测试服务。香港应用科学研究院还将建成 SiP 中试线，提供小批量 SiP 设计封装服务。

表 10-2　2014 年深圳地区集成电路企业产业规模

企业类型	企业数量	销售总额（亿元）
设计	150	250.0
制造	3	7.7
封测	14	48.0
总计	167	305.7

数据来源：深圳市半导体行业协会，2014 年 12 月。

（三）重点产品

深圳地区聚集了华为、中兴、康佳、创维、TCL、比亚迪、三诺、奋达、迈瑞、航盛、研祥等国内领先的系统整机及设备企业。伴随着深圳市电子信息产业的转型升级，深圳集成电路产品线也从早期单一的通信和消费两大类市场向更加多元化方向发展，进军物联网、工业医疗、汽车电子、LED 照明和新能源、智能电表和智能电网等应用领域。重点聚焦以下几个方面：

通信芯片：华为和中兴的通信设备在全球占据重要的市场份额，引领旗下的IC 设计子公司华为海思和中兴微电子通信芯片的技术研发和产品销售，使得通信芯片在全球占据领先地位。随着移动互联网的发展，通信设备和移动终端的融合发展将成为发展趋势，华为和中兴的网络通信终端设备出货量全球领先，给思科等国际大厂带来很大竞争压力，同时也带动了海思半导体和中兴微电子的移动终端芯片的发展。海思与台积电联合成功产出首颗以 16nm FinFET 制程和 ARM架构为基础的网络处理器；海思麒麟 925 处理器芯片发布，多项指标达到国际领先水平，直接导致华为 Mate 7 手机热卖。

移动智能终端芯片：近年来移动互联网呈现爆发式增长，为珠三角大量的手机制造商、平板电脑制造商以及数码存储和消费电子厂商提供了广阔的发展空间，同时也带动了上游芯片企业的发展。在手机应用处理器领域，海思半导体已经占据全球较大的市场份额；在移动存储和控制芯片领域，深圳的代表企业有江波龙、芯邦以及硅格等，已经处于全球重要地位；在视频监控领域，海思的 351X 系列已经在标清市场大量抢占恩智浦等国外厂商市场，其高清解决方案也已经取得了不错的市场反响，给相关国外厂商带来很大的市场和价格压力，也为集成电路企业带来发展商机；在便携多媒体领域，华芯飞、炬才和海泰康等企业正在大力开展技术研发，赶超国内同行。

数字电视芯片：国内几大电视机和机顶盒厂商总部都设在深圳，例如康佳、创维、TCL、长虹、九洲和同洲等，推动了数字电视芯片的开发和产业化，另外三网融合技术的发展促进华为海思和中兴通讯等深圳通信设备制造商进入数字电视领域，海思半导体占据了数字电视显示控制芯片5%的市场份额。在数字电视前端方面，深圳阿派斯公司在研发EOC EPON芯片；在数字电视和机顶盒终端设备方面，深圳相关企业有国微技术、海思、国民技术、中兴微电子、国科电子、力合微电子、华曦达、艾科创新、通高电子等，涉及ABS-S、CMMB移动电视、DVB-C和CTTB等标准的解调接收芯片和后端解码芯片以及CAM智能卡等。深圳和北京、上海一些公司相比，在标准的制定方面虽然起步较晚，但正在利用市场的优势努力赶超。

信息安全和物联网芯片：云计算和物联网的兴起带动了相关安防芯片市场的发展，深圳重点布局移动支付、安全加密、安全支付、可信计算和物联网应用等方面，加强技术研发和产品推广，代表企业包括先施科技、国民技术、江波龙电子、文鼎创、明华澳汉等一批IC设计企业，其中国民技术在智能卡领域全球排名第四，已经在深交所上市。

行业电子芯片：医疗电子和汽车电子等行业电子的兴起给深圳IC设计企业带来了巨大的市场需求，不少深圳集成电路设计公司业务领域从消费电子扩展到更广泛的行业电子应用领域，市场占有率逐步提升。在电力芯片领域，力合微电子的电力线载波通信专用芯片，芯海、锐能微科技等公司的电力计量芯片实现给国家电网供货；在医疗电子领域，芯海的医疗电子芯片逐步进入市场；在汽车电子领域，比亚迪微电子面向汽车应用研发相关IGBT和MOSFET芯片等。

（四）相关企业

表10-3　2014年深圳市重要集成电路设计企业销售收入情况

序号	公司名称	2014年销售额（万元）	2013年销售额（万元）	增长率
1	深圳市海思半导体有限公司	1460000	1302125	12.1%
2	深圳市江波龙电子有限公司	82000	136000	-39.7%
3	深圳市中兴微电子技术有限公司	250000	130000	92.3%
4	敦泰科技（深圳）有限公司	69400	102176	-32.1%
5	深圳市汇顶科技有限公司	85000	96426	-11.9%
6	深圳比亚迪微电子有限公司	-	64800	-

（续表）

序号	公司名称	2014年销售额（万元）	2013年销售额（万元）	增长率
7	深圳远望谷信息技术股份有限公司	–	53755	–
8	国民技术股份有限公司	50000	43362	15.3%
9	深圳芯智汇科技有限公司	34886	31715	10.0%
10	深圳市明微电子有限公司	25000	30196	−17.2%
11	深圳国微技术有限公司	27200	21203	28.3%
12	深圳文鼎创数据科技有限公司	22000	19457	13.1%
13	深圳市国微电子股份有限公司	36600	18289	100.1%
14	深圳市天微电子有限公司	17000	16020	6.1%
15	瑞斯康微电子（深圳）有限公司	20000	14803	35.1%
16	天利半导体（深圳）有限公司	–	14740	–
17	深圳市力合微电子有限公司	15000	13724	9.3%
18	深圳市赛凡半导体有限公司	–	9679	–
19	深圳芯邦科技股份有限公司	12000	8393	43.0%
20	辉芒微电子（深圳）有限公司	10000	7225	38.4%

数据来源：深圳市集成电路行业协会，2014年12月。

表10-4 2014年深圳市主要集成电路制造企业情况

序号	公司名称	生产线	工艺技术水平（微米）	产能（万片/月）
1	深圳方正微电子有限公司	6英寸	≥0.35	6
2	深圳深爱半导体股份有限公司	5英寸	0.5	12
3	中芯国际集成电路制造（深圳）有限公司	8英寸	0.13	5

数据来源：深圳集成电路行业协会，2014年12月。

表10-5 2014年深圳市主要集成电路封测企业情况

序号	公司名称	封装/测试工艺类型	月产能
1	深圳赛意法微电子有限公司	TO220、TO247、PDIP、MDIP等	6.4亿片
2	华润赛美科微电子（深圳）有限公司	50MHz数字测试；高精度模拟集成电路；分立器件、MOSFET等	中测：3.5万片 成测：80kk片
3	深圳安博电子有限公司	晶圆测试、IC成品测试、晶圆减薄、晶圆切割、晶圆全自动分拣、多芯片组装和封装、堆叠式芯片封装等各种特殊封装形式，IC模组加工等	中测：37000万片 成测：7000万芯片 IC硬封装：2500万颗

（续表）

序号	公司名称	封装/测试工艺类型	月产能
4	沛顿科技（深圳）有限公司	wBGA封装；DDR3内存芯片；SIP、MCP、emmc、emcp闪存芯片	测试：30kk片 封装：20kk片
5	深圳市气派科技有限公司	PIDP、SOP、ESOP、MSOP、EMSOP、SOT和LQFP、QFN、DFN、SIP系列产品	封装：330kk片
6	深圳康姆科技有限公司	铜线键合技术、ID下型引线框架结构、合金线键合、金铜线混合键合	封装：100kk片
7	深圳电通纬创微电子股份有限公司	SOT23-6、SOT23-5、SOT89-3、SOT223-3、SOP16、SOP28、SOP8、ESOP8等封装类型	封装：80kk片
8	深圳市矽格半导体科技有限公司	DIP、SOP、PLCC、TO-92	封装：6.3kk片
9	深圳宜特科技有限公司	IC线路出错及修改、验证与分析工程平台	测试：1.25万颗
10	深圳市华宇半导体有限公司	FT：SOP、DIP、SSOP、TSSOP、MSOP、LQFP、QFN、BGA等；CP：8寸以下晶圆	成测：120kk片 中测：9000片
11	深圳市赛美创新半导体有限公司	IC验证测试、电性测试、理化分析、失效分析、电子工程师培训、IC测试板定制等	成测：87kk片 中测：23万片
12	深圳市华宇福保半导体有限公司	FT：SOP、DIP、SSOP、TSSOP、MSOP、LQFP、QFN、BGA等	成测：40kk 中测：10kk

数据来源：中国半导体行业协会，2014年12月。

第十一章　中西部地区

第一节　中西部区域集成电路产业发展情况

　　随着我国集成电路产业布局从沿海地区逐渐向中西部地区转移，中西部地区已经发展成为我国集成电路产业增长的又一中心。由于中西部地区的资源、土地、人力等成本都低于沿海地区，极大地吸引了投资者的目光。重庆、成都、西安、武汉、甘肃等中心城市地区，依托人才、市场、技术等优势，在国家及地方优惠政策和资金的支持下，逐渐形成了各自的产业集群。

　　就中西部地区整体而言，虽然体量不大，但发展势头良好。除原有的设计业外，近年来中西部地区的集成电路制造业、封测业和硅材料业发展也十分迅速。在产线方面，12英寸、8英寸生产线及封装测试企业纷纷落户中西部地区。截至2014年底，中西部地区共有11条4英寸以上晶圆生产线分布，其中包含2条12英寸生产线，4条8英寸线，2条6英寸线以及3条4英寸线，主要从事封装测试业。在产能方面，我国中西部地区目前产线总产能为29.2万片/月，仅占全国的12.12%，以西安、成都、重庆和武汉4个中心城市地区为主的中西部地区，2014年合计销售额为202亿元，占我国大陆产业的6.7%。另外2014年四川省集成电路销售产值下滑7.6%，但陕西省增长476%，甘肃增长14%，增势十分突出。

　　在集成电路设计方面，有国家集成电路设计成都产业化基地和国家集成电路设计西安产业化基地量大国家级设计平台。在集成电路封装测试方面，甘肃、四川、武汉、合肥等地成为承接从长三角地区向中西部地区转移产能的重点区域。英特尔、联合科技、中芯国际等投资已形成了以成都为中心的封装测试产业群，费尼克斯在四川乐山、美光在西安也都建设了自己的封测企业，以及以华天电子集团为主的甘肃集成电路封装业。

第二节　中西部区域集成电路产业重点省市发展情况

一、四川成都

（一）总体状况

虽然四川省早有一定的集成电路布局，但是总体来说，无论是设计还是制造方面，都发展得很小，也很分散，因此四川省 2014 年大力促进集成电路产业发展，希望在国家出台的相关政策下，将四川省集成电路产业发展推上一个新台阶。

成都及周边地区拥有航天 618 所，兵器 209 所，中电 10 所、29 所、30 所，中科院光电所，成都计算所等科研院所，以及以旭光科技、长虹、国腾、九州、锦电、迈普为代表的现代化电子企业，每年产生超过 20 亿元的集成电路需求，但大都需要进口，单就这一点来说，四川省的集成电路产业还处在比较薄弱的状态。

2014 年，四川省借势相继出台信息安全产业发展规划、产业发展路线图、重点企业目录、人才发展规划等"顶层设计"，并将有意在绵阳、内江、遂宁布局集成电路项目。在大力发展集成电路产业目标指引下，首期总规模有望达 100 亿元的四川省信息安全与集成电路产业投资基金也已开始筹建，预期资金来源包括财政资金、国家集成电路产业投资基金以及社会资本。投资基金将重点对四川省内集成电路行业中的骨干企业、创新实体和重大项目进行投资。

（二）重点省市园区

成都已成为我国中西部区域最大的综合性集成电路基地，聚集了中芯国际、德州仪器、英特尔、友尼森、美国芯源等 80 多家集成电路企业投资设立分厂，产业总投资超过 30 亿美元，产业规模和水平居我国前列，在中西部地区排名第一。2001 年 7 月科技部批准建立国家集成电路设计成都产业化基地，该基地坐落于成都国家高新技术开发区，中芯国际、德州仪器、英特尔、友尼森、美国芯源等多家企业在此落户，建成 8 英寸芯片生产线和多座封装测试工厂，同时吸引了 BOC、林德、莫仕、梅塞尔、空气化工、联华等配套企业落户投产。100 多家企业形成了一个涵盖集成电路设计、制造、封装测试、设备材料的完整集成电路产业链。

在芯片设计方面，成都市高新区作为企业主要的聚集区取得了快速发展。高新区内拥有 50 余家 IC 设计企业，主要包括飞思卡尔、富士通威斯达、科胜讯、松翰科技、凹凸电子、凌成科技、芯通科技、南山之桥、飞博创科技等，研发产品涉及视频消费电子、通信与信息安全、形式验证和 IC 卡、功率集成电路等。在芯片制造方面，全球领先的嵌入式和模拟处理厂商、最大功率的半导体制造商德州仪器在成都设立我国地区的第一条生产线，月产能 30 万片。在封装测试方面，英特尔将上海产能全部转到成都，能够承接 Intel 60% 以上芯片组，55% 以上 CPU 的封装任务，此外友尼森、中芯国际项目已经投产运行，大型封装测试企业已经超过 10 家。在设备材料产业方面，成都聚集了一批企业形成了产业良性循环。在产品方面，成都吸引了一批整机制造项目，力争打造高端电子产品制造产业集群。

二、湖北武汉

（一）总体状况

湖北省积极推进软件和集成电路产业发展。2013 年，湖北软件业务实现收入 709 亿元，同比增长 92.7%；集成电路产业产值近 50 亿元。湖北省认为当前和今后一段时期是集成电路产业发展的攻坚期和重要战略机遇期，要结合湖北实际，遵循产业规律，坚持需求牵引、创新驱动、软硬结合和开放发展的思路，集中力量解决重点市场、重点城市、重点企业和关键技术问题，推动产业跨越式发展，力争全省 2017 年集成电路规模超过 400 亿元，其中芯片设计业收入达到 100 亿元，芯片制造业收入达到 150 亿元，打造软件和集成电路的重要产业集聚区和自主创新技术高地。同时，培育 1 至 2 家百亿级企业、15 至 20 家十亿级企业、50 家以上亿元级企业，支持优势企业做大做强。2014 年 9 月湖北省出台《湖北省集成电路产业发展行动方案》计划，并提出设立 300 亿元集成电路产业基金，重点支持集成电路制造领域，兼顾设计、封装测试、装备材料等环节，重点推进宜昌磁电子产业园、武汉光谷集成电路产业园等产业集群建设，依托光显示、光通信、北斗导航、红外传感等特色优势，积极开展"武汉新芯跃升工程"，打造以芯片设计为引领、芯片制造为支撑、封装测试与材料为配套的完整集成电路产业链。

（二）重点省市园区

武汉目前和北京、上海、深圳一起被国家确定为重点布局的集成电路产业四大基地。武汉积极打造完整的集成电路产业链。在芯片制造方面，武汉目前拥有一条全国 12 英寸生产线。该项目早期合作采取由武汉市政府支出土地、厂房、生产线设备等投入，然后由中芯国际租用的融资方式，形成了由政府主导的产业发展新模式。该产线由武汉新芯集成电路有限公司独立运营管理。集成电路设计业方面，武汉东湖开发区已拥有武汉群茂、武汉亚芯、烽火通信等芯片设计企业。武汉高新区已有近 50 家芯片设计、制造等相关企业，其中有芯片设计企业 30 余家，2013 年实现产值 30 亿元。作为国家新一轮集成电路产业重点支持的四个区域之一，武汉也是集成电路人才培养的重要基地，华中科技大学计划和东湖高新区以及武汉新芯一起创建培养专业人才的微电子学院。

相对北京、上海、深圳，武汉还有不小的差距，企业规模都比较小，且产业方向很杂，聚焦性差。目前武汉的设计企业核心技术少，30 多家设计企业年营业额均不超过 1 亿元，其中一些是开发配套本企业系统应用的自用芯片。另外一些是面向通用市场应用的设计公司，但是由于缺乏产品推广能力以及自身的技术、资金限制，产品处于低端市场且同质化竞争严重。此外，高层次领军人才少，未能真正发挥武汉的人才优势，产学研对接的实质性效果小也是武汉面临的重要问题。

三、陕西西安

（一）总体状况

陕西省是全国重要的集成电路教育、科研与试制地之一，是国家重点布局的第二家国家级集成电路设计产业化基地。近年来，陕西集成电路产业发展取得了突破性进展。陕西现有集成电路相关企业百余家，形成了以华芯、航天华讯、优势微电子等为代表的 58 家集成电路设计企业，以西岳电子、骊山微电子等为代表的 12 家制造企业，以华天科技、西谷微电子、美光半导体为代表的 8 家封装测试企业，以及以隆基硅、天宏、应用材料等为代表的近 20 家设备材料企业。此外，陕西还有约 18 个相关科研机构，3 个测试与分析中心，8 个学历教育机构和 2 个专业培训机构。形成了集成电路设计、加工制造与封装、硅材料研制与生产、设备研制与生产、新型分立器件研制与生产以及整机应用的产业链。

截止 2014 年底，陕西集成电路产业年销售收入越 200 亿元，其中集成电路设计业达到 30 亿元。随着三星闪存芯片生产线投产放大效应的逐步显现，陕西省有望成为影响国内乃至全球市场的存储芯片制造与研发生产基地。

（二）重点省市园区

2000 年 11 月 15 日科技部批准西安为国家集成电路设计产业化基地，成为继上海之后的全国第二个国家级集成电路设计产业化基地。基地成立以来取得了较快的发展，目前基地拥有设计企业 38 家，制造企业 9 家，封装企业 7 家，此外，还包括一些集成电路测试企业和设备制造等相关企业，已经初步形成了设计、制造、封装测试以及周边产业的完整产业链。

西安作为内陆城市，虽然存在远离客户、技术交流不便、信息渠道不畅等缺点，但利用当地科研资源促进设计业发展也成为西安集成电路产业发展的一大特色。西安交大、西工大、西电、西邮、西大、西安理工大、西科大 7 所大学开设了微电子专业，拥有近万在校学生就读，同时拥有西安微电子研究所等 18 家微电子相关的研究所，每年培养大批的集成电路设计、系统和软件人才。高校和研究所还与本地的集成电路设计公司开展了大量的技术合作，这些合作极大地支持了规模普遍偏小的本地企业发展。随着企业数量的增加，也能够吸引一些高端人才回流。

2014 年，一期投资 70 亿美元的三星 12 英寸闪存芯片项目在西安高新区竣工量产，标志着国内最大的外资投资电子信息产业项目已经取得决定性成功。三星闪存芯片项目 6 至 8 月已达到 2.5 万片的月均产量，预计 2014 年可实现收入 60 亿元，将来一期项目全部达产后，预计将实现年销售收入 660 亿元，带动上万人就业。该项目的顺利建设、投产将为西安国家级集成电路产业基地今后的发展带来巨大机遇。

四、湖南株洲

（一）总体状况

湖南省处于中部地区，具有高校人才丰富、环境舒适、生活成本低等比较优势，十分适宜发展智力密集型的集成电路产业。2014 年，全省约有 26 家集成电路产业相关企业，规模以上和规模以下企业各 11 家，预计投产企业 4 家，分布于集成电路设计、制造、封测、装备及材料等各环节。2013 年，全省集成电路产业共完成主营业务收入约 29.7 亿元，在全国集成电路产业和全省电子信息产业中的占比均约为 1.4%。2014 年，软件和集成电路产业营业收入共 63.94 亿元，同比增长 4.8%，增加 23.09 亿元。

随着创芯集成电路 6 寸晶圆制造项目和博巨兴封测项目转移至湖南，湖南省顺利完成产业链各环节布局。在设计领域，有国科微电子、融合微电子、晟芯源微电子等；在制造领域，有南车时代电气、创芯集成电路等；在封测领域，有长沙韶光以及在建的博巨兴等；在集成电路装备、材料等配套领域，有中国电科 48 所、时代新材、长沙新创韶光、普照信息等。

（二）重点省市园区

长沙市、株洲市是湖南重要的集成电路产业聚集地，产业呈现向长沙高新区、长沙经开区、株洲田心区三个集成电路产业核心区集聚发展的态势。

长沙高新区聚集着景嘉微电子、博巨兴电子、融和微电子等一批优秀自主研发的集成电路企业，而长沙中电软件园成为湖南引进集成电路产业的重要聚集地，目前园区已引进了芯丰微电子、进芯电子、云腾微电子等企业，预计 2014 年园区可集聚集成电路类企业 20 家左右。长沙经开区因创芯集成电路的投产吸引了全国众多企业，目前已签约企业共计 20 家，其中 5 家企业已签署策略联盟协议，将产品陆续转入。

株洲田心区以中国南车的 IGBT 关键技术为核心，以轨道交通领域的应用经验为基础，全面发力电动汽车、风力发电、柔性直流输电和光伏等领域。南车株洲电力机车研究所公司（简称：株洲所）根植于 50 年深厚的技术积淀，国际化布局其功率半导体产业，是我国唯一一家同时具备大功率晶闸管、IGBT、IGCT、SiC 器件技术与产业化平台的企业。2014 年投产国内首条、世界第二条 8 英寸 IGBT 专业芯片生产线，首期将实现 12 万片芯片的年产能，配套生产 IGBT 模块 100 万只，打破外国公司对高端 IGBT 芯片技术的垄断，真正实现 IGBT 的国产化。其卓越成就极大地推动了湖南省定位打造特色工艺集成电路产业的目标。

五、甘肃天水

（一）总体状况

甘肃省集成电路产业定位为以集成电路封装测试、半导体功率器件为基础，电子元器件和整机生产并重，突出集成电路及封测业、电真空管器件和电子仪表产业、半导体照明应用产业、电子原材料及通信电缆业和军工电子及应用电子业发展重点，以兰州、天水、平凉为核心建成电真空器件、微电子、军工电子3大科研生产基地。

虽然，甘肃省的集成电路产业仍然存在总体规模偏小，产业链延伸不长，配套条件不齐，龙头骨干企业较少，核心竞争力较弱，发展缺乏智力保障，投融资体系有待健全等问题。但近年来，甘肃省集成电路产业还是取得了快速发展，产业增长速度加快，规模进一步扩大，创新能力得到提升，产业聚集效应的贡献逐步提高，整体实力显著增强。甘肃省集成电路制造业企业2013年同比增长62.75%，完成总产值39.59亿元；主营业务收入35.96亿元，比2012年增长60.31%；出口交货值同比增长高达154.32%，达到16.99亿元；已形成了以封装测试业为核心，配套引线框架、模具、封测专用设备、封装材料和包装材料等的产业体系。

甘肃省的目标是2015年向上下游产业拓展，完善集成电路产业链。以集成电路封装测试业为核心，以集成电路设计业、制造业、设备业、半导体封装材料及包装材料业为重点，大力发展BGA、FC、CSP、MCM（MCP）、SiP、TSV等高端封装技术以及MEMS、新型功率集成电路等先进产品。到2020年，大幅增加甘肃省集成电路产业占经济发展的比重，培育出世界前十的集成电路封装测试企业，力争集成电路主营业务收入达到150亿元。

（二）重点省市园区

甘肃省的集成电路产业是以天水华天科技股份有限公司为中心打造，并建立了国家级企业技术中心、甘肃省微电子工程技术研究中心、甘肃省微电子工程实验室等研发验证平台进行支持。截至2014年年底，天水华天集成电路封装测试能力及销售收入在全国内资上市企业中位列第三，主要从事半导体元器件、MEMS传感器以及半导体集成电路芯片的封装测试业务。产品有DIP、SOP、SSOP、TSSOP、SOT、LQFP、MEMS、MCM（MCP）、BGA、SiP、LGA、TSV-CSP等系列共计185个品种。集成电路年封装能力达到68亿块，其中集成电路铜线制程的年封装能力达到30亿块；TSV-CSP封装能力已达到12万片/年；集成电路成品年测试能力达到30亿块；CP测试能力达到12万片/年。围绕天水华天，甘肃发展了一批产品涵盖IC、功率器件、LED、MEMS传感器，以及下游封测设备、备件与包装材料等半导体领域的企业。

企业篇

第十二章　展讯

第一节　发展历程

展讯通信有限公司（简称"展讯"）于 2001 年 4 月在开曼群岛注册成立，同时在美国加州成立全资子公司，同年 7 月，上海展讯通信有限公司成立。展讯是一家半导体设计公司，公司的主营业务是开发无线通信及多媒体终端的核心芯片、专用软件和参考设计平台，为终端制造商及其产业链其他环节提供功能多样、集成度高、稳定性好的产品和丰富多样的产品解决方案。目前公司总部位于上海，在美国的硅谷、圣迭戈，中国上海、北京、天津等地均设有分公司和研发中心，在中国深圳设有技术支持中心，同时在韩国、在中国台湾和印度设有国际支持办事处。公司的全球研发中心位于上海张江高科技园区内，办公设备和环境十分现代化，目前公司有上千名员工，其中 80% 以上的员工拥有本科及以上学历。展讯发展历程中的重大事件如表 12-1 所示。

表 12-1　展讯发展历程中的重大事件

时间	重点事件
2001年4月	公司于开曼成立，同时在美国加州成立全资子公司
2001年7月	展讯通信（上海）有限公司成立
2003年4月	研发成功世界首颗GSM/GPRS（2.5G）多媒体基带一体化单芯片
2004年4月	研发成功世界首颗TD-SCDMA/GSM双模基带单芯片
2004年4月	SC6600B（2.5G）芯片实现量产
2005年3月	成立北京研发中心
2005年6月	成立深圳办事处

（续表）

时间	重点事件
2005年10月	研发成功SC6800D GSM/GPRS多媒体娱乐手机核心芯片
2006年4月	SC8800A TD-SCDMA/GSM/GPRS基带芯片实现量产
2006年10月	展讯第一千万颗芯片下线
2006年12月	展讯于上海张江高科技园区内建成全球研发中心
2007年2月	研发成功支持HSDPA功能的SC8800H TD-SCDMA手机核心芯片
2007年6月	展讯在美国纳斯达克成功上市
2007年8月	发布世界首颗商用AVS音视频解码芯片
2008年1月	成功收购美国射频芯片公司Quorum Systems
2008年5月	发布业界首款CMMB标准的手机电视单芯片解决方案
2009年2月	发布世界首款TD-SCDMA/HSDPA/EDGE/GPRS/GSM单芯片射频收发器
2010年9月	发布世界首款三卡GSM/GPRS基带单芯片–SC6600L7（随后11月发布四卡基带单芯片–SC6600L6）
2011年1月	发布全球首款40纳米低功耗商用TD-HSPA/TD-SCDMA多模通信芯片SC8800G
2011年9月	基于展讯基带调制解调器和射频收发器的三星GALAXY S II在中国上市
2012年1月	发布首款单芯片多模TD-LTE/TD-SCDMA/EDGE/GPRS/GSM基带调制解调器–SC9610
2012年4月	首款TD-SCDMA和EDGE/WiFi安卓智能手机平台成功实现商用
2012年5月	HTC OneXT和"新渴望"智能手机采用展讯芯片，并在中国市场销售
2013年3月	发布双核智能手机芯片–SC8825（TD-SCDMA）及SC6825（EDGE）
2013年7月	发布首款HSPA/WCDMA/EDGE基带芯片–SC7701B
2013年9月	成为全球手机基带芯片出货量第三大供应商
2013年12月	发布四核3G智能手机芯片组，集成BT/WiFi/GPS/FM、双卡双待功能，支持WCDMA、TD-SCDMA和GSM/GPRS/EDGE
2013年12月	清华紫光以17.8亿美元收购展讯，展讯私有化完成，从纳斯达克退市
2014年1月	发布支持WCDMA / HSPA+并集成连接功能的平板电脑四核芯片–SC5735
2014年6月	展讯发布首选28nm TD四核智能手机单芯片
2014年9月	Intel斥资90亿人民币入股展讯，占股20%

数据来源：赛迪智库整理，2015年1月。

第二节 总体发展情况

从业务领域来看，展讯公司的主要业务体现在以下几个方面：

1.设计专用集成电路芯片（ASIC）中的无线通讯系统，展讯的集成电路芯片产品包括射频芯片、GSM/GPRS 基带芯片、TD–SCDMA 基带芯片、TD–LTE 基带芯片、多媒体芯片、移动电视芯片等。

2.设计无线通信协议软件、无线通信软件开发平台，包括 GSM/GPRS 协议栈软件、TD–SCDMA 协议栈软件、Mocor 应用开发平台软件、场地测试软件工具、生产测试软件工具。

3.定制客户化的无线通信终端整体解决方案，产品包括手机电路参考设计和无线通信模块等。

4.研究制定下一代宽带无线通信标准。

展讯的产品主要用于移动手机市场，2014 年开始进军平板电脑市场，为移动终端提供基带芯片、射频芯片、多媒体芯片、应用软件等一整套设计解决方案。基于高集成度、高效能的芯片，搭配客户化的软件及参考方案，展讯可提供完整的交钥匙平台方案。产品线包含三部分，分别是基带芯片、射频芯片和 Mocor 平台。其中基带芯片是其生产的主要产品，其整体方案有基带 – 射频芯片套片和基带射频单芯片两种。展讯的基带芯片可以支持 2G、3G、4G 等无线通讯标准，其中最新生产的 4G 芯片实用 40 纳米技术，多模，带宽达到 150Mbps。射频芯片支持 TD–LTE 4 频、FDD–LTE3 频、TD–SCDMA 双频、WCMDA 5 频和 GSM4 频，集成所有 LNA，无须外挂 TX SAW Filter，支持时钟等功能。

展讯的主要客户基本都分布在亚太地区，除中国大陆外，还有韩国以及中国香港、澳门和台湾地区。客户产品的主要销售市场也主要集中在印度、东南亚、非洲和拉美等新兴市场。客户包括三星、联想等大牌手机厂商，也包括大量的中低端客户如酷派、酷诺、基伍、明泰等手机厂商。2012 年，展讯的主要客户中，业务占比超过 10% 的有三家，且从 2010 年以来每年的业务量在 10% 以上的大客户均有变动。公司与大客户的联系不够紧密，合作关系不够稳定。

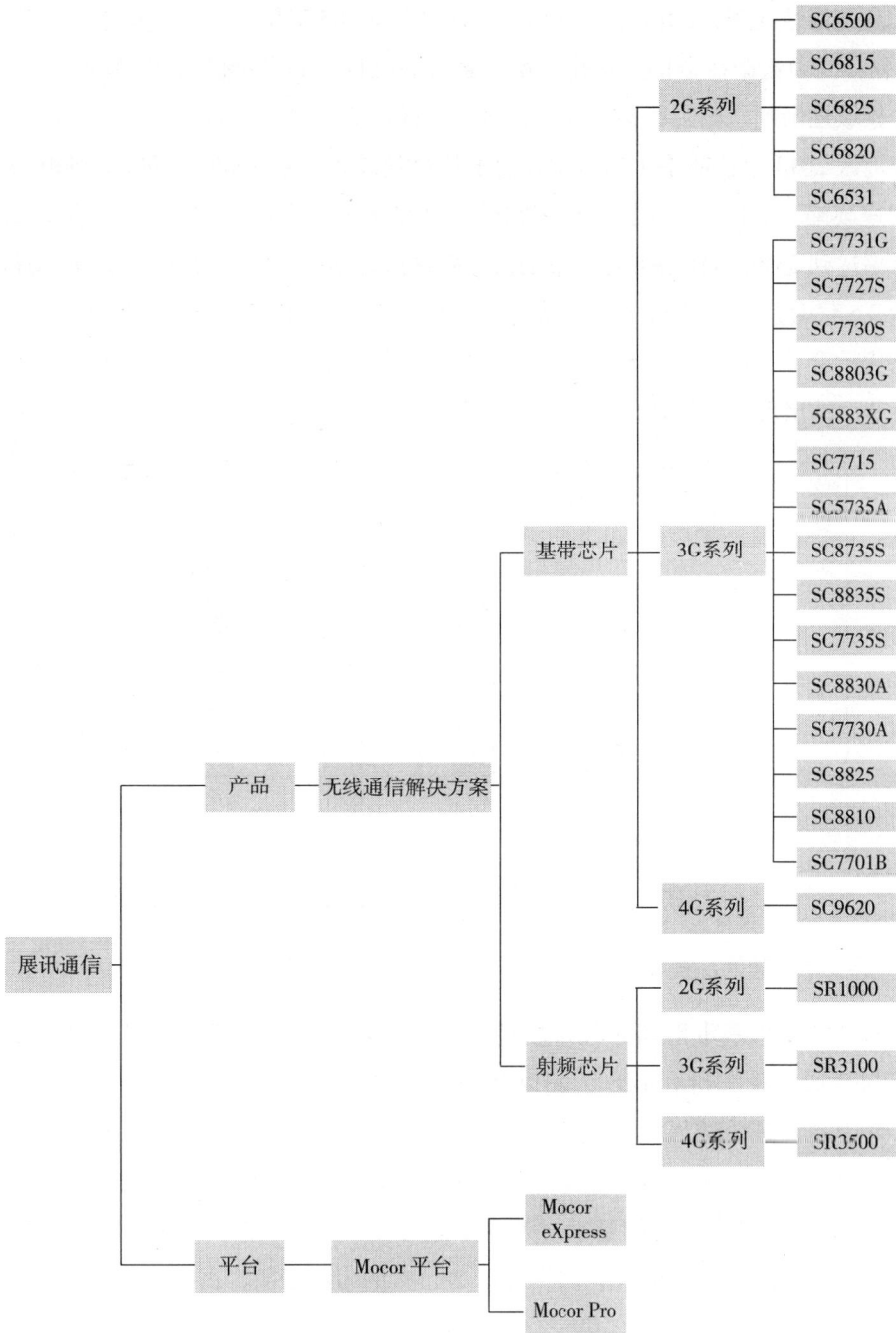

图12-1　展讯通信产品线情况

数据来源：赛迪智库整理，2015年1月。

从销售情况来，2014 年，展讯出货芯片量是 4.5 亿颗，其中智能手机芯片近 2 亿颗，两项数据在全世界均排在第三名。展讯目前的出货仍以 2G 为主，在 4G 芯片领域逐渐赶超国际巨头。在展讯客户产品的重要终端销售市场中，印度、拉美等地区 2014 年智能手机销售增长速度均达到或者远超 100%，功能手机市场正在加速萎缩。2014 年，展讯总营收达到 12 亿美元，在中国 GSM 基带芯片市场占有率达到 25%，TD 基带芯片市场占有率保持在 70% 以上。2014 年基带芯片出货量 3.5 亿套片，锐迪科芯片出货量为 1 亿颗，2014 年底两家企业完成整合后，总出货量合计将达 5.5 亿颗，排名世界手机基带市场第三位。2015 年随着全制式 LTE 芯片的出现，展讯在低端市场、三模和五模 LTE 平台都会成为市场的主力。

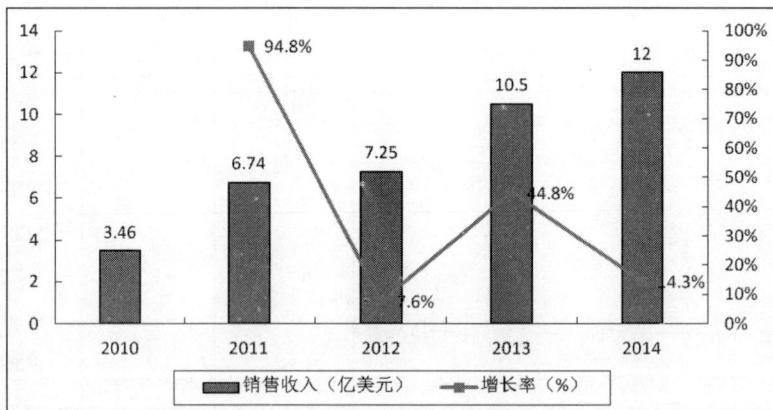

图12-2　2010—2014年展讯销售收入情况

数据来源：展讯财报，赛迪智库，2015 年 1 月。

从全球手机基带射频芯片市场结构情况来看，全球基带射频芯片的主要供应商为高通、联发科和展讯，2014 年这三家合计占据全球 80% 以上的市场份额。其中高通是全球最大的生产基带射频芯片的企业，2014 年基带芯片市场销售额达到 80.8 亿美元，占据全球基带芯片市场规模的 42.2%，占据射频芯片市场 36.6% 的份额。排名第二的基带射频芯片企业为中国台湾的联发科，2014 年基带芯片市场规模为 54.5 亿美元，占据全球 28.5% 的市场份额，占据射频芯片 27.1% 的市场份额。展讯通信排名第三，2014 年基带芯片的市场规模为 24.5 亿美元，在全球基带芯片中占 12.8% 的市场份额，在射频芯片产品的市场占有率和基带芯片相似，约为 13%。展讯市场占有率虽然排名全球第三，和基带射频芯片的龙头高通相比，在技术水平上还是有很大差距，目前展讯尚未进入主流 4G 手机芯片市场。目前在 4G 芯片市场中，美国高通垄断高端市场，中国台湾的联发科主要占领中低端市场，展讯须迅速完成自身在 4G 芯片的布局，并跟上下一代产品的演进步伐。

第三节　技术水平

展讯公司自成立以来，始终坚持自主创新，有很强的独立研发和技术实力。在 IC 设计技术、信号处理技术、无线宽带技术和软件开发技术等方面积累了大量的经验，能够为无线通信终端制造商提供全方位的技术解决方案。

2003 年以来，展讯就在多项核心芯片技术上取得突破。首先是自主成功研发出亚洲首枚 2.5G GSM/GPRS 核心芯片，打破了长期以来手机芯片核心技术被国外通信公司垄断的局面，在技术上达到国际先进水平，为国内手机产业发展提供契机。随后在 2004 年，展讯自主研发了世界首颗 TD-SCDMA/GSM/GPRS 双模多频手机核心芯片，此芯片获得了中标的中国移动试用终端一半的使用率。2008 年展讯收购了美国 CMOS 射频收发器设计公司 Quorum，从收购中展讯收获了技术和团队，包括平均超过 10 年行业经验的 Quorum 射频工程开发团队。展讯的单芯片基带解决方案结合了 Quorum 低耗电、高性能的射频设计特点，结合自身研发，进一步加强了展讯在无线通信市场的竞争优势。随后展讯推出自主研发的基于中国 CMMB 标准解码和信源解码功能于一体的芯片，推出同时支持 AVS 及 H.264 视频解码标准的产品。2011 年，展讯的基带调制解调器和射频收发器被三星手机使用，并在中国上市。

2014 年英特尔入股后，展讯在技术研发、工艺开发、架构选择以及市场营销等多方面都能收获英特尔的策略支持。展讯计划于 2015 年推出首批基于英特尔 X86 架构的系统芯片产品。

第四节　发展策略

一、加强自主创新

展讯作为一家以技术研发为主的高科技企业，十分重视自主创新能力的培养和提升。为此，制定了较完善的管理措施，营造积极的学习型工作氛围，让员工充分发挥主观能动性，自发地探索技术创新方法，改进工作方法和提高研发效率。公司自主创新方面主要管理措施有：

（一）采用"指导人"模式，加快技术人员技能提升。公司在面对初级技术人员的水平提升问题时，经过一段时间的摸索，确定采取"指导人"模式，将初级技术人员进行分组，每组配备一名资深技术人员作为"指导人"，由指导人在工作过程中即时对初级技术人员进行辅导，在解决实际问题的过程中快速有效提升技术水平，使得初级技术人员少走弯路，快速成长起来。

（二）采取新型、灵活激励措施。为了更好地提升技术创新主管能动性，公司在原有激励措施的基础上，新设置机动性强的项目即时奖制度，对积极探索新方法、提高公司研发效率和准确度的员工和团队给予即时奖励。同时，还加大了对知识产权申报工作的激励力度，建立专利申报奖金制，对申报专利数量较多、专利质量较高的员工给予奖励，提高员工自觉申报专利的积极性，丰富公司知识产权储备。

（三）推广自主研发的 iManage 系统。iManage 系统是展讯员工自主研发设计的集研发记录、协作、共享为一体的专业化系统，该系统的设计目的是为了提高研发的效率和准确度，通过该系统的应用，公司的研发主管可以实时了解到项目研发进度和各环节的具体问题，研发团队成员可以即时互相通报工作进展，以便实现更加默契的联合工作，系统还将对整个研发过程的数据进行分类存档，梳理成翔实的案例，便于后期的查阅和交流。在系统的主体功能架构上，还搭建一套研发人员内部社区，鼓励员工分享技术经验，通过自由化探讨提高。

二、服务科技型中小企业发展

展讯在自身团队发展稳定、技术产品进展顺利的情况下，积极探索行业合作，通过服务科技型中小企业发展，增强行业辐射带动作用，聚集以芯片设计为核心的产业集群。展讯重点与 6 家企业展开合作，从融资、技术、产品、产业趋势分析、发展策略指导等方面为企业提供立体式全方位服务，帮助企业快速突破发展瓶颈，提升技术水平，增强竞争力。

展讯在服务企业的过程中，凭借勤恳扎实的工作作风以及高效精准的技术实力，获得合作伙伴的充分认可，帮助服务企业解决了众多实际问题，在实际的研发服务过程中，帮助服务企业提高了团队技术水平，增强其自身"造血"能力，提供长远的持续发展动力。与此同时，展讯技术人员也在服务过程中获得不同细分领域的技术经验，拓宽多角度探索问题的能力，增强了技术研发的创造性。

三、加快成果转化与产业化

展讯凭借立体化的人员结构和学习型的工作氛围，形成了高效的成果转化机制，并很好地实现了技术成果的产业化，最终获得较好的销售收入。展讯通信累计申报发明专利27项（2013年申请11项）；获得软件著作权7项；智能终端系统配套的工具软件和应用软件若干项。基于这些技术成果，研发成型4大系列的芯片产品和平台——射频芯片系列、入门级智能终端系列芯片平台、高性能智能终端系列芯片平台、多核智能终端系列芯片平台。

四、依靠科技创新提升竞争力

展讯通信凭借28nm项目的创新性技术突破研发，真正开始了跨越式发展。经过一年多的艰苦攻关，展讯掌握了28nm工艺下集成电路设计技术和IP积累，预计第一款支持国产TD-SCDMA标准的四核智能手机芯片将于近期推出，这是我国业界首次使用该技术进行产品研发，是目前可商用技术所能达到的最小工艺线宽，达到世界尖端水平。基于现有的技术积累，展讯通信瞄准国际市场，启动了基于28nm工艺支持WCDMA、LTE等通信标准多核智能手机芯片的研发工作。展讯将持续做好新技术研发工作，不断推出新产品，抢占新市场，实现持续性跨越发展。

第十三章　中芯国际

中芯国际集成电路制造有限公司（以下简称"中芯国际"），成立于 2000 年，是世界最大的集成电路晶圆代工企业之一，也是中国大陆地区规模最大、技术最先进的集成电路晶圆代工企业。公司总部位于上海，向全球客户提供 0.35μm 到 28nm 晶圆代工与技术服务。公司在美国、欧洲、日本和中国台湾地区设立营销办事处，提供客户服务，在中国香港设立了代表处，现有员工 10007 名，境外员工 500 多名，近一半员工拥有本科及以上学历，其中博士约 100 名，硕士约 1500 名，四人入选国家或上海的"千人计划"。

第一节　发展历程

中芯国际创办于 2000 年，其在上海建设的首条生产线于 2002 年投产，同年在北京建设生产线，2004 年收购摩托罗拉在天津的生产线，2006 年建设武汉新芯的 12 英寸生产线，并代为管理。2009 年，中芯国际遭到台积电的"窃取商业机密案"起诉并败诉，其创始人张汝京被迫离开中芯国际，由王宁国担任总裁兼CEO，中芯国际进入后"张汝京"时代，但 2011 年中芯国际陷入人事纷争，总裁王宁国和财务总监均离开中芯国际，张文义和邱慈云分别担任中芯国际董事长和 CEO，2014 年，中芯国际在深圳建设的 8 英寸生产线投产。目前中芯国际在上海建有三座 200mm 芯片厂，可提供 0.35 微米到 90 纳米的制程技术服务，一座 300mm 芯片厂（S2）提供 0.35 微米到 45/40 纳米的制程技术服务。在北京有三座先进的 300mm 芯片厂，可提供 0.13 微米到 28 纳米的制程技术服务。天津有一座 200mm 芯片厂可生产从 0.35 微米至 0.13 微米的芯片。

表 13-1　中芯国际不同产线产能情况

工厂	产能（片/月）
上海8英寸厂	96000
上海12英寸厂	31500
北京12英寸厂	81000
北京12英寸先进制程厂	50000
天津8英寸厂	39000
深圳8英寸厂	10000
总产能	307500

数据来源：中芯国际公司网站，2015 年 3 月。

第二节　业务情况

中芯国际是中国大陆最大、全球排名第五的集成电路代工企业，可提供 0.35um—40nm 工艺代工，而 28nm 也在 2014 年实现量产。产品包括逻辑电路、混合信号 /CMOS 射频电路、高压电路、系统级芯片、闪存内存、EEPROM、影像传感器以及硅上液晶微显示技术。

2014 年，在其销售收入的工艺制程分布方面，0.15/0.18um 工艺收入占比最高，达到 45%，而 45/40nm 工艺收入占比也达到近 11%。而其 28nm 工艺已经在 2014 年底量产，预计 2015 年将带来收入。

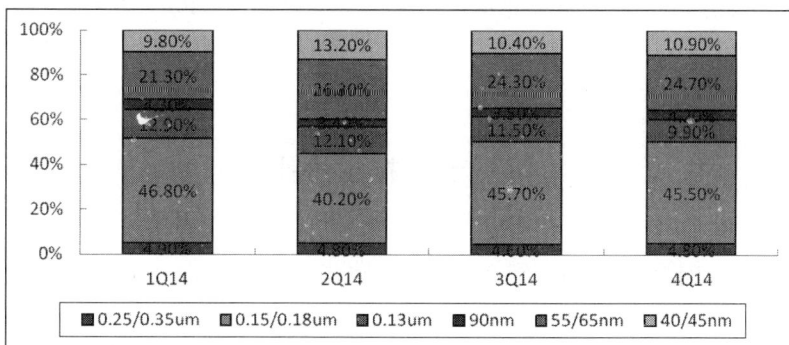

图13-1　2014年中芯国际产线制程分布

数据来源：中芯国际公司网站，2015 年 3 月。

在业务范围方面，中芯国际代工产品主要以消费电子为主，占到总代工份额的44%，其次为通信产品，其市场份额达到近42%，而计算机产品占比仅为2.5%左右。

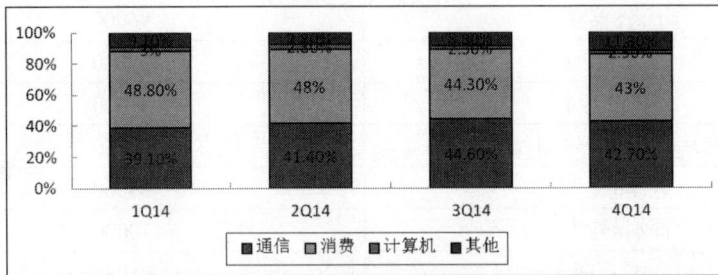

图13-2　2014年中芯国际代工产品占比

数据来源：中芯国际公司网站，2015年3月。

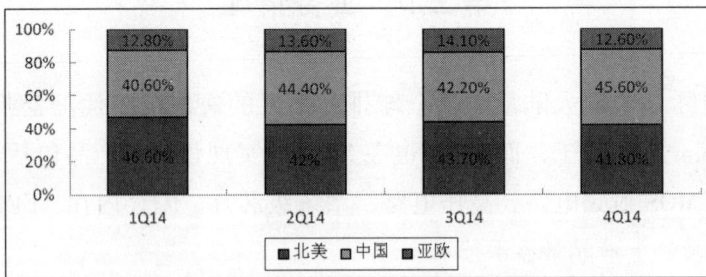

图13-3　2014年中芯国际客户占比

数据来源：中芯国际公司网站，2015年3月。

在客户来源方面，主要以北美客户为主，占比达到44%。中国客户占比约为43%。

第三节　技术水平

目前中芯能提供0.35um到28nm的晶圆代工与技术服务，高端全面的制程能力之外，中芯也能为客户提供全方位turnkey的晶圆代工解决方案：从光罩制造、IP研发及后段辅助设计服务到外包服务，外包服务包含凸块服务、晶圆片探测以及最终的封装、终测等。

一、先进制程持续推进

2014 年，该公司的 45/40nm 产品已经成为其收入的主要来源，销售额已占其总销售额的 11%，并且业务量还在持续增长。28nm 制程是个比较特殊的工艺节点，按照 IBS 的数据，从 28nm 到 20nm，每个门（Gate）的成本将再遵循此前持续下降的规律，到 16/14nm 时甚至可能会变得更加昂贵，因此 28nm 量产是关键。32/28nm 全套工艺的开发已经于 2014 年初导入，并且已经成功为高通生产骁龙处理器，预计 2015 年成为较大的业务增长点。同时，中芯国际也得到 ARM 公司授权，得到 28 纳米 polySiON（PS）制程工艺提供高性能、高密度、低功耗的系统级芯片（SoC）设计支持。中芯国际也在继续布局下一代制程，20nm 的前期开发工作也已经全面展开，预计在 2015 年年中完成。生产线建设预计于 2017 年建成投产。

二、存储器代工业务不断取得突破

2014 年，中芯国际成功开发出 38nm NAND Flash 工艺制程，可为客户代工 NAND 产品，这也是中国大陆首家实现 NAND 工艺代工的企业。同时，中芯国际与华大电子合作，开发基于 55nm 工艺的智能卡芯片，该芯片采用中芯国际 55 纳米低功耗（LL）嵌入式闪存（eFlash）平台，具有尺寸小、功耗低、性能高的特点。

三、在射频工艺方面

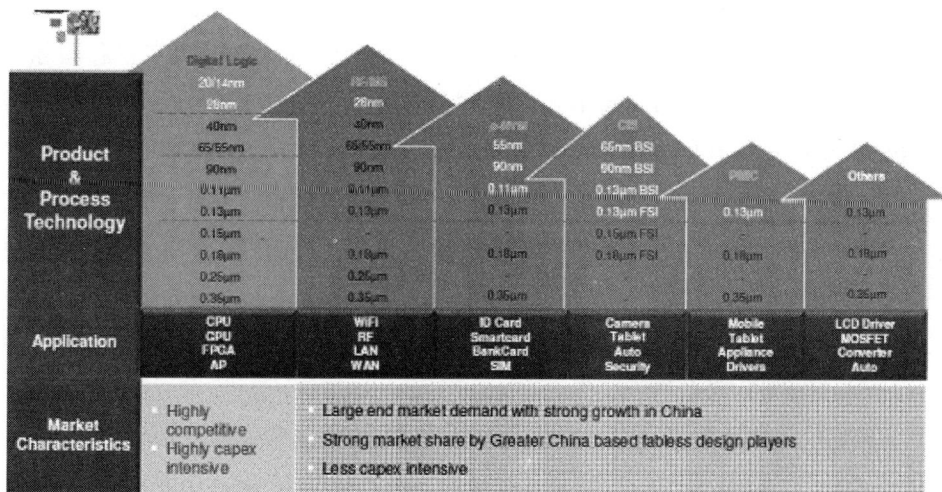

图13-4　中芯国际各种工艺及产品情况

中芯国际也成功开发出 55nm 的蓝牙射频 IP，可为物联网、手机及平板市场提供优质的 IP 解决方案。

第四节　发展策略

一、运作机制坚持国际化运作

2014 年，虽然国内几大投资机构股本合起来占 40% 左右，但外资仍占大股，国际化发展战略一方面可以让中芯国际突破瓦尔森协议的限制，在引进先进技术、设备方面受限制较小，另一方面有助于降低融资成本，国际资本市场的融资成本相对于国内为低，此外，公司在管理、生产、研发方面也走国际化路线，在全球范围引进既熟悉行业又有管理经验的人才，为他们发挥才能提供了一个宽松的环境。目前中芯国际国有股本已占 40% 多，而 2014 年又得到国家集成电路基金的大力支持，业界质疑其"国进民退"背后折射的产权变革使中芯国际处于两难之中，但是受益于集成电路大环境和中芯国际这几年的持续盈利，中芯国际估价已上升 80% 以上，也为其引进国际战略资金提供便利，使其能够继续走国际化发展道路。

二、以盈利为中心

集成电路代工业是依靠投资拉动的，特别是中芯国际目前所追求的先进工业代工策略，需要持续投资以形成规模经济效应，但在投资前几年会由于大规模投入而带来亏损，如折旧增加等。在张汝京时代，中芯国际注重于快速发展，持续建线使得中芯国际多年亏损，投资者对此颇有怨言，在张文义执掌中芯国际后，转变经营思路，坚持以利润为中心，以技术路线和合理规模为两个支撑点。在技术路线的选择上，中芯国际采取两条腿走路，先进工艺和成熟工艺并举。截至目前中芯国际已经连续 8 个季度实现盈利。虽然实现了赢利，但从长远来看，中芯国际工艺节点与国际先进工艺代工企业相比差距较大，而缺乏技术的先进性要持续赢利相对较难。

三、注重中国大陆市场

我国 IC 设计业已进入了 65nm—40nm 世界主流技术领域，且呈现出 40nm、65nm、90nm 及以上多代、多重技术并存的局面，我国 IC 设计企业发展对本土芯片代工企业起到极大支撑作用。中芯国际主要客户来自中国大陆和美国，其他是欧亚地区客户等。中国大陆客户成长非常快，2014 年第四季度营收占比从 2009 年第一季度的 17% 上升至 44%，大陆客户为中芯国际实现盈利奠定了坚实基础，中芯国际守住中国大陆，也是守卫自己。我国一直强调集成电路产业应自主可控地发展，而代工业的自主可控发展必将为装备等自主可控发展提供可靠的保障。中芯国际作为我国代工业的龙头，其产业链竞争力的提升为其巩固国内市场创造更多有利条件。

四、积极拓展业务领域

与长电科技合资 12 英寸 Bumping 为客户提供一站式解决方案。为向下游封装环节拓展，完善服务体系，中芯国际与长电科技（JCET）合资 12 寸 Bumping 制程（8 寸 humpingin-house），打造中国大陆第一条 28nm 12 寸完整产业链，为客户提供一站式服务。合资项目（中芯长电）位于江苏江阴，设计产能 50K WPM，预计 2015 年底可以安装 10K WPM 的产能，预计 2018 年达产。未来双方在 3D WLP 领域进一步加强合作。中芯国际也与日本凸版印刷株式会社成立合资公司，建设国内首条 12 英寸芯载彩色滤光片和微镜生产线，结合中芯国际 12 英寸 CMOS 图像传感器（CIS）晶圆生产线，将形成一条完整的 12 英寸 CIS 产业链。

五、坚持投入，继续扩大生产规模

2014 年，中芯国际在深圳建设的 200mm 晶圆厂正式投产，这也标志着中国华南地区第一条 8 寸生产线投入使用。该生产线月产能为 1 万片，在 2015 年底达到每月两万片，产品主要应用方向为图像感测器、逻辑电路和电源管理电路等消费及通讯电子。中芯国际也积极引入新资本，中国集成电路产业投资基金将以每股 0.6593 港元的认购价认购中芯国际 4700000000 股新股份。这笔投资将会用作中芯国际的资本支出、债务偿还以及整体运营支出。同时，市场也传出中芯国际准备收购韩国最大的代工厂—东部技术公司，向海外扩张。

第十四章　江苏长电科技股份有限公司

第一节　发展历程

　　江苏长电科技股份有限公司（简称长电科技）成立于1972年，经过几十年的奋力拼搏，不断进取，努力创新，长电科技成为了中国规模最庞大、技术最先进、品种最齐全、服务最完整的封测企业，并且作为集成电路封测产业链技术创新战略联盟理事长单位，率先开发出了一系列国际领先的拥有自主知识产权的新型封测技术。表14-1显示了公司发展中的重要历程。公司为客户提供芯片测试、封装设计、测试等全套封装解决方案，曾荣获中国电子百强企业、中国半导体十大领军企业、国家重点高新技术企业等称号，拥有我国第一家高密度集成电路国家工程实验室以及国家级企业技术中心和博士后科研工作站。其产品涵盖通信、计算机、汽车电子、消费电子等应用领域。近年来，长电科技在整体收入和利润保持上升态势的同时，其业务结构随技术创新不断升级，该公司十年营业收入的年复合增长率达到19%，只有2009年受金融危机影响营收微微下降。其封测收入连年上升，在收入规模上远高于其他国内厂商，是第二名华天科技封测收入的两倍，2013年成为中国大陆最大、全球第六的封测大厂。2014年与国家集成电路产业基金的联手成功收购全球排名第四的星科金朋，二者的整合，能够跻身全球前三，且使得业务互补，在高端封装产能方面实现全面的自主可控。

表 14-1　长电科技发展历程的重点事件

时间	重点事件
1972年	江阴晶体管厂成立
1986年	建立分立器件自动化生产线
1989年	建成集成电路自动化生产线
1995年	与飞利浦合作创办IC加工厂
2000年	整体改制为江苏长电科技股份有限公司（C1厂）
2002年	新顺微电子公司成立
2003年	长电科技在上海证券交易所成功上市
2003年	与新加坡APS合资成立"江阴长电先进封装有限公司"
2003年	长电科技霞客厂区（C2厂）建成投产
2006年	博士后科研工作站、国家企业技术中心成立
2007年	长电科技新城东厂区（C3厂）正式投入使用
2007年	长电科技SiP厂正式成立
2008年	以长电科技为主体的"高密度集成电路封装技术国家工程实验室"正式成立
2009年	"芯潮"品牌的高密度高容量存储类产品上市
2009年	国务院总理温家宝视察长电科技
2009年	收购新加坡APS公司
2009年	集成电路封测产业链技术创新战略联盟成立，长电科技担任首届理事长单位
2010年	MIS封装材料厂建成投产
2010年	长电科技（滁州）有限公司、长电科技（宿迁）有限公司奠基开工建设
2011年	与东芝公司合资的江阴新晟电子有限公司成立
2014年	与国家集成电路产业基金的协作收购星科金朋

数据来源：长电科技官网，赛迪智库整理，2015年3月。

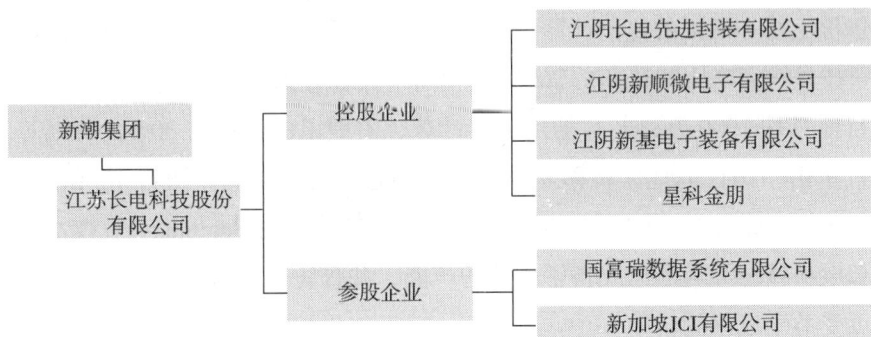

图14-1　长电科技公司架构

数据来源：长电科技官网，赛迪智库整理，2015年3月。

第二节　产品业务分布及定位

一、业务分布

长电科技作为中国大陆最大的内资半导体封装测试公司，进行了封测领域的全产品线布局。从地域布局来看，宿迁和滁州定位为传统封测产品，江阴定位为FC、Bumping、基板、MIS 和摄像头模组等高端产品。尤其是其子公司长电先进具备 Bump、FC、WLCSP、SiP、TSV 五大先进圆片级封装技术服务平台，其芯片铜凸块和晶圆级封测产能均处于全球前列，并拥有部分核心专利授权，目前规模接近十亿元，拥有较强的盈利能力。公司在功放、电源芯片、驱动芯片、影像传感器、MEMS 等各领域均有丰富技术储备，未来将有极大的拓展空间。

二、经营定位

（一）扩充一线客户

长电科技受益于苹果供应需求增加。在苹果 iPhone5S 的 9 颗 WLCSP 芯片中，长电先后有 5 颗实现了 100% 供货，有 2 颗实现了部分供货，是苹果 WLCSP 芯片的主力封测供应商。

在展讯芯片封装的份额逐步提升。展讯作为世界第三大手机基带芯片供应商，2013 年销售收入超过 10 亿美元，出货芯片量是 3.5 亿颗，其中智能手机芯片出货量是 1.2 亿颗，涵盖了华为、联想和三星等国际重量级客户。按照封装产品占芯片售价 12%—18% 的比例计算，展讯封装总订单约为 7.5 亿—11.2 亿元人民币。长电科技月均订单从 2013 年的 2000 万—2500 万元/月提升至 2014 年 3000 万元/月，按照目前月均 1000 万只芯片的出货量计算，占展讯的份额约 30%，展讯芯片的封装订单由中国台湾地区转移至中国大陆的趋势逐步明确。随着 4G 和 28nm 时代的到来，展讯计划未来将有 2000 万颗/月的芯片使用 Bumping+FC 技术进行封装，长电科技已经为展讯配备了相应的产能，并且凭借着与中芯国际的合作，有望深度受益于展讯的转单。

锐迪科的主力供应商。锐迪科微电子作为中国领先无线系统芯片及射频芯片供应商，产品涵盖手机通讯芯片、无线连接芯片和广播芯片，专注于 PA 和无线收发机等射频芯片市场。锐迪科 2012 年收入为 3.9 亿美元，按照 12%—18% 比例计算封装总订单约为 2.9 亿—4.4 亿元人民币，长电科技在锐迪科的月均收入约为 1500 万元／月，约占锐迪科 30%—40% 份额。

（二）卡位先进封装工艺

在消费电子产品轻薄化趋势的推动下，Bumping、FC 和 FC-CSP 逐步成为业界关注的焦点。28nmIC、下一代 DDR 内存、使用微凸点技术的 2.5D/3DIC 硅转接板（interposer）、高性能电源管理和射频将是 FC 主要应用领域；随着 FC 应用空间的逐步打开，在 28nm 以下制程的驱动之下，铜柱凸块（Copper Pillar Bump，CPB）技术逐步成为主流，预计 2018 年铜柱凸块将处于绝对主导地位；随着 PC/NB 市场的萎缩，传统 PC/NB 中用到的 FC-BGA 已经增长趋缓，FC-CSP 在手机／平板电脑和 DRAM 两大驱动力的推动下正蓬勃发展。

长电科技已经具备了先进封装领域的四大关键技术：圆片凸块技术（Wafer Bumping）、圆片级芯片尺寸封装（WL-CSP）、硅通孔封装技术（Through Silicon Via）、倒装技术（Flip Chip），并由此开发了包括 WL-CSP、Cu Pillar Bump、TSV-CIS、FC-BGA 等在内的多种封装产品。长电先进 2012 年收入和利润约 7.6 亿和 8272 万（含政府补贴），2013 年收入约 9.6 亿，我们预计 2014 年收入有望增长至 13 亿元左右。长电目前在中道 Bumping 和后道 FC 技术进行了深度布局，公司已经形成了 8 英寸 Bumping 量产能力，并具备全球稀缺且国内唯一的 12 英寸 Bumping 的量产测试能力。

（三）力争全球前三

近几年，长电科技在经营策略、技术水平和市场开拓等方面取得了大幅提升。一方面生产规模、经济效益有了较大增长；另一方面工艺水平、产品结构、技术创新等方面与国际大厂的差距进一步缩小，实现了跨越式发展。长电科技的突出进展体现在四个方面：一是长电科技 2013 年在全球封测业排名第六位；二是长电科技建立了国内唯一的"高密度集成电路封装技术国家工程实验室"；三是集成电路封测产业链技术创新战略联盟主要依托长电科技在国家重大科技项目中发挥出积极作用；四是越来越多的国际大企业认可长电科技，并与长电科技开展技术合作。

随着国际经营环境的转暖，以及国内宏观政策环境的推动，长电科技 2014

年实现营业收入 64.28 亿元，同比增长 25.99%；归属于母公司所有者净利润 1.57 亿元，同比增长了 13.09 倍。长电科技下一步将继续培育自主知识产权的核心竞争力，实现技术转型升级，力争在先进封装关键工艺和核心技术方面达到世界先进水平。在公司的十年发展规划中，公司计划在十年时间内承接 280 亿—300 亿元的产业基金，在 2018 年和 2023 年完成 100 亿—150 亿和 400 亿元的收入目标并进入全球封测行业前三位。

第三节　技术水平

一、九大核心技术

长电科技通过引进、消化吸收国外先进封装技术，并在此基础上经过多年的持续研发与技术沉淀，如今已基本掌握九大核心封装技术，参与国际竞争。这些技术包括：SiP 射频封装技术、硅穿孔（TSV）封装技术、铜凸点互联技术、圆片级三维再布线封装工艺技术、多圈阵列四边无引脚封测技术（MIS/MIS-PP）、高密度 FC-BGA 封测技术、封装体三维立体堆叠封装技术、50μm 以下超薄芯片三维堆叠封装技术以及 MEMS 技术。

长电科技的 SiP、TSV、WL-CSP 三大技术达到世界先进水平。在 SiP 封装领域，长电科技已占据国内绝对领先地位，减薄技术达到 25μm，焊线距离小到 35μm，堆叠可达 8 层以上。长电科技已经用 12 英寸圆片级封装技术批量生产了世界最小的影像传感器（CIS），并且其铜柱凸块技术也已进入小批量生产。长电科技拥有很强的射频器件封装设计能力，且其 WLCSP 封装技术规模已进全球前三。另外，长电科技已申请了 500 多项专利四边无引脚多圈封装（又称高脚位 QFN）专利，且其中一半是发明专利。长电科不断创新，并对 MIS、MIS-PP、QFN 等产品线的研发有着长期的计划，未来产品将更具选择性与性价比。此外，长电科技除模拟产品（主要为电源管理产品）封装测试以外，凭借新工艺正在逐渐开拓混合信号与主芯片产品业务。

二、MIS封装独具特色

长电科技引以为豪的 MIS/MIS-PP 技术能够将 IC 封装主流技术 QFN/DFN 系列产品的工艺提升至新水平。与传统 BGA、QFP 和 QFN/DFN 等技术相比，MIS/

MIS–PP 具有以下优点。

全新 MIS 封装首次在框架封装产品上实现扇入和扇出设计，极大提高封装设计的灵活性，显著减少金线的用量；支持多圈及全阵列外引脚设计，极大地延伸了 QFN 封装的引脚数，I/O 数由目前的 100 多增加至 500 左右；外引脚支持 BGA 植球功能，改善 SMT 良率和产品可靠性；细线能力达到 15 微米线宽及线距；细微的尺寸带来超小超薄的封装；兼容芯片倒装（FC）、COL、芯片堆叠及 POP 等各种封装技术；与现有 QFN 和 BGA 实现 Pin–to–Pin 兼容；优良的框架材料和制作技术提高封装良率及品质；优良的射频（RF）及各种电学性能。长电的 MIS 封装技术规范包括：封装尺寸最小 1.0mm×0.6mm，最大 15mmx15mm；最小封装厚度 0.4mm；最小外引脚尺寸 0.2×0.2mm 或 φ0.2mm，最小外引脚间距 0.4mm，可支持不规则外引脚形状，最少 I/O 数 2，最多 I/O 数 500；最小线宽线距 15μm/15μm；实心通孔，单层或双层布线选择；最小金线直径 18μm；可铜线焊线；达到 MSL1（湿气敏感性）水平；多种表面镀选择（PPF，NiAu，OSP）。[1]

长电科技的 MIS/MIS–PP 技术存在三大优势：一是与其他技术的结合可使产品外形更小、密度更高，更节省材料；二是扇入扇出内外引脚互联技术可以节约金线使用量；三是配合 SiP 封装测试服务，可以支持高传输速率与高密度的高阶封装制程以及具备异质整合特性的封装需求，扩充芯片性能。优越的技术水平将，使长电科技的市场地位不断提升，吸引国际领先的企业客户（包括 IDM 和 Fabless 厂商）。

第四节　发展策略

长电科技将坚持内生外延兼顾的发展策略，内生方面，高端产能已进入回收期，未来持续放量，传统封测扭亏为盈（2014 年滁州盈利，预计 2015 年宿迁扭亏为盈），业绩拐点逐步显现；外延方面，预计通过机制优化，扁平管理，债务剥离和导入客户等综合措施，尽快扭转星科金朋微亏损局面，若完成整合，将带来巨大发展机会，公司长期目标升至 5—10 年内比肩日月光，成为全球顶级综合

---

[1]　伟文：《立足先进技术 打造国际领先封装企业》，《中国电子报》2010年10月26日。

封测企业；在提升效率，集中资源，以及全球战略的驱动下，预计未来有望将集团优质资产注入上市公司。

2014年公司盈利大幅增长，营收64.3亿，同比增加26%；营业利润2.2亿。重要原因在于产品结构逐步调整，高端产品占比提升，同时滁州低成本基地投产，带来低端产品人力成本的降低。另外，半导体行业的高景气，也为公司订单的稳定提供条件。

先进封装产品依然是长电科技利润贡献源泉，长电先进实现营收14.4亿元，同比增长56%，净利润1.72元，增长103%。其中WL-CSP年出货量达31亿颗，同比增长78%；Bumping年出货量达96万片次，同比增长43%。长电科技在高端指纹识别、光学防抖相机、虹膜识别等先进技术上均有储备，可为后续年份的业务拓展奠定基础。公司与中芯国际实现合作，打通了中国国内从"芯片制造 – 凸块 – 后段FC倒装"的工艺制程。这一Fab- 封装厂绑定的业务模式能够提升中国先进集成电路在全球范围内的整体竞争力。收购星科金朋也是公司未来跨越式发展的一大看点。

展望2015，公司规划收入达75亿元。在集成电路产业政策的持续扶持、长电先进高端产品占比提升、低成本生产基地盈利扩大、费用实现优化的背景下，公司能够实现持续性的业绩增长。

表14-2　2014年长电科技经营收入情况

	2014 1Q	2014 2Q	2014 3Q	2014 4Q
营收（亿元）	13.1	16.4	17.6	17.2
毛利（亿元）	2.5	3.6	3.7	4.1

数据来源：长电科技官网，2015年2月。

表3-3　长电科技2014年经营策略

技术研发	2014年长电科技全年研发投入3.14亿，占营业收入6.16%，研发人员占所有科技人员的比例达到20%—30%。2014年公司共申请专利161件，其中发明专利69件、实用新型86件、PCT 6件；发明专利达到42%，比2013年的19%提高了一倍多。从研发投入的绝对水平来看，公司研发投入远超国内其他厂商，比第二名华天科技还高出一倍多。
战略合作	2014年，长电科技出资2450万美元与中芯国际出资2550万美元共建具有12英寸凸块加工及配套测试能力的公司，合作重点是12英寸中道Bumping工艺。同时，长电科技还将建立配套后端封装生产线，与中芯国际打造集成电路制造封装本土产业链。

（续表）

海外并购	2014年，长电科技在国家半导体大基金的大力支持下，完成对排名比自己高两位的新加坡星科金朋的收购，实现以小吃大。在此次收购中，国家集成电路基金一方面出资1.5亿美元参股，另一方面提供了1.4亿美元的股东贷款，合计出资2.9亿美元。与此同时，国家的政策支撑还可帮助长电科技解决更多的技术问题。
技术开发	2014年，长电科技已形成8英寸凸点互联中道工序量产能力，长电先进已建成Bump、FC、SiP、WLCSP、TSV五大圆片级封装技术服务平台。其中，Cu-pillar和MIS拥有全球性专利，Flip chip BGA已达国际一流水平，圆片级WLCSP的产能规模也进入全球前三。目前正在筹建全球首条0.3mm薄型QFN的封测线。

数据来源：赛迪智库整理，2015 年 2 月。

第十五章　深圳海思半导体有限公司

第一节　发展历程

海思半导体有限公司（简称"海思"）成立于 2004 年 10 月，是华为公司原集成电路设计中心，主要从事集成电路芯片与光电器件产品的研发与销售。海思的总部位于广东省深圳市。同时，其在北京、上海、瑞典和美国硅谷等地均设有设计分部。截至 2014 年年底，海思公司员工总数已接近 6400 人，其中拥有博士、硕士学位的高级技术人员比例超过 70%。

1991 年，华为成立了 ASIC 设计中心，其主要目的在于为华为自身通信设备提供芯片设计支持。2004 年，随着国外逐步进入 3G 时代，华为在 ASIC 设计中心的基础上，成立了海思半导体有限公司，凭借华为在通信领域的多年耕耘，海思 3G 上网卡芯片在全球开花，逐步打入沃达丰、德国电信、法国电信、NTT DoCoMo 等全球顶级运营商的采购链，市场份额与当时的 3G 芯片龙头高通公司大概持平。2007 年，海思半导体超过华大集团，成为中国内地最大的集成电路设计公司。2010 年，海思抓住 4G 时代将要到来契机，趁势发布了 LTE 4G 芯片，同时推出了搭载相应芯片的上网卡、家庭无线网关等终端设备产品。并且在国内 4G 牌照发放后不久，顺势推出新一代产品，迅速占领市场。

表 15-1　海思半导体有限公司大事总汇

序号	时间	事件
1	1991年	华为ASIC设计中心（深圳市海思半导体有限公司前身）成立
2	1993年	第一块数字ASIC开发成功

（续表）

序号	时间	事件
3	1996年	第1块十万门级ASIC开发成功
4	1998年	第1块数模混合ASIC开发成功
5	2000年	第1块百万门级ASIC开发成功
6	2001年	WCDMA基站套片开发成功
7	2002年	第1块COT芯片开发成功
8	2003年	第1块千万门级ASIC开发成功
9	2004年	深圳市海思半导体有限公司注册成立
10	2006年	海思在TAIPEI COMPUTEX展会推出功能强大的H264视频编解码芯片Hi3510
11	2008年	海思发布全球首款内置QAM的超低功耗DVB-C单芯片
13	2010年	海思发布LTE 4G芯片Balong 700
12	2014年	海思发布四核麒麟910T、八核麒麟920、64位八核麒麟620等芯片产品，并搭载终端上市

数据来源：赛迪智库整理，2014年3月。

第二节　产品及技术水平

依托母公司华为的强力支持，以及坚持自主研发的发展模式，缔造了海思半导体今天的成功。海思主要从事无线网络、固定网络、数字媒体等领域的芯片产品及解决方案的研发和销售。其产品在全球100多个国家和地区销售。海思经过多年的技术积累，目前已经掌握世界一流的集成电路设计与验证技术，拥有先进的EDA设计平台、规范的开发流程。自主成功研发了100多款芯片，申请了500多项专利。

海思的发展依赖于母公司华为的持续快速发展，而海思也为华为在全球市场的高速发展保驾护航。多年来，海思在移动终端设备（MID）方面的芯片开发颇有建树，高端智能手机处理器、LTE多模芯片纷纷研发成功，确立了其向芯片巨头冲刺的技术根基。比如海思的50G和100G光网络芯片。华为在全球100G光网络市场长期占据1/3以上的市场份额，这和华为掌握多项100G光网络市场的核心技术密不可分，这其中就包括100G光网络通信芯片。目前，100G DSP关键器件,业界仅华为等 3 家厂商具备自研能力,其他厂商均无法掌握 100G 核心技术,需要通过外购商业套片才能实现。

除了光网络芯片,海思在 4G LTE 芯片的研发上也居于全球前列。海思早在 2012 年就发布了业界首款支持 3GPPRelease9 和 LTECategory 4 的多模 LTE 终端芯片 Balong710,并将于 2014 年一季度左右推出支持 Category6 的 LTE 终端芯片。目前全球可以量产 LTE 芯片的公司仅有高通、海思和 Marvell 等少数几家。

2014 年 6 月,华为也正式对外发布了荣耀品牌的旗舰机型——荣耀 6。该手机搭载了海思研发的"麒麟 920"芯片。该芯片是全球首颗商用的八核 LTECat6 手机芯片。性能与高通骁龙 801 以及联发科 MT6595 等处理器处于同等水平,在赢得了口碑和销量之后不到半年的时间里,海思连续推出了多款升级产品,并与台积电合作研发采用 16nm FinFET 工艺的下一代产品"麒麟"K930 芯片,目前也已完成试产。此外,2014 年 8 月,海思与创维联合推出应用了中国首款具有自主知识产权并实现量产的智能电视芯片的 GLED 电视。标志着中国彩电业"缺芯少屏"时代的结束。

第三节　经营状况

经过十余年的发展,海思已经成长为中国本土集成电路设计龙头企业,多年来一直占据国内集成电路设计企业排名的龙头位置。随着华为智能终端出货量的高速增长,以及海思芯片在内部占比的快速提高,海思销售收入逐步迎来爆发式增长。2014 年海思实现销售收入 146.0 亿元,较 2013 年增长了 12.0%。根据中国半导体行业协会数据统计,在海思、展讯、锐迪克等重点企业快速发展的带动下,2014 年中国集成电路设计业整体销售仍然保持较高增速,销售额达 1047.4 亿元,同比大幅增长 29.5%,中国半导体芯片市场前景十分广阔。

表 15-2　2008—2014 年海思半导体销售收入情况

年份	2008年	2009年	2010年	2011年	2012年	2013年	2014年
销售收入（亿元）	30.9	39.1	44.2	66.7	74.2	130.4	146.0
增长率	129.9%	26.4%	12.9%	51.0%	11.2%	75.4%	12.0%

数据来源:赛迪智库整理,2014 年 3 月。

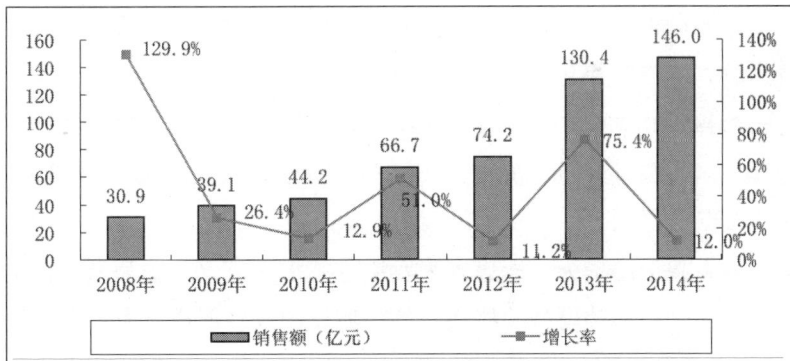

图15-1　2008—2014年海思公司销售收入及增长率

数据来源：赛迪智库整理，2014年3月。

第四节　发展策略

作为原华为的芯片研发中心，海思具有成熟而丰富的跨国创新合作经验。海思在美国硅谷成立研发中心，与英伟达等业界领先公司相邻，由于地理位置相近，为海思从其他公司引进研发人才提供了方便。移动终端系统芯片所采用的ARM架构技术体系呈模块化，也便于海思通过外聘人才迅速实现对技术的分解、吸收和模仿。海思拥有成熟稳固的集成电路设计、晶圆加工、封装及测试合作渠道，这都是基于其与美国、日本、欧洲及国内业界同行间建立的良好战略伙伴关系。海思K3V2中的显示芯片部分是与美国芯片设计公司共同研发的，两家公司共同研发了显卡的构架，美国合作伙伴负责具体的应用。海思与德国罗德与施瓦茨公司（Rohde&Schwarz）就有关LTE终端射频性能的测量展开技术合作，大大缩短产品的开发周期，并成功推出Balong710多模LTE终端芯片。

依托母公司强大的产业资源，从而实现对市场和技术的积累。海思为华为销量庞大的终端产品供货，从而确保产有所需。早在2009年，华为WCDMA数据卡出货量超过3000万台，中国市场占有率超过50%，海思逐步替代高通为华为供应WCDMA芯片。华为在全球的WCDMA标准中占有5%的基本专利份额，海思通过华为从而有条件与高通进行专利互换，顺利开发WCDMA手机芯片。凭借在国内市场的业界领先地位，海思成为相关各方在中国市场的首选合作伙伴，这将有力促进其今后的发展。海思与中国移动合作，顺应移动通信网络发展趋势，产品准备充分，未来发展前景看好。4G 时代，中国移动积极推动中国所主导的 TD-LTE 在全球的加速部署和商用，以及 TD-LTE 与 LTEFDD 的融合发展。海思的 Balong710 多模终端芯片产品支持 TD-LTE、LTEFDD、3G、2G 等多种通信制式，被中国移动重点推荐。

依托华为，并走出华为，海思未来发展空间十分广大。华为未来在全球市场大力推广智能手机等终端设备的战略，将对海思的发展形成有力提携。海思也将逐步走出华为，通过独立运作的商业模式，发展成为全球性的芯片供应商。作为国内集成电路设计的领军企业，海思将继续发挥设计业在集成电路产业中的龙头作用，以尖端技术推动产业互助合作、打造集成电路产业的创新集群和产业集群，提高整个产业链的市场竞争力。

政 策 篇

第十六章　2014年中国集成电路产业政策环境分析

第一节　国内信息安全形势凸显集成电路产业重要性

"棱镜门"事件爆发以来，国家对信息安全建设高度重视。着眼国家安全和长远发展，为统筹协调涉及政治、经济、社会、文化及军事等各个领域的信息化和网络安全重大问题，研究制定信息化和网络安全发展战略、宏观规划和重大政策，2014年2月成立了中央网络安全和信息化领导小组，极大地推动了国家网络安全和信息化法治建设，增强了国家安全保障能力。

随着信息化高度发展，各种信息相互渗透，简单的限制、隔离等策略已经难以保障国家的信息安全，需要采取硬件层面的根本性保障措施，因此芯片的国产化成为了发展的当务之急。芯片的国产化能够控制国外获取我国情报的重要渠道，是我国信息安全的必经之路，无论从战略还是市场角度，芯片的国产化都将是国家重点投入的方向。

2014年"两会"期间，集成电路首次被写入政府工作报告，国务院领导密集调研集成电路产业，作为电子信息行业的基础，集成电路产业的社会关注度不断提高，已上升至国家战略高度，2014年以来国家对硬件领域的支持，特别是对集成电路产业的扶持力度史无前例。

第二节　贸易逆差表明自主集成电路产品存在较大进口替代空间

2001-2014 年间，我国集成电路产量、销售额出现大幅增长。2014 年我国集成电路产业实现销售收入 3015.4 亿元，同比增长近 20%。我国集成电路产业的规模占世界的比重由 2001 年的不足 2% 提高到 2014 年的约 48%。然而，目前我国集成电路产业仍处于贸易逆差阶段。海关数据显示，2014 年全年，我国集成电路进出口总值达 2794.9 亿美元，同比下降 12.6%。其中，进口金额为 2184 亿美元，同比下降 6.9%；出口金额为 610.9 亿美元，同比下降 31.4%。贸易逆差为 1573 亿美元，较 2013 年同期的 1445 亿美元扩大 128 亿美元，连续第五年扩大。同时，我国集成电路产业对外依存度较高，利润大都被国外企业占据，自主创新与进口替代势在必行，行业空间巨大。

第三节　新兴产业及产品的兴起为发展创造契机

集成电路产业不仅是新一代信息技术产业发展的核心和关键，更对其它产业的发展具有重大支撑作用，七大战略性新兴产业均直接或间接与集成电路产业相关。"十二五"期间，我国战略性新兴产业稳步推进，培育发展战略性新兴产业，推动重点领域的跨越式发展。

当前，物联网和可穿戴设备正在崛起，在不久的将来，联网的设备会覆盖到智能家居、交通物流、环境保护等多个领域。物联网将是下一个推动世界高速发展的"重要生产力"，是继通信网之后的另一个万亿级市场。2014 年，许多芯片企业都已经着手布局物联网领域，特别是物联网技术的发展带来对各种感测器及低功耗、小尺寸晶片需求快速攀升，将是推动未来 8 英寸集成电路生产线发展的关键。

4G 智能手机及银行卡"换芯潮"，将为集成电路企业提供更广阔的市场空间。我国移动通信开始从 3G 时代进入 4G 时代，2014 年全国移动电话用户总数达 12.8 亿户，其中 4G 用户超过 8000 万，4G 终端普及速度超出预期，2015 年，国产手机特别是 4G 中低端手机市场竞争将愈发激烈，将为本土集成电路企业创造新一轮增长空间。中国人民银行规定，我国从 2015 年起将逐步以金融 IC 卡进行替代磁条银行卡，全国各地已陆续开始换发芯片卡，预计未来几年我国的金融 IC 卡市场每年可达数十亿张。

第四节　投资基金助力产业突破融资瓶颈

集成电路产业有着典型的资金密集型的特点，需要长期大量的投入才能形成经济效益。然而，我国集成电路产业发展的资金缺口依然十分明显。虽然过去十年来我国集成电路产业的研发投入达 1000 多亿元，但与国际龙头企业相比还差很远，例如国内的总投入不到英特尔的 1/5。当前，资本对推动集成电路产业发展的重要性和必要性已经取得各界的广泛认可。

2014 年 9 月 24 日，由国开金融有限责任公司、华芯投资管理有限责任公司、中国烟草总公司、中国移动通信集团公司、北京亦庄国际投资发展有限公司、上海国盛（集团）有限公司、北京紫光通信科技集团有限公司、中国电子科技集团公司共同签署了《国家集成电路产业投资基金股份有限公司发起人协议》和《国家集成电路产业投资基金股份有限公司章程》，标志着国家集成电路产业投资基金正式成立，为产业发展破解融资瓶颈提供了有力保障。《国家集成电路产业发展推进纲要》发布以来，各地发展集成电路产业热情高涨，相继出台产业扶持政策。其中，继北京设立 300 亿元集成电路产业基金后，上海、山东、湖北等地也纷纷筹建市场化运作的集成电路专项发展基金，推动当地产业的发展。

第五节　"十二五"期间系列政策营造产业发展良好环境

2011 年，《国务院关于印发进一步鼓励软件和集成电路产业发展若干政策的通知》（简称《通知》）（国发〔2011〕4 号）正式发布，该文件涉及研究开发、知识产权、财税、进出口、投融资、人才和市场七大方面，在延续了《鼓励软件产业和集成电路产业发展的若干政策》（国发〔2000〕18 号）大部分政策内容的基础上，又在把握产业发展趋势、发展方向和发展需求方面有所创新。首次提出的免征营业税和"五免五减半"的企业所得税的强力优惠政策，在普惠政策的基础上，对产业链中重点环节和薄弱环节企业给予所得税优惠，同时，解决了因国家批准的集成电路重大项目集中采购而产生的短期内难以抵扣的增值税进项税额占用企业资金的问题，加大了对重点行业和重点企业扶优、扶强的力度，确定了未来多年中国集成电路行业的整体发展策略。

为贯彻落实《通知》，国家相继出台推动落实《通知》的相关政策细则。2011年5月，国家发展和改革委员会、工信部发布《关于2011年度集成电路产业研究与开发专项资金申报指南的通知》，进一步规范和指导集成电路产业研究与开发专项资金申报工作，提高研究开发和产业化水平；11月，国家税务总局发布《关于退还集成电路企业采购设备增值税期末留抵税额的通知》（财税〔2011〕107号），用财税手段解决了集成电路重大项目采购设备引起的企业增值税进项税额占用资金问题，继续落实《通知》有关要求；2012年4月，财政部、国家税务总局《关于进一步鼓励软件产业和集成电路产业发展企业所得税政策的通知》（财税〔2012〕27号）发布，利用财税政策进一步推动科技创新和产业结构升级，促进信息技术产业发展；2013年12月，工业和信息化部、国家发展和改革委员会、财政部、国家税务总局一同制订《集成电路设计企业认定管理办法》（工信部联电子〔2013〕487号），进一步加强集成电路设计企业认定工作，促进我国集成电路产业发展。

《通知》在"十一五"与"十二五"交界期出台，使得"十二五"成为了我国集成电路产业发展的关键阶段。工业和信息化部在2011年12月正式发布了《集成电路产业"十二五"发展规划》（简称《规划》）（工信部规〔2011〕565号）作为行业发展的指导性文件。《规划》从国家战略层面明确提出：要分别实现经济、结构调整和技术创新三方面目标，形成较为均衡的行业结构，培育一批创新活力强的中小企业；强化泛珠三角、京津环渤海和长三角三大集聚区，形成以武汉、成都、重庆、西安为侧翼的产业布局；攻破一批共性关键技术和重大产品、完善产业生态环境，构建芯片与整机大产业链等，着力发展芯片设计业，壮大制造业规模，提升封测业层次和能力，发展先进封测技术和产品并突破关键专用设备、仪器和材料等；要完善公共服务体系、提升财政资金使用效率，推进资源整合，扩大投融资渠道（支持集成电路企业在境内外上市融资），培育具有国际竞争力大企业；进一步扩大对外开放，不断提高利用外资质量；加大知识产权保护力度。实施知识产权战略；加强人才培养，积极引进海外人才。同时还提出"集成电路产业链延伸工程"、"先进工艺／特色工艺生产线建设和能力提升工程"、"芯片与整机价值链共建工程"三个专栏增强《规划》的可操作性。

产业环境的不断完善使得我国集成电路产业不断向前推进。我国政府始终高度关注集成电路产业的发展，继上述一系列优惠措施后，2014年6月24日国务院印发的《国家集成电路产业发展推进纲要》正式公布，这将为国内集成电路企业带来难得的发展机遇。

第十七章　2014年中国集成电路产业重点政策解析

第一节　《国家集成电路产业发展推进纲要》[1]

一、出台背景

集成电路是当今信息技术产业高速发展的基础和原动力，已经高度渗透与融合到国民经济和社会发展的每个领域，其技术水平和发展规模已成为衡量一个国家产业竞争力和综合国力的重要标志之一。国际金融危机后，发达国家加紧经济结构战略性调整，集成电路产业的战略性、基础性、先导性地位进一步凸显，美国更将其视为未来20年从根本上改造制造业的四大技术领域之首。

加快发展集成电路产业，是推动信息技术产业转型升级的根本要求，是提升国家信息安全水平的基本保障。我国信息技术产业规模多年位居世界第一，但主要以整机制造为主，由于以集成电路和软件为核心的价值链核心环节缺失，行业平均利润率仅为4.5%，低于工业平均水平1.6个百分点。因此，向以集成电路和软件为核心的价值链核心环节发展，既是产业转型升级的内部动力、也是市场激烈竞争的外部压力。

国家近年来对集成电路产业的政策扶持显著提升了我国产业整体实力。《鼓励软件产业和集成电路产业发展的若干政策》（简称18号文件）、《国务院关于印发进一步鼓励软件和集成电路产业发展若干政策的通知》（简称4号文件）的出台以及国家科技重大专项的实施都促进了我国集成电路产业的发展，使得技术实力显著增强。系统级芯片设计能力与国际先进水平的差距逐步缩小。建成了8条

---

[1] 《杨学山介绍〈国家集成电路产业发展推进纲要〉相关情况》，2014年6月24日，见http://www.miit.gov.cn/n11293472/n11293832/n11293907/n11368223/16044279.html。

12英寸生产线，量产工艺水平达28纳米。集成电路封装技术达到国际先进水平。部分关键装备和材料实现从无到有，部分被国内外生产线采用，离子注入机、刻蚀机、溅射靶材等进入8英寸或12英寸生产线。同时，涌现出一批具备一定国际竞争力的骨干企业，如海思、展讯、中芯国际、长电科技等。

当前，全球集成电路产业已进入重大调整变革期，随着投资规模迅速攀升，市场份额加速向优势企业集中，国际企业通过构建合作联盟、兼并重组、专利布局等方式强化核心环节控制力，给我国集成电路产业发展带来极大挑战。但同时，云计算、物联网、大数据等新业态的兴起、并购重组、产业战略转移也为我国实现赶超提供了难得机遇。在此新形势下，制定《国家集成电路产业发展推进纲要》（简称《推进纲要》）作为今后一段时期指导我国集成电路产业发展的行动纲领，对加快产业发展具有重要意义。

近些年，在市场拉动和政策支持下，虽然我国集成电路产业快速发展，整体实力显著提升，但制约我国集成电路产业做大做强的核心技术缺乏，产品难以满足市场需求等问题依然十分突出。究其原因，一是企业融资瓶颈突出。骨干企业虽已初步形成一定盈利能力但不巩固，自我造血机能差，无法通过技术升级和规模扩张实现良性发展。同时，国内融资成本高，社会资本也因集成电路产业投入资金额大、回报周期相对较长而缺乏投入意愿。二是产业创新要素积累不足。领军人才匮乏，企业技术和管理团队不稳定。企业小散弱，500多家集成电路设计企业收入仅约是美国高通公司的60%—70%。制造企业量产技术落后国际主流两代，关键装备、材料基本依赖进口。全行业研发投入不足英特尔一家公司的六分之一。产业核心专利少，知识产权布局结构问题突出。三是内需市场优势发挥不足，"芯片—软件—整机—系统—信息服务"产业链协同格局尚未形成。芯片设计与快速变化的市场需求结合不紧密，难以进入整机领域中高端市场。跨国公司相继构建垂直一体化的产业生态体系，国内企业只能采取被动跟随策略。芯片设计企业的高端产品大部分在境外制造，没有与国内集成电路制造企业形成协作发展模式。四是发展环境亟待完善。适应产业特点、有利于激发企业活力和创造力的政策体系不健全，产业政策落实不到位、政府资源分散、地方与中央协同不足等问题突出。

在此形势下，产业界、专家和政府各部门达成：下定决心，持续推进；抓住瓶颈，创新路径；突出重点、协同发展；企业主体，市场导向四点共识，意在通过《推进纲要》的实施破解上述难题，为产业发展创新良好环境。2014 年 6 月 24 日，工业和信息化部正式公布了《国家集成电路产业发展推进纲要》，成为继 18 号文件和 4 号文件后的第三份重要集成电路产业推进政策。

二、主要内容

《国家集成电路产业发展推进纲要》分为四个部分，总体可以用"一、二、三、四、五、八"来概括。

第一部分是现状与形势。主要总结了近年来产业发展取得的成绩，分析了存在的问题及面临的形势。总的来看，当前是我国集成电路产业发展的关键时期，产业发展有基础、有市场、有机遇，也有挑战和困难。

第二部分是总体要求。在深入学习领会党的十八大和十八届二中、三中全会精神的基础上，《推进纲要》确立了"使市场在资源配置中起决定性作用，更好发挥政府作用"的一条主线；充分体现了两个突出：一是突出企业的市场主体地位，使其成为创新的主体，产业发展的主动力。二是突出"芯片设计—芯片制造—封装测试—装备与材料"全产业链布局，协同发展，进而构建"芯片—软件—整机—系统—信息服务"生态链；以全球产业发展趋势和国内产业基础为出发点，提出了 2015 年、2020 年和 2030 年三个阶段的产业发展目标，到 2015 年，机制体制创新取得成效，建立与集成电路产业规律相适应的管理决策体系、融资平台和政策环境。到 2020 年，逐步缩小与国际先进水平的差距，基本建成技术先进、安全可靠的集成电路产业体系。到 2030 年，产业总体达到国际先进水平，实现跨越发展。明确了"需求牵引、创新驱动、软硬结合、重点突破、开放发展"五项基本原则。

第三部分是主要任务和发展重点。《推进纲要》凝练了推进产业发展的四项主要任务，更加突出企业的主体地位，以需求为导向，以技术创新、模式创新和体制机制创新为动力，破解产业发展瓶颈，着力发展集成电路设计业，加速发展集成电路制造业，提升先进封装测试业发展水平，突破集成电路关键装备和材料，推动集成电路产业重点突破和整体提升，实现跨越发展。

从几个细分行业发展重点看，在设计业方面，围绕产业链开展布局，近期重点聚焦移动智能终端和网络通信核心技术和产品，提升信息技术产业核心竞争力；加紧部署云计算、物联网、大数据用关键芯片和软件，创新商业模式，抢占未来

197

产业发展制高点；分领域、分门类，逐步突破智能电网、智能交通、金融电子等行业应用核心芯片与软件。在制造业方面，抓住技术变革的有利时机，突破投融资瓶颈，加快先进生产线建设，提升综合能力，建立可持续的盈利模式。同时兼顾特色工艺发展。在封装测试业方面，提升芯片级封装、圆片级封装、硅通孔、三维封装等先进封装和测试技术层次，扩大规模。在装备和材料业方面，加强装备、材料与工艺的结合，研发光刻机、刻蚀机、离子注入机等关键设备，开发光刻胶、大尺寸硅片等关键材料，快速形成配套能力。

第四部分是保障措施。针对目前产业发展存在的突出问题和瓶颈，特别是融资难、机制障碍等问题，《推进纲要》提出了八项保障措施。一要加强组织领导。成立国家集成电路产业发展领导小组，负责统筹协调，强化顶层设计，整合调动资源，解决重大问题。二要设立国家产业投资基金。主要吸引大型企业、金融机构以及社会资金，采取市场化运作，重点支持集成电路等产业发展，促进工业转型升级。三要加大金融支持力度。在创新信贷产品和金融服务、支持企业上市和发行融资工具、开发保险产品和服务等方面对产业给予扶持。四要推动落实税收支持政策。保持政策的稳定性，落实 18 号文件、4 号文件等政策，加快出台相关实施细则。五要加强安全可靠软硬件的应用，推广使用技术先进、安全可靠的集成电路、基础软件及整机系统。六要强化企业创新能力建设。鼓励企业成立集成电路技术研究机构，支持产业联盟发展，加强知识产权和标准工作。七要加强人才培养和引进力度。加快建设示范性集成电路学院，培养高层次、急需紧缺和骨干专业技术人才，加大对引进优秀人才的支持力度。八要继续扩大对外开放。大力吸引境外资金、技术和人才，鼓励境内企业扩大国际合作，整合国际资源，鼓励两岸企业加强技术和产业合作。

三、措施亮点

《推进纲要》与 18 号、4 号文件一脉相承，在保持现有财税政策、投融资政策、研究开发政策、进出口政策、人才政策、知识产权政策、市场政策等的基础上，重点增加了三个主要内容。

一是加强组织领导，成立国家集成电路产业发展领导小组，负责产业发展推进工作的统筹协调，强化顶层设计，整合调动各方面资源，解决重大问题，根据产业发展情况的变化，实时动态调整产业发展战略。并成立由有关专家组成的咨询委员会。

二是设立国家集成电路产业投资基金。重点吸引大型企业、金融机构以及社会资金对基金进行出资。基金实行市场化、专业化运作，减少政府对资源的直接配置，推动资源配置依据市场规则、市场竞争实现效益最大化和效率最优化。基金支持围绕产业链布局，重点支持集成电路制造领域，兼顾设计、封装测试、装备、材料环节，推动企业提升产能水平和实行兼并重组、规范企业治理，形成良性自我发展能力。支持设立地方性集成电路产业投资基金。鼓励社会各类风险投资和股权投资基金进入集成电路领域。

三是加大金融支持力度。重点在创新信贷产品和金融服务、支持企业上市和发行融资工具、开发保险产品和服务等方面，对集成电路产业给予支持。

第二节　地方政策

一、各省直辖市出台的集成电路产业扶持政策

为贯彻落实国务院《国家集成电路产业发展推进纲要》精神，促进我国集成电路产业快速发展，北京、天津、上海、山东、四川、安徽、甘肃、武汉、重庆、江苏等省市纷纷出台集成电路产业扶持政策，通过设立投资基金，推动当地集成电路产业发展。

表 17-1　2014 年部分省市出台的集成电路产业扶持政策

文件名称	发布时间	发布单位	政策亮点
《北京市进一步促进软件产业和集成电路产业发展的若干政策》（京政发〔2014〕6号）	2014年2月8日	北京市	建设国家级产业基地和产业园区，推进集成电路产业集聚发展。在组建集成电路产业发展基金的同时，对集成电路设计业和制造业的合作进行补贴。
《天津市滨海新区加快发展集成电路设计产业的意见》（津滨政发〔2014〕7号）	2014年2月13日	天津市滨海新区	滨海新区财政每年将设立2亿元专项资金，用于公共服务平台的软硬件环境建设、运营经费支持。新区重点发展集成电路设计业，每年对初创型企业及新产品的研发给予适当的奖励和补助。
《安徽省关于加快集成电路产业发展的意见》（皖政发〔2014〕18号）	2014年6月17日	安徽省	提出省内2017年集成电路产值超过300亿元，2020年总产值达到600亿元。支持合肥等市筹建集成电路产业发展基金，打造特定领域虚拟IDM集成电路产业园。同时，对中小集成电路企业上市给予适当财政补贴。

（续表）

文件名称	发布时间	发布单位	政策亮点
《山东省关于贯彻国发〔2014〕4号文件加快集成电路产业发展的意见》（鲁政发〔2014〕14号）	2014年7月29日	山东省	鼓励和吸引各渠道资金参与组建集成电路产业发展基金。同提出了到2020年存储器、金融IC卡、数字家庭等重点领域集成电路设计技术达到国际领先水平的发展目标。
《甘肃省贯彻落实〈国家集成电路产业发展推进纲要〉的实施意见》（甘工信发〔2014〕387号）	2014年7月31日	甘肃省	发挥现有各类信息化资金的杠杆作用，吸引大型国有企业、金融机构和社会资金，设立甘肃省集成电路产业投资基金。鼓励社会各类资金进入除国家限制的电子信息领域，支持集成电路产业集中的市州或区域设立地方性集成电路产业投资基金。
《湖北省集成电路产业发展行动方案》（鄂政发〔2014〕44号）	2014年9月28日	湖北省	成立湖北省集成电路产业发展领导小组及产业投资基金，同时，重点实施武汉新芯跃升工程，将武汉新芯发展成为国内最大的存储器研发和生产基地。

数据来源：赛迪智库整理，2015年1月。

这一轮扶植政策从两方面促进我国集成电路产业的发展。一方面，各个省市纷纷成立地方产业基金。该基金将致力于芯片国产化，可以扶持一批企业和企业的重点项目。而多个省市的参与，也将进一步促进从上游到下游的联动，以及周边原材料产业的配套，并使各地集成电路产业差异化发展规划进一步明朗。另一方面，本轮加大了配套政策的支持。本轮集成电路产业扶持政策动用了相关各部委、财税部门、地方政府等众多的资源，从税收、土地、金融各方面给予芯片国产化政策支持，扶持政策涉及了从上游的设计、设备，中游的制造和下游的封装各个环节，无论是扶持力度还是牵涉的产业要素均远超以往，对集成电路产业后期的走向影响深远。

二、《北京市进一步促进软件产业和集成电路产业发展的若干政策》

2014年2月20日，北京市政府在官方网站上公布了《北京市进一步促进软件产业和集成电路产业发展的若干政策》（京政发〔2014〕6号）（下称《政策》），《政策》由北京市政府于2014年2月8日制定出台。《政策》从软件产业政策、集成电路产业政策、政策落实三方面，共制定了二十三条细则，以期进一步促进软件产业和集成电路产业发展。[1]

1月9日，北京市政府曾召开常务会议研究该市促进软件和集成电路产业发展政策，指出要遵循产业发展规律，进一步整合开放政府和国有企事业单位信息服务市场，强化产业投资基金的引导放大作用，发挥产业优势提高服务效率、节约利用资源。因此，本次出台的《政策》除了支持软件和集成电路产业转型升级、集聚发展和保护知识产权外，在投融资和资金扶持以及开放政府和国有企事业单位信息服务市场等方面都明确了相关细则。

在开放政府和国有企事业单位信息服务市场方面：《政策》明确提出，进一步开放政府和国有企事业单位信息化市场。各级政府部门和国有企事业单位原则上不再新建、扩建自用数据中心。鼓励将信息化建设和数据处理工作中的一般性业务发包给专业软件和信息服务企业，支持在公共云平台上或者政务云平台上迁移和部署信息化应用。信息化主管部门组织对政府机构数据开放程度进行评估，并向社会公开。

在政策落实方面：《政策》提出要完善全市软件和信息服务业发展协调机制，加强对全市软件和信息服务业发展及中国软件名城、全国软件与信息产业知名品牌创建示范区建设的统筹规划和组织协调。认真贯彻落实《国务院关于印发进一步鼓励软件产业和集成电路产业发展若干政策的通知》（国发〔2011〕4号）中关于增值税、企业所得税等各项税收优惠政策。财政、税务部门和产业主管部门建立联合工作机制，协调政策落实过程中的有关问题。产业相关部门强化行业公共服务支撑，完善产业统计监测和评价体系，支持行业中介组织发展，研究进一步简化软件企业与集成电路设计企业认定和软件产品登记等审批流程。

在投融资和资金扶持方面：首先，加大财政资金统筹支持力度。在全市重大科技成果转化和产业项目统筹资金中将软件产业（包括集成电路设计业）列为重点支持产业，按年度发布重点支持方向，支持一批重大产业化项目、中关村软件城和特色园区建设项目、新兴领域关键核心技术研发项目、标准创制项目以及大型并购项目。其次，进一步拓宽产业融资渠道。发挥政府引导作用，支持设立一批软件产业投资基金。积极推进科技金融创新，在完善信用体制机制、创新金融产品等方面开展先行先试。鼓励市属国有企业参与软件园区投资建设和软件企业

---

[1]　《北京市人民政府关于印发北京市进一步促进软件产业和集成电路产业发展若干政策的通知》，《北京市人民政府公报》2014年3月7日。

并购投资。创新集成电路产业投融资模式。发挥政府资金引导作用，拓展创业投资基金等资金渠道，鼓励和吸引机构投资者、产业资本和海外资本参与组建集成电路产业发展基金，以股权投资等方式支持集成电路产业链各环节协同发展，推动重点企业兼并重组和产业园区建设。最后，鼓励软件企业开展企业并购。政府相关部门加强同政策性银行的战略合作，促进更多软件企业境外并购专项贷款享受政策性银行出口信贷优惠利率。对利用商业银行贷款实施的大型并购项目，给予贷款贴息。对企业合并后新总部落户本市的软件企业，按照有关政策予以支持。[1]

此外，在研发支持方面：对符合条件的产品首轮流片的设计企业，按产品掩膜版制作费用的 60% 或首轮流片费用的 30% 给予研发支持；支持高端生产性建设，对于线宽小于 65 纳米的新建或扩建 12 英寸及以上生产线等重大投资项目，给予资金、厂房或贴息支持。

---

[1]　徐恒：《北京出台促进软件和集成电路产业发展新政策》，《中国电子报》2014年2月25日。

热 点 篇

第十八章　英特尔入股紫光集团

第一节　事件回顾

一、事件描述

2014年9月26日,英特尔公司和紫光集团有限公司(简称"紫光")共同宣布,双方已签署一系列协议:英特尔将向紫光旗下持有展讯通信和锐迪科微电子的控股公司投资人民币90亿元(约15亿美元),并获得20%的股权。同时,展讯通信还将联合英特尔,共同开发和销售一系列基于英特尔架构的SoC芯片产品,首批基于英特尔架构的系统芯片产品将于2015年下半年上市,并由两家公司共同销售。该协议体现了英特尔在全球移动市场的战略布局,旨在通过联合开发的方式,在中国和全球市场扩展英特尔架构移动设备的产品和应用。

二、事件背景

(一)英特尔积极卡位智能终端芯片市场,拓展多元化市场

随着移动互联时代全面到来,全球PC市场持续萎缩。昔日PC、Windows设备领域的绝对霸主英特尔,在ARM具有绝对优势的移动智能设备市场日渐式微,一直未有太大建树。由于ARM多年来专注于低功耗处理器的研发,因而在移动智能终端市场取得了巨大的成功。统计数据显示,2013年以来,基于ARM内核设计开发的处理器芯片占全球智能手机和功能手机90%和95%的市场份额。近年来,英特尔销售收入均呈现个位数增长,尽管英特尔仍是全球规模最大的半导体企业,2014年营收达到559亿美元。但从营收结构来看,PC和服务器芯片仍然是其最主要的收入来源,这也从另一个层面说明英特尔在其他领域,尤其是在

移动智能终端市场的拓展并不顺利。拓展移动市场已成为英特尔当前最主要目标。

一直以来，英特尔积极布局移动智能终端市场，希望通过快速的产品更新，冲破 ARM 架构的重重围堵。早在 2008 年，英特尔就发布了新的低功耗处理器家族 Atom 主攻移动智能终端市场。但未取得明显成果。2014 年上半年，英特尔推出 22 纳米工艺制程，64 位 BayTrail 系列平板电脑芯片，作为 Intel 首款有竞争力的顶级移动移动终端 SoC，BayTrail 搭载了来自英特尔高端 IvyBridge 架构的集成显卡，与 ARM 阵营中热门的 CortexA15 性能表现相当。2014 年下半年，英特尔又推出全球首款 14 纳米制程的 CherryTrail 平台，在能效与性能方面显著超越 BayTrail 系列。2015 年，英特尔将推出 Broxton 系列和 SoFIALTE 系列移动终端芯片，分别定位于高端主流市场和低端入门级市场。其中，Broxton 系列将智能手机和平板电脑整合于一个 SoC 芯片上，这将会给英特尔移动产品线带来巨大的变革。

（二）扶持政策陆续出台，中国市场需求强劲

2000 年以来，国家先后出台了《鼓励软件产业和集成电路产业发展的若干政策意见》（国发〔2000〕18 号）、《关于进一步鼓励软件产业和集成电路产业发展的若干政策意见》（国发〔2011〕4 号）等文件。同时，实施了若干国家重大科技专项，从政策和资金等多个方面予以支持，促进集成电路产业的发展。在市场拉动和政策支持双重作用下，我国集成电路产业快速发展，整体实力显著提升。在此基础上，2014 年国务院出台了《国家集成电路产业发展推进纲要》（简称《推进纲要》），作为新时期我国集成电路产业发展的纲领性文件，《推进纲要》明确了五项基本原则，凝炼了四大重点任务，提出了八项保障措施，为产业发展营造了良好的政策环境。同时，各地发展集成电路产业的热情高涨，北京、四川、山东、安徽、天津等多个省市相继出台扶持政策，推进本地区产业发展，我国集成电路产业迎来新一轮快速发展的大好时机。

旺盛的市场需求一直是推动我国集成电路产业发展的强大动因。多年来，我国电子信息产业长期位居世界第一，2014 年规模达到 14 万亿，手机、计算机和彩电等主要产品的产量分别为 16.3 亿台、3.5 亿台和 1.4 亿台。同时，我国拥有全球最大、增长最快的集成电路市场，在全球半导体市场占比超过一半，2014 年规模更是首度超过 1 万亿元大关，达 10393 亿元。在我国经济发展方式的转变、产业结构的加快调整的大背景下，我国集成电路芯片市场需求有望得到持续释放，预计将以 1.2 万亿元的市场规模跨入"十三五"。因此，对于英特尔来说，在移

动互联网时代，想要继续在中国这个全球最主要的集成电路消费市场，就必须强化中国芯片企业的资本层面联系，拉近与中国市场的关系。

（三）紫光收购展讯、锐迪科实力大增，成为国内半导体行业佼佼者

紫光集团是我国电子信息百强企业，近年来，紫光集团响应国家"十二五战略性新兴产业发展规划"和"自主创新，安全可控"的集成电路产业发展战略，致力于打造中国集成电路产业航空母舰。在此背景下，2013 年 12 月，紫光集团采用国际化并购的手段，以 17.8 亿美元的价格收购了在美国纳斯达克上市的国内排名第一、世界排名第三位的移动通信基带芯片设计企业展讯通信有限公司（Spreadtrum）。此后，在 2014 年 7 月又以 9.1 亿美元的价格，完成了对同在美国纳斯达克上市，国内排名第二的移动通信芯片设计企业锐迪科微电子公司（RDA）的并购。目前，展讯通讯和锐迪科两家芯片设计公司的总营收超过 13 亿美元，总芯片出货量超过 5.5 亿颗，有望成为全球第三大手机芯片供应商。紫光集团计划用五年的时间，把以展讯和锐迪科为代表的紫光芯片产业建设发展成为中国最大、世界前列的通信芯片龙头企业，员工人数达到 2 万人，收入突破 100 亿美元。

此次，英特尔战略入股紫光，积极布局中国市场的合作涵盖了从设计开发、市场营销到资本运作等多个层面，根据协议条款，英特尔将与展讯通信联合开发和销售一系列基于英特尔架构的移动智能终端芯片。并且，该款芯片将由英特尔负责代工生产。对于展讯通信来说，借助于英特尔强大的芯片设计能力和世界领先的芯片制造能力，将能加速推进展讯 SoC 芯片的发展进程，并能丰富公司的产品线组合。对于英特尔来说，本次合作也能进一步扩大英特尔在移动终端市场的生态圈，并有助于进一步打开广阔的中国市场。

第二节　事件评析

一、反映国内集成电路产业发展战略取得阶段性成果

此次，紫光集团与英特尔深度合作协议的成功达成，正是我国自 2013 年以来实施的集成电路产业发展推进战略取得阶段性成果的体现。近年来，中央政府对集成电路产业的战略性、基础性和先导性，以及在支撑经济社会发展和保障国家安全方面的重要作用，有了更深一步的认识，采取了多项措施推进产业的发展。包括不断通过与全球半导体龙头厂商合作，提升本土产业的实力，如此前美国芯

片巨头高通与中芯国际的合作、大唐电信与 NXP 合资成立大唐恩智浦半导体等。以及通过反垄断手段抑制垄断行为，如国家发展和改革委员会对美国高通公司的反垄断调查等。都是政府为本土企业的发展营造良好发展环境所做的努力。英特尔牵手紫光集团正是在这一市场环境下取得的成果。

二、有利于丰富国内产品线，拓展跨越发展路径

锐迪科和展讯的芯片产品均采用了 ARM 架构，从长远发展来看，容易导致国内产品同质化的现象。而英特尔 X86 架构的适时切入，能够丰富中国芯片企业的产品线。目前来看，全球智能手机市场由于价格竞争愈发激烈，已逐步呈现红海竞争态势。许多国际厂商已经转向可穿戴设备、智能家居等物联网应用，另辟蓝海市场。基于物联网极其广阔的市场空间，无论 ARM 架构、X86 架构，甚至是 MIPS 架构都有极大的发展可能性。因此，获得英特尔架构技术授权，将使中国企业拥有更多的选择空间，为未来的发展提供更多的机遇。

三、有利于为设计业发展布局产能资源

近年来，随着全球 Fabless 型集成电路企业的快速发展，全球晶圆代工产能供需情况出现了很大变化，加上国际上不断有 IDM 型企业转型到 Fabless 模式发展，进而又释放出大量晶圆代工需求，国际晶圆代工产能供给呈现持续吃紧的态势。而三星、台积电等国际龙头代工企业的产能也是优先分配给苹果、高通等大客户。随着国内集成电路设计业的快速发展，国内芯片代工业还很难提供产能供给。因此，通过此次合作，未来中国企业也有机会从英特尔全球最先进的制造工厂方面获益。

总之，英特尔与紫光集团的结盟，预示着在我国集成电路产业将在此次重大战略机遇期内迎来一次大规模重组，进而带动上下游产业的发展，对现有的产业局形成一次大的洗牌。

第十九章　IBM剥离芯片制造业务

第一节　事件回顾

一、事件描述

2014年10月21日，IBM宣布把亏损的芯片制造业务转让给美国格罗方德（Global Foundries）公司，并为此将在今后三年向后者支付总计15亿美元。这是IBM继2002年将台式机硬盘业务出售给日立，2004年和2014年初分别将个人PC业务和X86低端服务器业务出售给联想后，第四次大规模出售其硬件业务并且是第一次采取了"倒贴"的方式。这表明，"蓝色巨人"正加速远离半导体制造及电子信息制造业务。

IBM出售芯片业务案自2013年底起至完成剥离历时近一年时间，主要分为三个阶段：

（一）出售准备阶段（2013年12月—2014年3月）

从2013年底开始，IBM对硬件业务采取收紧策略，宣布公司将会专注于云计算和软件业务。2014年初开始对芯片部门大规模裁员，对市场、销售、技术人员裁员近60%。随后，IBM宣布将出售旗下的半导体芯片业务，进行软件转型战略，并委托高盛公司寻找收购方。

（二）转让谈判阶段（2014年4月—2014年9月）

IBM积极为芯片业务寻找买家，英特尔、台积电、格罗方德等公司参与竞标。IBM与相关意向公司进行了谈判，台积电在研究了IBM芯片工厂以后，表示目前没有在海外增加工厂的计划，首先退出了谈判。随后英特尔因为20亿美元的价码过高而退出竞标。格罗方德对 IBM 半导体业务拥有浓厚的兴趣，但是对收购的价码和知识产权的交易与 IBM 还存在分歧。

（三）交易完成阶段（2014 年 10 月—2014 年 11 月）

在经历了数个月的断断续续谈判，IBM 终于同意倒贴 15 亿美元给格罗方德，IBM 仅获得价值 2 亿美元的资产。作为交换，格罗方德则在未来十年成为 IBM 的特定处理器的独家供应商，以换取 IBM 的知识产权。格罗方德将接收 IBM 位于纽约州和佛蒙特州的半导体工厂，同时包括这两家工厂的超过 5000 名员工（包括 800 名顶尖技术专家）。

（四）后续发展

在未来 10 年里，格罗方德要保证 IBM 专属处理器与相关芯片的有效供应，有效供应意味着产量充足与工艺先进。由于格罗方德的客户不止 IBM 一家，这将使 IBM 的处理器成本回归到一个合理的水平。CPU 的生产工艺进步则是一个更为关键的因素。根据协议，在未来 10 年内，格罗方德要与时俱进的以 22nm、14nm 和 10nm 为 IBM 生产 CPU。

二、事件背景

（一）芯片制造业务亏损，成发展主要制约因素

芯片业务长期以来一直是 IBM 主营业务之一，其产品一度被苹果、索尼等企业选用。但随着消费电子市场的变化，2006 年以后，IBM 的 PowerPC、Cell 等处理器产品逐渐被多家大企业弃用，IBM 在与英特尔的竞争中逐渐落败，出现了只有自家服务器使用的尴尬局面。客户需求量的下降，造成芯片业务规模不断萎缩，引发产能过剩，最终使得 IBM 的芯片制造业务难以为继，并逐渐由利润下滑转变成为亏损经营。IBM 近期公布的 2014 年第三季度财报显示，其全球服务部门、软件部门和硬件部门分别实现营收 137 亿美元、57 亿美元和 24 亿美元，较 2013 年同期相比均出现下滑，分别为 3%、2% 和 15%，硬件收入下滑最为明显。可见，硬件业务销售收入下滑成为制约 IBM 整体赢利增长的主要因素。在此形势下，迫于投资者压力，IBM 不得不剥离亏损严重的芯片制造业务。

（二）生产线设备老旧，继续投资意义不大

IBM 在芯片制造领域曾经处于技术领先位置。2004 年，IBM 投资 25 亿多美

元在纽约建造了当时世界上最先进的 12 英寸晶圆制造厂，为多家半导体设计公司提供晶圆代工服务。但随着全球半导体制造业竞争加剧，"大者恒大"态势愈发明显，IBM 的晶圆制造厂由于生产规模相对较小，技术优势和市场竞争优势逐渐丧失。这种情况下，如果要守住芯片制造业务，就必须适应其资金密集型特点，投入巨额研发资金，而且要以巨大出货量为支撑进行每两年一次的工艺升级。这些都需要以十亿美金为单位的投入。但是近些年来，IBM 实施"去硬件化"战略，向软件和服务业转型，对旗下两座晶圆厂投资不足，厂内设备陈旧，已折旧完毕，失去了继续投资的价值。因此，IBM 尽管有技术实力，但还是决定剥离芯片制造业务，朝无晶圆厂模式发展。

（三）主营业务方向转型加快，重心逐渐远离硬件制造

多年以来，IBM 在战略上一直有一个重要的特点——专注高价值业务，这也是将芯片业制造业务出售的原因之一。硬件业务同软件和服务业务相比，已经沦为低利润率的"夕阳产业"，IBM 经历了从硬件业务向软件和服务等其他领域的转变过程，希望通过自身转型来提高企业盈利。IBM 每年投入的研发经费已经超过 60 亿美元，其中三分之二的经费用于研究大数据、云计算等技术。与 IBM 在硬件业务屡屡亏损的窘境相反，在软件和服务业取得了令人满意的成果，2014年上半年 IBM 云计算业务营收同比暴涨 50% 以上。可以看出，IBM 正在持续从低利润的硬件业务领域撤退，就像之前已经处理了磁盘驱动器业务、个人电脑业务和数据服务计算机业务一样，IBM 的脱硬趋软的举措还将继续。此次出售芯片制造业务只是其发展之路上的又一"标准动作"。

第二节　事件评析

一、事件影响

（一）半导体产业将展开差异化竞争

随着半导体产业的不断发展，摩尔定律的影响正逐渐减弱，芯片的制程工艺已经逼近于硅晶圆物理极限。受到当前技术水平限制，硅晶圆在半导体生产中的地位尚没有合适的材料能够取代，这就使得几年之内芯片厂商们就会触及极限，芯片的性能提升也会面临瓶颈。在没有突破性技术从根本上提升芯片的制造工艺

的情况下，技术落后的厂商会逐渐追赶上技术领先厂商的步伐，产品同质化趋势将越来越明显。因此，如何差异化创新产品，就将成为各家芯片厂商在市场竞争中取得优势的唯一手段。

（二）我国半导体制造业将面临更大压力

目前，全球半导体制造业台积电一家独大，市场占有率接近50%。格罗方德、联电、三星属于第二梯队，分别占据9%左右的市场份额。此次格罗方德在与IBM签订协议后，将拥有IBM芯片业务的所有制造、工厂、销售和技术资产，还将获得庞大的专利组合。这次让格罗方德功力大增的合作，使得全球规模最大的台积电深感恐慌，未来将会投入更多资源研发，拉开与竞争者的技术差距。另外，通过IBM的收购，格罗方德将在北京、上海、深圳获得大约100名技术人员，希望借此机会扩大在中国半导体市场的份额。国际代工厂大者恒大，国内代工业与国外先进水平仍有较大差距，同时也承受着巨额投资的瓶颈，在未来的竞争格局中将会面临更大压力。

（三）国产服务器芯片将迎来发展机遇

此次出售半导体业务，显示出IBM开放的决心，打破了之前设计制造一体化的封闭环境，与X86架构展开竞争。目前，已有多家中国企业进入开放联盟，能够利用Power软硬件资源和知识产权许可进行开源开发，这对我国研发自主可控的服务器芯片具有重大意义。经过此次交易，未来Power架构的开源程度在必然会进一步提高，借助开源平台，我国就可以建立和推广自主可控的芯片生态体系，为我国未来的社会发展和经济建设提供大量的国产化支持，同时，也为我国信息安全领域的建设提供保障。

二、事件启示

（一）以市场需求为导向，推动产品差异化发展

一是拓展国产IC产业生态链，将IC产业融入到IT大产业中。从系统需求出发，将芯片设计开发的定位确立在应用终端系统公司，有所侧重的发展芯片。二是软件硬件匹配发展。长期以来，我国硬件发展片面注重在工艺方面的赶超。政府应倡导我国芯片厂商、操作系统厂商、应用软件厂商等各产业主体之间的互动协助，结合深度定制化的软件，最大限度地挖掘国产芯片的应用潜能，促进差异化的软

硬件结合的生态体系建设。三是先进工艺和特色工艺协同发展。在大力发展先进工艺的同时，按照中国市场需求进一步支持特色工艺的发展。整合国内现有的低端制成生产线产能，重点发展如 8 英寸平台上高端汽车电子芯片、高速低功耗元器件、基于 CMOS 技术的微机电系统、硅基光电芯片等制成要求不高，但市场需求较大的特色工艺，为我国集成电路产业在"后摩尔时代"实现弯道超车，提供有效路径。

（二）借助开源平台，实现商业模式创新

一是利用芯片开源契机，发展无晶片商业模式。随着 IBM 芯片制造业务的剥离，Power 处理器架构将进一步开放。应鼓励中国企业在消化吸收基础上构造新的架构，从芯片设计公司向无晶圆服务公司转型，串连 IP、IC 设计服务和 EDA 厂商，在通用平台上打造国产化且应用多元的商业模式。二是整合利用设计资源，完善 EDA 平台建设。提高平台数据处理能力、运行计算能力和加强自动化布局布线技术，完善低功耗 SOC 混合信号设计平台建设。鼓励企业变革传统设计方法，提升设计的可再利用性以及制程的良率。三是围绕芯片核心技术，建立生态系统。鼓励企业围绕芯片的核心技术进行生态化建设，在移动互联网产业高速发展的大背景下，对产业链进行协同创新。把握新一轮商业模式创新的机遇，努力形成商业模式的转变，让系统公司投身到 IC 设计中，打通从芯片设计制造、整机设计制造到解决方案开发的产业生态链，实现技术创新 – 产品 – 应用 – 技术创新的良性循环，逐步摆脱模仿和跟踪发展路线，避免低价格的恶性竞争出现。

（三）抢抓价值链整合机遇，做大做强半导体制造业

一是加大投资，支持先进工艺制程生产线建设。随着《国家集成电路产业发展推进纲要》的落地以及 1200 亿产业发展投资基金的成立，芯片制造业迎来新一轮发展机遇。应继续加大对集成电路制造龙头企业扶持力度，一方面支持 32/28nm 芯片生产线建设，形成与芯片设计业相适应的规模生产能力，另一方面加快立体工艺开发，推动 22/20nm、16/14nm 芯片生产线建设。二是鼓励芯片制造与设计厂商结盟，缩短研发周期。未来处理器芯片陆续将实现本土化生产，扶植以芯片制造为核心的产业链各环节的龙头企业，积极探索上下游环节虚拟一体化模式，共同推进处理器产品的设计服务、光罩制作、芯片生产、测试、封装以

及故障、问题分析等工作，缩短产品上市周期。三是推进企业兼并重组，提高竞争力。芯片制造业是典型的资金和技术密集型产业，其规模效应十分显著，因而要在强调自主创新的同时，鼓励龙头企业开展兼并重组，扩大规模，在知识产权、技术、设备、采购、人力资源、市场条件等方面形成优势，实现规模经济效益。鼓励集成电路制造企业通过资产联营、兼并、收购、参股、控股等手段增加企业融资渠道，优化产业资源配置，实现优势企业的强强联合，做大做优做强骨干企业，培育若干具有国际竞争力的集成电路制造企业。

第二十章　国家集成电路基金公司成立

第一节　事件背景

一、集成电路产业规模迅速扩大，但严重依赖进口局面仍未明显改善

集成电路是信息技术产业的"粮食"，其技术水平和发展规模已经成为衡量一个国家产业竞争力和综合国力的重要标志之一。国际金融危机爆发以后，发达国家加紧战略性的调整经济结构，使得集成电路产业的战略性、基础性、先导性地位进一步凸显，美国更是将其视为未来20年从根本上改造传统制造业的四大技术之首。2014年中国集成电路产业的销售收入达到3015亿元，比2013年增长率为20.2%。其中，芯片设计业近十年年均增长率超过40%，成为拉动整个集成电路产业增长的主要动力。制造业加快追赶步伐，2014年销售收入同比增长接近20%。封装测试业则稳步扩大，2014年产业规模达到1255.9亿元。

但目前我国集成电路产业还远不能支撑国民经济和社会发展，以及对国家信息安全和国防安全的建设。2014年我国集成电路进口额高达2184亿美元，虽然同比下降6.9%，但是进出口贸易逆差依然较大，很多芯片依然需要从国外进口。同时，我国与国际先进技术水平差别仍然较大，芯片制程与国外先进工艺水平尚有两代以上的差距，设计企业未能跻身全球排名前十行列，封测企业未能跻身前五行列。另外，产业链配套能力较弱也是制约产业发展的瓶颈，电子设计自动化（EDA）工具和原辅材基本依赖进口，半导体设备仅有刻蚀机、清洗机等实现小规模销售。集成电路产品结构不合理，量大面广的集成电路产品如CPU、存储器等都很难满足国内市场需求。

二、集成电路核心地位日益突显，产业发展瓶颈亟待突破

2014 年年初曝光的"棱镜门"事件引发了全球各国对信息安全的高度重视，随着各种信息源的互联渗透和相互融合，我国以往采取的限制、隔离等简单的安全策略已经难以保障信息安全，急需实现硬件层面的芯片国产化。实现芯片国产化是我国信息安全的必经之路，是彻底扼住美国挖掘我国情报的最重要渠道。芯片国产化将成为保障信息安全的根基，大幅提高我国信息安全水平，有效扫除国家信息安全的"芯"病，逐步释放国产芯片的需求。

尽管我国集成电路产业发展迅速，但面临着产业规模不大、核心技术缺乏、难以满足市场需求等问题，目前主要制约我国集成电路进一步做大做强的因素包括以下几个方面。

一是内需市场优势发挥不足。集成电路"芯片－软件－整机－系统－信息服务"的产业生态体系尚未形成，芯片设计与快速变化的市场需求结合不紧密，难以进入整机领域中高端市场。随着跨国公司快速构建垂直一体化的产业生态体系，国内企业只能采取被动跟随策略。由于芯片制造水平的制约，芯片设计企业的高端产品大部分在境外制造，没有与国内集成电路制造企业形成协作发展模式。

二是企业融资瓶颈突出。一方面集成电路产业需要高投入和持续投入，才能维持技术的先进行；另一方面骨干企业自我造血机能差，仅仅初步形成一定盈利能力，很难通过技术升级和规模扩张实现良性发展。例如芯片制造公司中芯国际 2013 年盈利已经达到历史最高水平，约为 1.7 亿美元，但投资一条月产 5 万片的 12 英寸 28nm 生产线约需 50 亿美元，反观中国台湾的台积电 2013 年净利润达 62 亿美元，自有资金就能满足其年度投资需求一半以上。同时，国内融资成本相对较高，如美国贷款年利率约为 2%，我国年利率约为 6%—8%，社会资本也因芯片制造业投入资金额大、回报周期长、短期收益低而缺乏投入意愿。

三是产业创新要素积累不足。例如领军人才匮乏，缺乏稳定的企业技术和管理团队；设计企业规模小散弱，中国 500 多家集成电路设计企业的总收入仅约是美国高通公司一家的 60%—70%；制造企业量产技术落后国际主流两代，关键装备、材料基本依赖进口；研发投入不足，我国全行业每年研发总投入不足英特尔一家公司的六分之一；产业核心专利少，缺乏对知识产权的布局。

四是发展环境亟待完善。适应产业特点、有利于激发企业活力和创造力的政策体系不健全，存在产业政策落实不到位和政府资源分散等问题。

无论从国家信息安全的战略性还是拓展市场空间的角度，加快集成电路国产化都将是未来国家投入和推广的重点方向。加快发展集成电路产业，提升企业自主创新能力和国际竞争力已成为当务之急。

三、国家高度关注集成电路产业发展，持续出台相关政策为产业营造良好发展环境

从 2000 年开始，国家先后出台了促进集成电路产业发展的 18 号文件和 4 号文件，实施了国家重大科技专项，从政策和资金方面予以支持。近几年来，在市场拉动和政策支持的大环境下，我国集成电路产业实现快速发展，整体实力显著提升。

随着近年来国内外集成电路市场环境更加趋紧，国内集成电路企业发展受到极大制约。数位知名企业家联名致信中央，恳请进一步加大对集成电路产业的重视力度。请愿信通过上海市领导转呈中央后，受到习总书记的高度重视，并给予了"对集成电路产业一定要抓住不放，实现跨越"的重要批示。至此，各部委进一步研究在对集成电路产业予以减免税的基础上，选择若干重点城市、重点企业、重点领域，集中力量给予支持，重点解决制约产业发展的资金问题，集成电路产业迎来了新一轮快速发展的春天。

四、《国家集成电路产业发展推进纲要》的出台具有重要战略意义

2014 年 6 月，国务院印发《国家集成电路产业发展推进纲要》，提出推进集成电路产业发展的四大任务和八项保障措施，特别强调建立与集成电路产业规律相适应的管理决策体系、融资平台和政策环境，产业链主要环节达到国际先进水平，实现跨越发展。基于转变经济发展方式及保障国家安全的出发点，集成电路产业政策将更加关注制约产业自主发展的关键领域和环节，诊断国内产业症结、探寻产业实现自主可控的思路与方法显得尤为重要。

《纲要》特别提出设立国家集成电路产业投资基金，以股权投资方式为主支持集成电路产业发展，一方面可有效发挥资金杠杆的撬动作用，以千亿规模的国家投资基金为引导,结合地方性投资基金和民间 PE 投资,可有效撬动信贷等资金,形成万亿级的投入规模，并形成适应行业特点的产业投融资体系。另一方面，以股权投资为引导，通过股权改造优化公司治理架构，推动企业兼并重组，提高企

业竞争力，实现企业做大做强，从而推动国内集成电路产业链整合，早日跻身全球第一阵营。

第二节　主要内容

一、国家集成电路产业投资基金成立

2014年9月24日，在工信部、财政部的指导下，国开金融有限责任公司、中国烟草总公司、北京亦庄国际投资发展有限公司、中国移动通信集团公司、上海国盛（集团）有限公司、中国电子科技集团公司、北京紫光通信科技集团有限公司、华芯投资管理有限责任公司等共同签署了《国家集成电路产业投资基金股份有限公司发起人协议》和《国家集成电路产业投资基金股份有限公司章程》，标志着国家集成电路产业投资基金正式设立。

国家集成电路产业投资基金采取公司制形式。国开金融、中国烟草、亦庄国投、中国移动、上海国盛、中国电科、紫光通信、华芯投资等作为发起人，吸引大型企业、金融机构以及社会资金，共同投资设立国家集成电路产业投资基金股份有限公司。

基金将采取股权投资等多种形式，重点投资集成电路芯片制造业，兼顾芯片设计、封装测试、设备和材料等产业，推动企业提升产能水平和实行兼并重组、规范企业治理，形成良性自我发展能力。基金采取市场化运作和专业化管理的经营方式，同时将建立符合市场经济规律的管理制度和运行机制，努力为投资人创造良好回报。

二、国家集成电路产业投资基金管理公司成立

2014年10月，随着国家集成电路产业投资基金的落地，由主要投资方之一国开行为主新成立了华芯投资管理有限责任公司，负责基金的投资运营管理工作。

三、国家集成电路产业投资基金股份有限公司成立

2014年11月，由工信部电子司、财务司主导成立国家集成电路产业投资基金股份有限公司，工信部财务司司长王占甫担任法人代表，工信部电子司司长丁文武担任总经理。基金公司拥有国家集成电路产业投资基金的所有权，并对基金实施监管的权利。

第三节　事件影响

一、基金市场化运作的方式有助于产业健康发展

国家集成电路产业投资基金的成立是此次国家出台《集成电路产业发展推进纲要》的亮点之一，是国家首次采用市场化运作的方式对集成电路产业进行资金支持。基金管理采用三权分立的委托管理方式，即基金的所有权、管理权和托管权分离，产业基金的 60% 投向集成电路制造业，兼顾芯片设计、封装测试、设备和材料等全产业链的发展。

从基金的运作方式上看，是以市场为导向的，国家作为 LP 仅起到出资、监督的作用，而基金的具体操作则交由行业内的资深人员来管理，这样的方式有利于按照市场的发展规律来推动行业的健康有序发展，从而在一定程度上可以解决国家支持面临的无法有针对性的提升行业竞争力的效果。

二、基金集中投资骨干企业成为我国发展晶圆制造新契机

此次基金成立将成为我国发展集成电路晶圆制造业的新契机。国家集成电路基金频频出手投资。近期国家集成电路产业投资基金动作频频，第一笔投资即与长电科技、中芯国际全资子公司芯电上海合作成立公司，以收购全球第四大封装测试公司星科金朋，随后向芯片设备制造商中微半导体设备（上海）有限公司投资人民币 4.8 亿元支持设备产业发展。中微半导体是目前设备制造的核心企业，主要客户包括台积电等芯片制造商。长电科技则是国内最大的封测公司，全球排名第六。星科金朋，全球排名第四。此外，据称该基金也可能参与对 Marvell 手机芯片业务的购并，竞购方还包括中国电子信息产业集团、英特尔等。国家集成电路产业投资基金希望通过 1200 亿元的投资基金带动地方资金和产业资金的投入，藉此扶持一批上规模的公司，同时弥补国内产业链的薄弱环节。该基金是于 2014 年 10 月由工信部正式通告成立，重点投资集成电路芯片制造业，同时兼顾芯片设计、封装测试、设备和材料等产业；并参股地方设立的产业投资基金，适当布局其它重要产业，提高整体收益。国家集成电路产业投资基金的一系列举动都表明国家和政府对集成电路芯片制造业的重视，也透露出国家扶持集成电路产

业发展的决心。

三、国家基金联动地方基金为产业发展提供资金保障

此次产业推动政策的实施与之前的显著区别是，行业内的产业资本、民间资本的参与程度显著提高，无论从国家大基金和地方基金的组成来看，民营资本有了较大程度参与。在国家政策出台不久，北京、天津、安徽、山东、甘肃、四川、湖北、上海等地纷纷出台相关政策，配合国家政策的实施。部分省市也设立地方投资基金，配套国家投资基金发展地方集成电路产业，形成全国产业发展资金联动效应。

表 20-1　2014 国家/地方集成电路近期集成电路发展政策

时间	国家/地方	政策	内容摘要
2014.6.24	国家	《国家集成电路产业发展推进纲要》	到2015年，集成电路产业销售收入超过3500亿元。到2020年，全行业销售收入年均增速超过20%。
2014.10.14	国家	《国家集成电路产业投资基金正式设立》	国家集成电路产业投资基金采取公司制形式。国开金融、中国烟草、亦庄国投、中国移动、上海国盛、中国电科、紫光通信、华芯投资等作为发起人，吸引大型企业、金融机构以及社会资金，共同投资设立国家集成电路产业投资基金股份有限公司。
2013.12.18	北京	《关于北京市集成电路产业发展股权投资基金遴选管理公司的公告》	国家发展和改革委员会、工业和信息化部与北京市政府共同成立北京市集成电路产业发展股权投资基金。基金总规模300亿元，由母子基金（1+N）模式构成，即设立1支母基金及N支子基金。根据当期需求，首期设立制造和装备、设计和封测两只子基金。
2014.2.13	天津	《天津市滨海新区集成电路产业集群化发展战略规划（2014—2020）》、《天津市滨海新区加快发展集成电路设计产业的意见》	集成电路设计产业，销售收入达到200亿元，年均增长28%，设计水平达到14纳米，集成电路设计企业数量达到80—100家。其中，1家销售收入超过50亿元，3—5家销售收入超过10亿元。
2014.6.24	安徽	《安徽省人民政府办公厅关于加快集成电路产业发展的意见》	到2017年，集成电路产业总产值达300亿元以上，我省设计生产的芯片在省内显示面板、家电等领域得到应用，初步建成合肥集成电路产业基地；到2020年，总产值达600亿元以上，显示面板、家电、汽车电子等芯片本土化率达20%左右。

（续表）

时间	国家/地方	政策	内容摘要
2014.7.29	山东	《关于贯彻国发〔2014〕4号文件加快集成电路产业发展的意见》	到2015年，我省基本建立起有利于集成电路产业发展的政策环境和创新机制。集成电路产业销售收入突破200亿元。到2020年，全省集成电路产业销售收入突破800亿元。
2014.7.31	甘肃	《关于印发甘肃省贯彻落实国家集成电路产业发展推进纲要的实施意见的通知》	到2015年，集成电路封装规模达到100亿只以上，实现主营业务收入55亿元。到2020年，培育出集成电路封装测试业世界前十企业，集成电路产业主营业务收入力争达到150亿元。
2014.8.13	四川	四川将设立集成电路产业投资基金	四川宣布已制定推进集成电路产业发展的实施意见，并将设立集成电路产业投资基金。
2014.11	湖北	湖北300亿元集成电路产业基金即将正式设立	湖北300亿元集成电路产业基金即将设立，鄂版"大基金"猜想也随即展开。
2014.11.24	上海	上海发起百亿集成电路基金	上海集成电路信息产业基金总体规模为人民币100亿元，首期规模人民币30亿元。除武岳峰资本外，基金的主要发起人还包括上海市创业引导基金、上海嘉定创业投资有限公司、台湾联发科技股份有限公司、中芯国际集成电路制造有限公司、清控金融、美国骑士资本等。

数据来源：赛迪智库，2015年1月。

第二十一章 高通"反垄断"

第一节 事件起源

高通凭借其在 3G 方面的技术储备，常年向其客户采取如下手段：一是高通主要是对基带进行授权，但其版税收入却是以整机作为计算许可费的基础；二是凭借其掌握的核心通信专利，在授权时则是将必要专利与非标准必要专利捆绑许可，甚至将一些过期专利进行捆绑授权，对过期专利继续收费；三是要求被许可人进行免费反许可，让其客户免费使用；四是将专利许可与销售芯片进行捆绑；五是拒绝对芯片生产企业进行专利许可以及在专利许可和芯片销售中附加不合理的交易条件等。高通此种做法曾在全球多个国家遭受到反垄断调查，如 2005 年，美国博通公司对高通发起反垄断诉讼，最终达成和解，高通向博通赔付 8.91 亿美元。2007 年 1 月韩国对高通进行反垄断调查，2010 年 1 月对高通处以 2.08 亿美元的罚款，不过高通向首尔法院提起诉讼，首尔高等法院维持原判，2013 年高通向韩国最高法院提起上诉，目前该案仍在审理中。2007 年 10 月，欧盟委员会根据 Nokia 等六家公司举报对高通进行了反垄断调查，最终 2009 年以和解宣布停止调查。2010 年，基于 Icera 的投诉，欧、美启动对高通的反垄断调查，Icera 公司投诉高通滥用市场地位，目前此调查依然处于调查阶段。2014 年，高通在中国大陆也遭受到了一家美国公司和行业协会的反垄断举报。

第二节　事件结果

国家发展和改革委员会（简称"国家发改委"）经过调查取证和分析论证，发现高通公司在 CDMA、WCDMA、LTE 无线通信标准必要专利许可市场和基带芯片市场具有市场支配地位，实施了滥用市场支配地位的行为，主要表现在如下几个方面。

一、收取不公平的高价专利许可费

一方面，高通公司对过期无线标准必要专利收取许可费，高通在持有的无线标准必要专利中，有部分相关专利已经过期，且包含一定数量的重要无线标准必要专利，但在专利授权时，高通仍然在对这部分专利进行收费，另一方面，高通要求被许可人将专利进行免费反向许可，拒绝向被许可人就反向许可的专利支付合理的对价，此外，对于曾被迫接受非标准必要专利一揽子许可的我国被许可人，高通公司在坚持较高许可费率的同时，按整机批发净售价收取专利许可费，这些因素的结合导致许可费过高。

二、在无线标准必要专利许可中，没有正当理由搭售非无线标准必要专利许可

无线通信终端制造商必须向无线标准必要专利持有人寻求专利许可，没有其他选择；非无线标准必要专利不是强制实施的专利，无线通信终端制造商可以进行规避设计，或者根据专利技术的优劣及其他因素，在不同的竞争性替代技术中进行自由选择。因此，非无线标准必要专利与无线标准必要专利性质不同、相互独立，分别对外进行许可并不影响上述两种不同专利的应用和价值。高通公司在进行专利许可时，不对无线标准必要专利与非无线标准必要专利进行区分，不向被许可人提供专利清单，而是采取设定单一许可费并进行一揽子许可的方式，将持有的非无线标准必要专利进行搭售许可。我国部分被许可人被迫从高通公司获得非无线通信标准必要专利许可。

三、在基带芯片销售中附加不合理条件

高通公司将签订和不挑战专利许可协议作为我国被许可人获得其基带芯片的条件。如果潜在被许可人未与高通签订包含不合理许可条件的专利许可协议，或者与高通签订专利许可协议的被许可人与高通就专利许可协议产生争议并提起诉讼，则高通将停止向该被许可人供应基带芯片。由于高通公司在基带芯片市场具有支配地位，潜在的和实际的被许可人对高通的基带芯片高度依赖，如果高通公司拒绝提供基带芯片，则潜在的或者实际的被许可人可能无法进入或者必须退出相关市场，无法有效参与市场竞争，只能被迫接受不公平、不合理的专利许可条件。

因此，国家发改委提出，高通公司的行为排除、限制了市场竞争，阻碍和抑制了技术创新和发展，损害了消费者利益，违反了我国《反垄断法》关于禁止具有市场支配地位的经营者以不公平的高价销售商品、没有正当理由搭售商品和在交易时附加不合理交易条件的规定。因此针对高通滥用无线标准必要专利许可市场和基带芯片市场支配地位的行为做出如下处罚：（1）高通在中国大陆的无线通信终端制造商进行无线标准必要专利许可时，应当向被许可人提供专利清单，不得对过期专利收取许可费；（2）不得违背被许可人意愿，要求被许可人将持有的非无线标准必要专利反向许可或不支付合理的对价（3）当事人不得在坚持较高许可费率的同时，以整机批发净售价作为计算无线标准必要专利许可费的基础；（4）不得没有正当理由搭售非无线标准必要专利许可；（5）在销售芯片时，不得以潜在被许可人接受过期专利收费、专利免费反向许可、没有正当理由搭售非无线标准必要专利许可等不合理条件为前提；不得将被许可人不挑战专利许可协议作为当事人供应基带芯片的条件。

第三节　事件影响

一、4G专利授权费用降低

高通在 3G 时代实际上并不对 TD-SCDMA 制式直接征收专利费用，但在 4G 时代，高通希望向 TD-LTE 设备在内的 4G 终端征收 5% 以上的专利授权。在国家发改委与高通达成的协议中，对 4G 设备收取许可费为 3.5%。

二、高通整体专利授权费用打6.5折

按照国家发改委与高通达成的协议，中国市场计算专利费的基础，将按照手机实际售价的65%计算，包括了3G和4G设备。根据手机中国联盟估算，高通在中国市场的专利授权费用每年会少收入2亿—3亿美元，换句话说因为国家发改委的处罚，大陆消费者每年购买手机可以少支付2—3亿美元

三、反授权条款取消

依照之前高通的反授权协议，大陆手机厂商使用高通专利，必须将自己的相关专利授权给高通，并且不得向使用高通芯片的其他设备厂商征收专利费用，这无疑打击了中国手机厂商的专利价值。而根据国家发改委与高通达成的协议，高通反授权条款将被取消，这对华为、中兴等专利积累丰厚的中国手机企业来说是一个利好，而对小米等新手机企业来说风险加剧。对于高通来说，失去了反授权协议，其对手机企业的控制力将会遭到削弱。以前按照高通"反授权协议"要求，中兴、华为、联想等使用高通芯片的手机公司，必须将所持专利授权给高通公司，并且不得以此专利向高通的客户征收专利费。这意味着，即使一些手机厂商使用了别家厂商的专利，只要采购了高通公司的芯片，就不用担心专利的收费问题。这实际上吸引很多缺少专利的手机厂商使用高通芯片，高通也从中获益不菲。

而对于中国手机企业而言，随着高通反授权条款取消，专利大战将不再只限于传统的欧美成熟市场，在中国和其他新兴市场，未来也会有遭到中国同行起诉的可能性。对于手机企业特别是小米等新兴手机厂商而言，无疑要快速加强专利储备或者结盟速度。

一方面，当初那些由于缺乏专利而傍上高通这个专利大鳄的手机厂商在瞬间失去保护伞之后，可能未来会面临其他厂商发起的专利诉讼，陷入专利的纠纷。另一方面，对于另外一些本身就拥有成熟专利池的手机厂商腾出了更好的发展空间以及更有利的竞争位置。总之反垄断的完美收官对于国产手机是个大好的机会，因为这样很多厂商就不需要承担较高的授权费用，这样就大大缩减了成本。

四、不再捆绑高通其他专利

高通之前在给中国手机企业的专利授权收费中，是整体自身专利的打包，并不给于专利清单。而此次根据国家发改委与高通达成的协议，高通向中国手机厂

商独立提供 3G 和 4G 专利授权，不再捆绑高通其他专利。意味着中国手机企业今后向高通支付专利授权的成本将会降低。由于原本"暂免"专利费的 TD-LTE 三模芯片需要交纳一定比例的专利费，TD-LTE 三模手机的吸引力顿时大打折扣。不仅如此，高通对于 1299 元以下终端实行 CDMA 和 WCDMA 芯片同价，支持 CDMA 的手机成本和仅支持 WCDMA 的手机成本趋于一致。根据简单的计算，在芯片价格一致的情况下，即使按照高通规定的标准费率，成本在 1000 元的三模手机和全网通手机专利费也仅仅相差 9.75 元。如果算上厂家享有的优惠费率，两者之间专利费差距更是只有 2—3 元。仅仅增加几元的成本就可以同时支持三家运营商，手机厂商必然倾向于生产全网通用的手机。而随着 TD-LTE 三模手机专利费用的增加，仅仅支持三模的 TD-LTE 手机也将逐步走下历史的舞台。

五、搭便车行为

我国对高通的处理方案将会使得其他国家或地区对高通采取类似行为，这无疑将削弱高通在全球智能手机行业中最为重要的专利技术授权业务。高通认为，美国联邦贸易委员会（FTC）和欧洲对高通发起的反垄断调查也许与中国案件有关联。2015 年 2 月，韩国公平贸易委员会（FTC）已经发起对高通的反垄断调查。

展望篇

第二十二章　主要研究机构预测性观点综述

第一节　WSTS

一、世界半导体市场连年稳定成长[1]

世界半导体贸易统计组织（WSTS）2014年6月发布了2014—2016年的世界半导体市场预测。由于车载及工业用半导体利好、智能手机需求攀升、欧洲GDP由负转正，特别是中国半导体市场的庞大（2014年1—3月占世界市场的26%，亚洲市场的46%）和快速增长（中国半导体协会副理事长石磊预计，2014年国内集成电路产业销售值增幅可达20%，超过3000亿元人民币。从中长期来看，在国家大力发展战略性新兴产业以及产业鼓励扶持政策不断完善的带动下，国内集成电路产业还将保持持续快速增长）等的牵引下，WSTS对2014年世界半导体市场的增长率从去年秋季预测的4.1%，调高了2.4个百分点，达到6.5%，超越2013年的4.8%，创近年历史新高。而且，未来2年还将继续保持增长的势头，2015年增长3.3%，2016年再增4.3%，2013—2016年连续4年增长，也为历史鲜见。

表22-1　世界半导体市场的发展（单位：亿美元）

年份	2009	2010	2011	2012	2013	2014	2015	2016	13—16年CAGR
世界总计	2263	2983	2995	2915	3055	3253	3361	3504	4.7%
亚太	1196	1600	1640	1629	1744	1905	1979	2070	5.9%
美国	385	536	551	543	614	627	644	669	2.9%
欧洲	298	380	373	331	348	376	387	403	5.0%
日本	383	465	429	410	347	343	350	360	1.2%

数据来源：WSTS，2014年6月。

[1]　《世界半导体市场连年稳定成长》，《电子产品世界》2014年07期。

据 WSTS 报告，2013—2016 年间世界半导体市场将以年均 4.7% 的速度成长，届时将达 3504 亿美元，从各大地区看，亚太地区的年均增长率最高，达 5.9%，2016 年可望达到 2070 亿美元,独占世界市场的 59%,欧洲其次,年均增长率为 5%，达 403 亿美元;美国又次之,增长 2.9%，达 669 亿美元,日本最后,仅微增 1.2%，达 360 亿美元。

表 22-2　世界各类半导体产品市场（单位：亿美元）

年份	2009	2010	2011	2012	2013	2014	2015	2016	13—16年CAGR
全球半导体产品	2263	2983	2995	2915	3055	3253	3361	3504	4.7%
分立器件	141	198	213	191	182	194	203	211	5.1%
光器件	170	217	230	261	275	299	314	327	5.9%
传感器	47.5	69	79.7	80	80.3	87.6	94	98.9	7.2%
集成电路	1903	2499	2470	2382	2517	2617	2748	2866	4.4%
模拟电路	320	422	423	393	401	437	463	486	6.7%
微芯片	483	606	652	602	586	592	609	632	2.5%
逻辑电路	652	773	787	817	859	920	949	982	4.6%
存储器	447	696	607	569	670	720	726	764	4.5%

数据来源：WSTS，2014 年 6 月。

2014 年各半导体产品均有不同程度的成长，从 2013—2016 年的年均增长率观察，也是不同程度的增长，其中成长最快的为传感器，达到 7.2%，微芯片最低，也可平均每年略增 2.5%，产品整体达到 4.7%，这样良好的数据大大提升了业界的信心。

第二节　IC Insights

一、IC Insights：2015年半导体八大发展趋势

物联网被视为半导体产业的 "Next Big Thing"，调研机构 IC Insights 指出，物联网相关芯片产值在 2013—2018 年间，可望交出高达 22.3% 的年复合成长率。IC Insights 归纳出 2015 年半导体产业的 8 大趋势。

趋势一：4K2K TV 明年渗透率将超越 15%。

IC Insights 分析，过去数字电视芯片会在一个世代停留 5 年左右的时间，不

过如今这个公式被 4K2K TV 所打破。相较于 2014 年 4K2K TV 渗透率仅约 8%，2015 年渗透率将达 15%—20%。

趋势二：固态硬盘（SSD）2015 年在笔记本电脑领域的渗透率可望超越 4%。

IC Insights 指出，苹果力推新一代 PCIe 接口的 SSD 规格，也带动其他笔记本电脑厂商跟进，估计 2015 年 SSD 在笔记本电脑领域的渗透率可望从 14 年的 5%—10% 大幅成长至 40% 以上。

趋势三：指纹辨识感测芯片 2015 年在智能手机领域的渗透率可望超越 35%。

在 iPhone 带动指纹辨识风潮下，2014 年虽仅有 10% 的智能手机搭载指纹辨识功能，不过 2015 明年可望达到 35%—40%。

趋势四：光学防抖（OIS）芯片 2015 年在智能手机领域的渗透率可望接近 15%。

2014 年包括 iPhone 6 Plus、Galaxy Note 4 等旗舰级机种都采用的光学防抖技术，可望带动 2015 年更多搭载光学防抖芯片的高端机种上市。

趋势五：射频开关（RF switch）芯片转向 90 纳米 SOI 制程。

由于 8 寸晶圆产能吃紧，这波制程转换潮可望加速，且有些晶圆厂也已在 12 寸厂以更先进的 65 纳米制程量产射频芯片。

趋势六：3D 立体堆叠 IC（3D stacked IC）解决方案何时成熟，将成为穿戴设备市场能否扩大的关键。

IC Insights 指出，3D 立体堆叠芯片技术若能成熟，相较于现在穿戴装置所采用的 SiP（系统级封装）可省下 40% 的成本，同时具备低功耗、又无需牺牲芯片效能的优势。

趋势七：新一代 USB Type-C 规格已定，高速传输接口的整合将加速。

IC Insights 看好，苹果 2015 年就会在 Macbook 中采用 Type-C USB 规格。

趋势八：车用 IC 需求升温。

IC Insights 预估，相较于 2010 年一辆车的生产成本仅有 20% 为电子相关设备，2020 年车用电子系统就将占一辆车生产成本的 35%，可望为相关车用 IC 创造庞大出海口。

二、IC Insights：2015年全球半导体市场继续增长7%

全球半导体市场过去十年来起伏不定，但最近两年表现持续景气。IC

Insights 预估，2015 年全球半导体市场将在 2014 年增长 8% 的基础上再增长 7%。

表 22-3　2015 集成电路产品市场增长预测

产品	2014	2015预测
车用的特殊逻辑IC	19%	15%
DRAM	33%	14%
汽车应用特殊模拟IC	11%	12%
无线通讯	15%	12%
手机应用	13%	10%
32位MCU	8%	9%
工业/其他	8%	9%
NAND Flash	6%	9%
PLDs	8%	9%
电源管理	16%	8%
放大器/比较器	11%	7%
合计	8%	7%

数据来源：IC Insights，2015 年 3 月。

就应用区分，汽车相关产品也是未来几年电子领域中成长相当强劲的一个类别，预计 2014—2019 年复合增长率达到 6.5%，仅次于通讯的 6.8%，高于工业领域的 4.5%，消费品的 4.3%，以及政府和军队采购的 2.7%。

IC Insights 分析，2015 年将是全球车用相关 IC 成长迅速的一年，除了车用的特殊逻辑 IC2015 年可望成长 15% 外，智能汽车的出现也将推升高阶 32 位 MCU 的出货量。IC Insights 估计，2015 年全球 32 位 MCU 将成长 9%；而在未来几年内，属高阶市场的 32 位 MCU 将在整体汽车市场占有超过 25% 的市场占有率。

2015 年通讯 IC 市场增长为 10%，低于 2014 年的 13%，但仍然保持了较快的发展速度。受到健康医疗相关应用的普及与物联网生态系统的建立的推动，工业及相关 IC2015 年增长预计将达 9%。另外，NAND Flash 依然保持了高景气度，2014 年增长了 6%，2015 年将增长 9%。

三、IC Insights：预计2015年全球晶圆代工厂IC销售额达537亿美元，成长率为12%

全球半导体联盟（GSA）与市场研究公司 IC Insights 联手完成的调查报告显示，

全球晶圆代工销售额在 2014 年成长约 13%，达到 479 亿美元，延续了自 2013 年约 13% 以及 2012 年约 18% 的成长力度。同时，该报告预计全球晶圆代工厂的集成电路销售将在 2015 年时达到 537 亿美元，成长率为 12%。

晶圆代工厂制造的 IC 在整个晶片市场所占的比重，从 2004 年的 21% 增加到 2009 年时的 24%，并在 2014 年时将快速跃升至 37%。这表示半导体产业正处于从垂直整合的元件制造（IDM）过渡至以轻晶圆或无晶圆厂模式的发展过程中。几乎所有的集成电路芯片新创业者在加入这个市场时都是无晶圆厂的公司。GSA 与 ICInsights 预计，在 2018 年以前，代工厂所制造的 IC 可望占到整个产业芯片销售的 46%。

表 22-4　2009 年—2018 年全球代工厂 IC 销售额与成长率预测

年份	2009	2010	2011	2012	2013	2014	2015	2016	2017	2018
销售收入（亿美元）	216	307	319	376	425	479	537	623	648	721
增长率	-10%	42%	4%	18%	13%	13%	12%	16%	4%	10%

数据来源：IC Insights，2014 年 12 月。

2013—2018 年，晶圆代工市场将达到约 11% 的年复合成长率（CAGR），这一数字几乎比整个 IC 市场成长高 1 倍。目前采用合约晶圆制造的销售额中约有 88% 是由纯 IC 代工厂所产生，12% 来自为其他公司提供代工服务的 IDM。

纯晶圆代工的销售额年成长率在 2013 年约 15%，2014 年可望持续成长 17% 后，预计将在 2015 年时增加 13%，达到 478 亿美元。此外，IDM 代工收入在 2014 年下滑 12% 后，预计 2015 年约为 59 亿美元，仅成长 2%。

2014 年晶圆代工厂（纯代工厂和 IDM）的资本支出可望成长 9%，达到 232 亿美元的历史新高记录，与 2013 年 213 亿美元投资额以及 3% 的年成长率相比大幅成长。此外，预计 2015 代工厂的资本投资年成长将达 7%，创造另一次的新高记录。

目前世界上四家最大的纯代工厂的晶圆产能利用率在 2014 年将提高 92%，与之相比，2013 年与 2012 年约为 89% 与 88%。无晶圆厂客户在 2014 年的纯晶圆代工收入中估计约占 77%，IDM 约占 18%，而系统制造商则约占整个销售额的 8% 左右。在 2008 年时，无晶圆厂客户约占 69%，IDM 占 29%，而系统公司占 2%。

在 2014 年纯晶圆代工销售收入中通讯芯片估计约为 53%，消费产品芯片占

18%，其他芯片（如汽车、工业和医疗系统等应用）约占 15%，计算机芯片则占整体收入的 14%。

从总部分布划分 2014 年纯晶圆代工销售，总部设在美洲的客户公司占收入的 62%，其次是亚太地区（除日本）客户约占 29%，欧洲客户约有 6%，而日本则仅占全部的 4%。

第三节　Gartner

一、Gartner：预计2015年全球半导体行业收入达3580亿美元

美国市场研究公司 Gartner1 月发布研究报告称，2015 年全球半导体行业收入预计将达 3580 亿美元，较 2014 年增长 5.4%，但仍然低于之前 5.8% 的增长预期。半导体市场的增长动力包括智能手机专用标准电路 ASSP，以及超移动 PC 和固态硬盘中使用的 DRAM 和 NAND 闪存芯片。

Gartner 研究总监乔·艾伦森（Jon Erensen）表示，由于 DRAM 恢复以往的降价方式，而整个行业需要消耗过多库存，因此 2015 年的半导体收入增长可能较 2014 年的 7.9% 有所放缓。由于供应短缺，DRAM 价格在 2014 年基本保持坚挺，使之成为 2014 年增速最快的一类产品，收入增幅高达 31.7%。2015 年的 DRAM 供需可能平衡，预计年度 DRAM 收入增幅降至 7.7%。

从应用角度来看，智能手机、固态硬盘、超移动 PC 的收入都将实现最大幅度的增长。2015 年，计算应用仍是最大的半导体市场，其次是无线和消费应用。合计来看，这三类设备在半导体总收入中的占比将超过三分之二，对半导体市场的整体增长影响最大。

2015 年的工业电子领域有望超过整体市场和其他电子应用领域的增速，增幅达到 9.1%。这一增长将主要受到工业和居民 LED 照明应用，以及智能城市项目的推动。除此之外，物联网仍将在 2015 年及以后对销量产生重要影响。

除了工业应用之外，无线应用（主要是手机）将成为 2015 年半导体市场最大的增长动力。但 2015 年的无线应用收入增长预期仍与上一季度的预测相同。

受到智能手机和 4G LTE 普及速度加快的影响，手机半导体收入仍然强劲，但其他电子设备领域的销量疲软将导致库存水平增加，从而拖累 2015 年第一季度的半导体收入。

第二十三章　2015年集成电路产业发展形势展望

第一节　全球集成电路产业发展展望

一、全球集成电路产业发展趋势

（一）产业整体发展趋势

1. 产业继续保持增长

随着传统 PC、手机等设备在亚太、非洲等新兴市场需求的持续旺盛，以及智能手机和可穿戴设备等新兴移动智能终端不断兴起，预计全球半导体市场在未来十年将继续保持稳定增长的态势。如果按照 2015—2020 年之间世界半导体产业以 5% 的复合增长率计算，预计到 2020 年，全球半导体产业规模将达到 4400 亿美元。

2. Fablite 甚至 Fabless 及技术联盟趋势进一步深入

当前，先进半导体制造工艺已经进入 14nm，各大芯片制造巨头正在加紧攻关 10nm 工艺，摩尔定律的极限已经愈发接近。随着工艺的不断升级，研发费用及生产线建设费用均呈现指数上升的态势。国际许多 IDM 厂商也纷纷转型，将下游的芯片制造与封装测试环节剥离出去，转而以轻晶圆甚至无晶圆形式继续发展。而在芯片代工领域，由于巨大的研发投入，也使得芯片代工企业更多的采用技术联盟的方式进行联合开发，以降低开发成本和风险，联合开发趋势在代工产业还将进一步深化。

3. 市场竞争更加激烈

芯片制造方面，随着芯片制造向高阶工艺的升级，芯片制造企业必须持续扩大规模以维持规模效应，才能抵消呈指数上升的投入成本。由此观之，未来芯片制造业的竞争将主要体现在资金投入和企业规模两个方面。而在芯片设计方面，随着芯片尺寸的不断缩小，设计的复杂程度也在不断增加，进而快速提升了设计成本。如芯片线宽从 90 纳米过度至 45 纳米，成本则从 1400 万美元提升至 5000 万美元，进入 14 纳米、10 纳米，则成本将会更高。不断提升的成本门槛将使一些规模较小的设计企业被迫退出芯片领域，与此同时，芯片设计领域的竞争格局也将在频繁的兼并重组因素作用下变得无法预计。到 2020 年，全球前 25 家芯片厂商排名将会与 2014 年产生巨大差异。

（二）产业链各环节发展趋势

1. 芯片设计业

2014 年全球芯片设计业取得了 860 亿美元的销售业绩和 6.8% 的同比增速。智能手机、平板电脑和超级本电脑等移动智能终端，仍是推动芯片设计业发展的主要动力，而传统的 PC 市场持续萎缩，产业呈现缓慢下降的趋势。表 22-1 列出了 Gartner 对 2014—2017 年全球智能手机手机、平板电脑、超极本电脑和 PC 出货量的预测。

表 23-1　2013—2017 年全球移动智能终端和 PC 出货量预测　　单位：十万台

产品	2012年	2013年	2014年	2017年
手机	17462	18758	19497	21289
平板电脑	1161	1972	2657	4680
超级本电脑	98	236	387	964
PC	3413	3152	3023	2716
合计	22134	24118	25565	29648

数据来源：Gartner，2014 年 12 月。

近几年来，国际芯片产业的重心从 PC 时代转向后 PC 时代，即移动互联网时代。英特尔传统的 PC 芯片遇到了严重的挑战。移动智能终端芯片蓬勃发展的趋势，迫使英特尔提出了"第三次重大转变的芯片开发策略"，积极迎合针对智能手机和平板电脑市场，为此英特尔在 2015 年继续推出新款芯片架构，并采用 3D FinFET 技术与 ARM 等设计企业竞争。

此外，在模拟电路领域，随着移动电源、汽车电子、移动终端等模拟芯片应用的主要领域的继续活跃，展望 2015 年，模拟芯片产业规模将继续保持快速增长速度，届时世界模拟芯片的主要厂商如 TI、意法半导体、英飞凌等企业将有较好的表现。

2. 芯片制造业

根据预测，2015 年全球晶圆代工市场将有约 13% 的年增长率，市场规模将突破 500 亿美元。由于目前生产无线通信芯片均采用最先进的工艺制程，因而2015 年能够提供先进制程的一线晶圆代工厂商的成长率将继续优于晶圆代工业的平均增速。而无法提供先进制程的二线晶圆代工厂商的营业收入成长率将可能低于产业平均增速。

台积电因不断提升和扩大 16nm 制程的良率和产能，稳居世界晶圆代工的首位。2015 年台积电计划推出 10nm 制程，继续想摩尔定律的极限挑战。格罗方德在收购 IBM 芯片制造业后，也在雄心勃勃地推进着自身代工工艺的进程。在逐步完成对 IBM 芯片制造业务的消化后，2015 年将有望取得进一步发展。韩国三星依靠苹果订单，在 2015 年仍将保持强劲的增长态势。

3. 封装测试业

展望 2015 年，全球封装测试业产业规模有望突破 560 亿美元，增速达到 7.7%。依靠移动智能终端产品的强劲需求，2015 年倒焊封装（Flipchip）和晶圆级封装（WLP）比重的增加将成为封测市场成长的主要动力。企业方面，日月光、安靠两家封测厂商仍将排在全球最大两家封测厂商的位置，但随着中国长电科技完成对星科金朋的收购，其规模有望超过全球第三大封测厂商矽品，全球前四名的格局将重新洗牌。

二、全球集成电路技术发展趋势

延续摩尔定律、扩展摩尔定律、超越 CMOS 为今后三个发展方向

首先，未来集成电路将继续向着延续摩尔定律（More Moore）方向发展，即："CMOS 器件的工艺特征尺寸将继续缩小，芯片的集成度将持续提高，以及通过创新材料和器件结构的方式来改善芯片的性能"。其次，将朝着更加扩展摩尔定律（More than Moore）和超越 CMOS（Beyond CMOS）两个方向延伸发展。扩展摩尔定律即："通过缩小圆晶水平和垂直方向上的特征尺寸以提高芯片性能和可靠性，以及通过 3D 结构改造等非几何工艺技术和新材料的运用来影响圆晶的电

性能等方式实现硅集成的提高"。超越摩尔定律即："超越 CMOS，探索新原理、新材料和器件与电路的新结构，通过引进无源、MEMS、生物传感器、连接技术等非数字技术，构建起电子设备中感知和沟通外部世界的部分，用各种方法给最终用户提供更高附加价值，发明和简化新的信息处理技术，以取代面临极限的 CMOS 器件，如自旋电子、单电子、量子、分子和单原子器件等"。但从目前来看，延续摩尔定理和扩展摩尔定律的发展在很长一段时间内，都将是集成电路产业技术创新及产业前进的主要路径。

第二节　中国集成电路产业发展展望

一、中国集成电路产业发展的有利条件及不利因素分析

（一）有利条件

1. 全球经济发展形势有利于中国集成电路产业进一步快速发展

在国际金融危机发生 6 年之后，全球经济迎来了快速增长的拐点。发达国家走出了低谷，发展中国家经济增长也进一步提升，世界银行预测数据显示，2015 年全球经济将增长 3.5%，2016 年将增长 3.7%。中国 2015 年的经济增长率预测值为 7.1%，与 2014 年大体持平。经济持续回暖为销售市场带来活力，全球半导体市场也将继续保持较快发展的态势，这为中国集成电路产业带来了良好的发展环境。

2. 中央高度重视国家信息安全建设，积极扶持集成电路产业发展。

2014 年 2 月，中央网络安全和信息化领导小组宣告成立，习近平总书记亲自担任组长，李克强、刘云山任副组长，进一步体现了我国最高层重视保障网络安全、维护国家利益、推动信息化发展的决心。习近平总书记指出，"没有网络安全，就没有国家安全；没有信息化，就没有现代化"。发展集成电路产业将为保障国家网络安全及建设信息化提供有力支撑。

3. 中国集成电路市场巨大，集成电路产业在全球地位日益提升。

未来几年中国经济将继续稳中向好，对集成电路产业的拉动将持续强劲。2013 年以来，中国已经超越美国，成为全球最大的消费电子市场，中国正逐步开始发挥全球消费电子行业驱动引擎的作用。进入 21 世纪以来，中国集成电

路产业持续快速发展，当前中国集成电路产业规模已经占据全球半导体产业的50%以上，中国集成电路产业技术水平不断提升，为未来几年产业实现跨越式发展提供坚实的基础。

（二）不利因素

1. 国际经济形势不确定因素依然存在。

展望2015年，国际经济形势不确定因素依然存在。其中一个风险就是2013年以来美联储推出量化宽松政策的后续效应，仍有可能引起流入发展中国家的资本可能再度下降。其次是世界原材料、人工成本不断上涨。这些外部因素无疑对中国集成电路产业的持续发展带来一定压力。

2. 国际竞争日趋激烈，集成电路产业是高度国家化的产业。

近年来，随着世界集成电路产业的投资规模日益增大、资本高度集中、新技术快速涌现和产品生命周期愈发缩短等因素的影响，国际竞争日趋激烈。这对于目前产业规模尚小、技术水平相对较低的中国集成电路产业而言，无疑是严峻的考验。

3. 产业链衔接不畅，仍待努力解决。

近几年来，中国集成电路产业一直呈现"大进大出"现象。一方面国内所需的集成电路产品80%以来进口，但另一方面国内生产（加工）的集成电路近80%出口。国产集成电路产品在国内整机系统中的应用比例较少，造成产业链之间严重脱节。除技术差距之外，产业链各环节的渠道欠缺和对国产集成电路产品认识不足更是这种现象产生的重要原因。这在客观上对国内集成电路产业带来挑战。

二、中国集成电路产业发展趋势

（一）产业规模持续增大，市场引领全球增长

展望2015年，在全球半导体市场持续增长与中国内需市场继续保持旺盛的双重拉动，以及展讯、锐迪科的业务整合，中芯国际北京厂扩产的带动下，国内集成电路产业将继续保持较快的增持速度。在国家对信息安全建设重视程度进一步加大、《国家集成电路产业发展推进纲要》政策细则逐步落地、产业投资基金投资项目逐步启动，以及移动互联网、物联网市场进一步快速增长等诸多因素的

作用下，我国集成电路芯片需求有望持续释放，从而带动全行业规模进一步增长。只要保持2014年目前平稳快速的增长趋势，到2015年就可以完成《国家集成电路产业发展推进纲要》制定的3500亿元的发展目标。预计，我国IC设计业将成为销售规模超过1300亿元的第一大行业，芯片制造业销售规模将超过1000亿元，封装测试业销售规模超过1200亿元。与此同时，集成电路产业的主流技术将推进到28/20nm，先进技术将导入到16nm领域。我国集成电路产业为迎接"十三五"发展构建了坚实的基础。

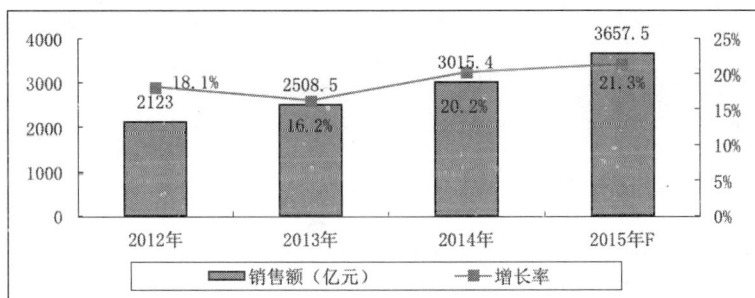

图23-1　2012—2015年中国集成电路产业规模预测

数据来源：CSIA，2015年3月。

表 23-2　2013—2015 年中国集成电路产业整体规模预测

年份	2012年	2013年	2014年	2015年
销售收入（亿元）	2123	2508.5	3015.4	3657.5
增长率	18.1%	16.2%	20.2%	21.3%

数据来源：CSIA，2015年3月。

（二）细分三业齐头并进，产业结构日趋合理

从产业链各环节的发展趋势来看，集成电路设计业仍将是未来国内集成电路产业中最具发展活力的领域。随着展讯、锐迪科相关业务整合的逐步完成，紫光集团将成为国内最大、全球第三大移动通信芯片供应商，我国集成电路设计业实力将得到进一步提升。预计2015年，国内芯片设计业全行业销售规模将达到1372亿元，增速达到31%。芯片制造业方面，在中芯国际深圳、北京以及上海华力微电子等几条8英寸和12英寸生产线的投产与扩产，2015年国内芯片制造业规模将继续快速扩大，其销售收入将达847.4亿元，同比增速预计将达到

19%。封装测试方面，随着国内本土企业产能的相继扩大，以及国内资本对海外优质资源的加速并购，封装测试行业整体也将呈现稳定增长的趋势。预计2015年国内封装测试业销售规模将达到1438亿元，同比增速将达14.5%。此外，国内集成电路产业结构也将呈现芯片设计业和芯片制造业产业链占比快速提升，封装测试业所占比重继续下降的趋势。

表23-3 2013—2015年中国集成电路产业结构规模增长预测

	年份	2013年	2014年	2015年
设计业	销售规模（亿元）	808.8	1047.4	1372.1
	增长率	30%	30%	31%
制造业	销售规模（亿元）	600.9	712.1	847.4
	增长率	19.9%	18.5%	19%
封测业	销售规模（亿元）	1098.8	1255.9	1438
	增长率	6.1%	14.3%	14.5%

数据来源：CSIA，2015年3月。

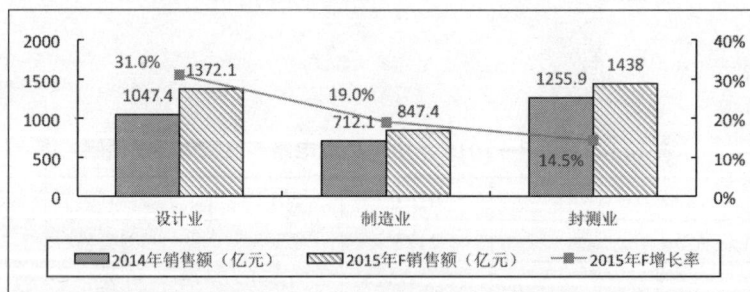

图23-2 2014年与2015年中国集成电路产业链规模与增长比较

数据来源：赛迪智库整理，2015年3月。

三、中国集成电路技术发展趋势

未来几年我国集成电路技术继续沿着摩尔定律，超摩尔定律和引用新材料、新器件等3个方向推进。

设计企业除提供集成电路产品外，还向客户提供完整的应用解决方案，自主研发的高端多核CPU成为技术创新的热点，移动智能终端的基带芯片和应用处理器仍然保持世界前列水平。芯片设计业的快速发展离不芯片制造业的支撑，生产线方面，国内中芯国际和华力微电子等企业正在抓紧扩充产能，建设新的 8 英寸和 12 英寸集成电路制造生产线。同时，随着中国智能家居、可穿戴设备等物联网产品市场的兴起，台积电、联电等国际芯片制造龙头企业纷纷抢占中国大陆市场，布局生产线。工艺方面，目前国际芯片制造市场份额的 40% 为 28 纳米制造工艺，中芯国际在经过 3 年多的攻关，已经在 28 纳米制造工艺方面积累了一定成果。包括刚成功申请了多项相关专利技术以及 100 多项 IP，已能够提供 28nm 多晶硅和高介电常数金属栅极制造服务。预计经过一段时间的试运行和测试之后，28nm 制程芯片将在中芯国际开始大规模量产，预示着我国集成电路制造工艺将跻身国际主流水平。同时，20nm 工艺技术在不久的将来，将逐步进入产业化阶段，16/14nm 新工艺的研发也将取得重大突破。封装测试业以 TSV 技术为基础的 3D/2.5D 封装大量推广，我国与世界领先水平的差距进一步缩小。

四、中国集成电路企业发展趋势

我国目前拥有全球最大、增长最快的集成电路市场，占全球市场份额达到 50% 左右，成为全球集成电路巨头鏖战的主战场。越来越多的海外巨头谋求与国内企业合作。2014 年 7 月，美国高通公司宣布将部分骁龙处理器代工订单交由中芯国际代工，高通表示将携手中芯国际，将 28nm 技术应用于骁龙处理器，借此利用市场换技术、市场换订单的机会，有望成为长电科技等国内相关公司的成长动力。9 月，全球芯片龙头企业英特尔公司向紫光集团注资 90 亿元，并达成合作协议，联合开发基于英特尔架构和通信技术的手机解决方案，在中国和全球市场扩展英特尔架构移动设备的产品和应用。在加深与海外巨头合作的同时，国内的龙头企业也逐步开启了海外并购的步伐。2013 年年末至 2014 年三季度期间，中国集成电路行业共发生 4 宗海外并购，涉及金额超过 50 亿美元。

展望 2015 年，伴随着国家集成电路产业投资基金的落地以及我国半导体行业的不断内生发展，还将有更多的中国半导体企业开展相应海外的兼并收购。不断的"走出去，引进来"获得先进的技术、专利或其他知识产权，包括技术人员，提高自主创新能力。长电科技实现收购球第四大半导体封测企业新加坡星科金朋，未来将在先进封装技术的竞争中取得更大的市场份额。同时，也有望进入全球封测行业第一阵营，营收规模甚至能超过全球第三大的矽品（SPIL）。

后 记

　　《2014—2015 年中国集成电路产业发展蓝皮书》由赛迪智库电子信息产业研究所编撰完成，力求为中央及各级地方政府、相关企业及研究人员把握产业发展脉络、了解产业前沿趋势提供参考。

　　参加本课题研究、数据调研及文稿撰写的人员有：中国电子信息产业发展研究院的罗文、王鹏、安晖、王世江、史强、葛婕、夏宏等。在研究和编写过程中，本书得到了工业和信息化部电子信息司领导，中国半导体行业协会、中国光伏行业协会、中国半导体照明 /LED 产业与应用联盟、中国 OLED 产业联盟等行业组织专家，以及各地方工信部门领导的大力支持和指导。本书的出版还得到了院软科学处的大力支持，在此一并表示诚挚感谢。

　　本书虽经过研究人员和专家的严谨思考和不懈努力，但由于能力和水平所限，疏漏和不足之处在所难免，敬请广大读者和专家批评指正。同时，希望本书的出版，能为我国集成电路产业的健康发展提供有力支撑。

赛迪智库

面向政府　服务决策

研究，还是研究
才使我们见微知著

信息化研究中心	工业化研究中心	规划研究所
电子信息产业研究所	工业经济研究所	产业政策研究所
软件与信息服务业研究所	工业科技研究所	财经研究所
信息安全研究所	装备工业研究所	中小企业研究所
无线电管理研究所	消费品工业研究所	政策法规研究所
互联网研究所	原材料工业研究所	世界工业研究所
军民结合研究所	工业节能与环保研究所	工业安全生产研究所

编 辑 部：赛迪工业和信息化研究院
通讯地址：北京市海淀区万寿路27号电子大厦4层
邮政编码：100846
联 系 人：刘颖　董凯
联系电话：010-68200552 13701304215
　　　　　010-68207922 18701325686
传　　真：010-68200534
网　　址：www.ccidthinktank.com
电子邮件：liuying@ccidthinktank.com

赛迪智库

面向政府　服务决策

思想，还是思想
才使我们与众不同

《赛迪专报》	《两化融合研究》	《装备工业研究》
《赛迪译丛》	《互联网研究》	《消费品工业研究》
《赛迪智库·软科学》	《信息安全研究》	《工业节能与环保研究》
《赛迪智库·国际观察》	《电子信息产业研究》	《工业安全生产研究》
《赛迪智库·前瞻》	《软件与信息服务研究》	《产业政策研究》
《赛迪智库·视点》	《工业和信息化研究》	《中小企业研究》
《赛迪智库·动向》	《工业经济研究》	《无线电管理研究》
《赛迪智库·案例》	《工业科技研究》	《财经研究》
《赛迪智库·数据》	《世界工业研究》	《政策法规研究》
《智说新论》	《原材料工业研究》	《军民结合研究》
《书说新语》		

编 辑 部：赛迪工业和信息化研究院
通讯地址：北京市海淀区万寿路27号电子大厦4层
邮政编码：100846
联 系 人：刘颖　董凯
联系电话：010-68200552 13701304215
　　　　　010-68207922 18701325686
传　　真：010-68200534
网　　址：www.ccidthinktank.com
电子邮件：liuying@ccidthinktank.com